Friedrich Schiller

KLEINERE PROSAISCHE SCHRIFTEN

Friedrich Schiller

KLEINERE PROSAISCHE SCHRIFTEN

Aus mehrern Zeitschriften
vom Verfasser selbst gesammelt und verbessert

Mit einem Gespräch
zwischen Alexander Kluge und Lothar Müller

Bibliotheca Anna Amalia

Süddeutsche Zeitung Edition

Mit freundlicher Unterstützung
der Herzogin Anna Amalia Bibliothek
und der Klassik Stiftung Weimar.

Die editorische Betreuung erfolgte
durch die Aufbau Verlagsgruppe.

aufbau
VERLAGSGRUPPE

Gestaltung: Eberhard Wolf
Grafik: Julia Wolf
Satz: Aufbau Verlagsgruppe GmbH, Berlin
Bild Friedrich Schiller: SV Bilderdienst
Pflanzenornament aus den Grisaille-Fenstern des Altenberger Doms,
genehmigt vom Altenberger Dom-Verein e.V., Bergisch Gladbach
Herstellung: H. Weixler, H. Schiffers
Druck und Bindearbeiten: Ebner & Spiegel, Ulm
Printed in Germany

ISBN: 978-3-86615-414-8

Vorbericht.

Um dem Nachdruck zuvor zu kommen, und zugleich meinen Freunden in der lesenden Welt eine Auswahl desjenigen in die Hände zu geben, was ich unter meinen kleinern prosaischen Versuchen der Vergessenheit zu entziehen wünsche, habe ich diese Sammlung veranstaltet, auf welche, wenn sie anders Leser und Käufer findet, in der Folge ein zweyter und dritter Theil nachgeliefert werden könnten, die verschiedne noch ungedruckte Aufsätze enthalten würden. Bey den mehresten der hier abgedruckten Aufsätze möchte, wie ich gar wohl einsehe, eine strengere Feile nicht überflüssig gewesen seyn; und es war auch Anfangs meine Absicht, Ton und Inhalt meiner gegenwärtigen Vorstellungsart gemäßer zu machen; aber ein veränderter Geschmack ist nicht immer ein besserer, und vielleicht hätte die zweyte Hand ihnen gerade dasjenige genommen, wodurch sie bey ihrer ersten Erscheinung Beyfall gefunden haben. Sie tragen also auch noch jetzt das jugendliche Gepräge ihrer ersten zufälligen Entstehung und bitten dieser Ursache wegen um die Nachsicht des Lesers. Nicht immer ist es der innere Gehalt einer Schrift, der den Leser fesselt: zuweilen gewinnt sie ihn bloß durch karakteristische Züge, in denen sich die Individualität ihres Urhebers offenbart; eine Eigenschaft, die oft gerade die vollendetsten Werke eines Autors verläugnen. Für Leser also, welche diese interessiren kann, die, wenn sie in dem Buche auch nicht mehr finden sollten, als den Verfasser selbst, mit diesem kleinen Gewinn sich begnügen, sind diese Rhapsodien bestimmt, und eine flüchtige, für ernsthafte Zwecke nicht ganz verlorene Unterhaltung ist alles, was ich ihnen davon versprechen kann.

Jena, in der Ostermesse 1792.

I.
DIE SENDUNG MOSES.

Die Gründung des jüdischen Staats durch Moses ist eine der denkwürdigsten Begebenheiten, welche die Geschichte aufbewahrt hat, wichtig durch die Stärke des Verstandes, wodurch sie ins Werk gerichtet worden, wichtiger noch durch ihre Folgen auf die Welt, die noch bis auf diesen Augenblick fortdauern. Zwey Religionen, welche den größten Theil der bewohnten Erde beherrschen, das Christenthum und der Islamismus, stützten sich beyde auf die Religion der Hebräer, und ohne diese würde es niemals weder ein Christenthum noch einen Koran gegeben haben.

Ja in einem gewissen Sinne ist es unwiderleglich wahr, daß wir der Mosaischen Religion einen großen Theil der Aufklärung danken, deren wir uns heutiges Tags erfreuen. Denn durch sie wurde eine kostbare Wahrheit, welche die sich selbst überlassene Vernunft erst nach einer langsamen Entwickelung würde gefunden haben, die Lehre von dem Einigen Gott, vorläufig unter dem Volke verbreitet, und als ein Gegenstand des blinden Glaubens so lange unter demselben erhalten, bis sie endlich in den helleren Köpfen zu einem Vernunftbegriff reifen konnte. Dadurch wurden einem großen Theil des Menschengeschlechtes alle die traurigen Irrwege erspart, worauf der Glaube an Vielgötterey zuletzt führen muß, und die Hebräische Verfassung erhielt den ausschließenden Vorzug, daß die Religion der Weisen mit der Volksreligion nicht in direktem Widerspruche stand, wie es doch bey den aufgeklärten

Heyden der Fall war. Aus diesem Standpunkt betrachtet, muß uns die Nation der Hebräer als ein wichtiges universalhistorisches Volk erscheinen, und alles Böse, welches man diesem Volke nachzusagen gewohnt ist, alle Bemühungen witziger Köpfe, es zu verkleinern, werden uns nicht hindern, gerecht gegen dasselbe zu seyn. Die Unwürdigkeit und Verworfenheit der Nation kann das erhabene Verdienst ihres Gesetzgebers nicht vertilgen, und eben so wenig den großen Einfluß vernichten, den diese Nation mit Recht in der Weltgeschichte behauptet. Als ein unreines und gemeines Gefäß, worin aber etwas sehr kostbares aufbewahret worden, müssen wir sie schätzen; wir müssen in ihr den Canal verehren, den, so unrein er auch war, die Vorsicht erwählte, uns das edelste aller Güter, die Wahrheit zuzuführen, den sie aber auch zerbrach, sobald er geleistet hatte, was er sollte. Auf diese Art werden wir gleich weit entfernt seyn, dem Ebräischen Volk einen Werth aufzudringen, den es nie gehabt hat, und ihm ein Verdienst zu rauben, das ihm nicht streitig gemacht werden kann.

Die Ebräer kamen, wie bekannt ist, als eine einzige Nomaden-Familie, die nicht über 70 Seelen begriff, nach Egypten, und wurden erst in Egypten zum Volk. Während eines Zeitraums von ohngefähr 400 Jahren, die sie in diesem Lande zubrachten, vermehrten sie sich beynahe bis zu 2 Millionen, unter welchen 600000 streitbare Männer gezählt wurden, als sie aus diesem Königreich zogen. Während dieses langen Aufenthalts lebten sie abgesondert von den Egyptern, abgesondert so wohl durch den eigenen Wohnplatz, den sie einnahmen, als auch durch ihren nomadischen Stand, der sie allen Eingebohrnen des Landes zum Abscheu machte, und von allem Antheil an den bürgerlichen Rechten der Egypter ausschloß. Sie regierten sich nach nomadischer Art fort, der Hausvater die Familie, der Stammfürst die Stämme, und machten auf diese Art einen Staat im Staat aus, der endlich durch seine ungeheure Vermehrung die Besorgniß der Könige erweckte.

Eine solche abgesonderte Menschenmenge im Herzen des Reichs, durch ihre nomadische Lebensart müßig, die unter sich sehr genau zusammenhielt, mit dem Staat aber gar kein Interesse gemein hatte, konnte bey einem feindlichen Einfall gefährlich werden, und leicht in Versuchung gerathen, die Schwäche des Staats, deren müßige Zuschauerin sie war, zu benutzen. Die Staatsklugheit rieth also, sie scharf zu bewachen, zu beschäftigen, und auf Verminderung ihrer Anzahl zu denken. Man druckte sie also mit schwerer Arbeit, und wie man auf diesem Wege gelernt hatte, sie dem Staat sogar nützlich zu machen, so vereinigte sich nun auch der Eigennutz mit der Politik, um ihre Lasten zu vermehren. Unmenschlich zwang man sie zu öffentlichem Frohndienst, und stellte besondere Vögte an, sie anzutreiben, und zu mißhandeln. Diese barbarische Behandlung hinderte aber nicht, daß sie sich nicht immer stärker ausbreiteten. Eine gesunde Politik würde also natürlich darauf geführt haben, sie unter den übrigen Einwohnern zu vertheilen und ihnen gleiche Rechte mit diesen zu geben; aber dieses erlaubte der allgemeine Abscheu nicht, den die Egypter gegen sie hegten. Dieser Abscheu wurde noch durch die Folgen vermehrt, die er nothwendig haben mußte. Als der König der Egypter der Familie Jakobs die Provinz Gosen (an der Ostseite des untern Nils) zum Wohnplatz einräumte, hatte er schwerlich auf eine Nachkommenschaft von 2 Millionen gerechnet, die darin Platz haben sollte; die Provinz war also wahrscheinlich nicht von besonderm Umfang, und das Geschenk war immer schon großmüthig genug, wenn auch nur auf den hundertsten Theil dieser Nachkommenschaft dabey Rücksicht genommen worden. Da sich nun der Wohnplatz der Ebräer nicht in gleichem Verhältniß mit ihrer Bevölkerung erweiterte, so mußten sie mit jeder Generation immer enger und enger wohnen, bis sie sich zuletzt, auf eine der Gesundheit höchst nachtheilige Art, in dem engsten Raume zusammendrängten. Was war natürlicher, als daß sich nun eben die Folgen einstellten, welche in einem solchen Fall unausbleiblich sind? – die höchste Unreinlichkeit und anstekkende Seuchen. Hier also wurde schon der erste Grund zu dem Uebel gelegt, welches dieser Nation bis auf die heutigen Zeiten eigen geblieben ist; aber damals mußte es in einem fürchterlichen Grade wüthen. Die schrecklichste Plage dieses Himmelstrichs, der Aussatz, riß unter ihnen ein, und erbte sich durch viele Generationen hinunter. Die Quellen des Lebens und der Zeugung wurden langsam durch ihn vergiftet, und aus einem zufälligen Uebel entstand endlich eine erbliche Stammsconstitution. Wie allgemein dieses Uebel gewesen, erhellt schon aus der Menge der Vorkehrungen, die der Gesetzgeber dagegen gemacht hat; und das einstimmige Zeugniß der Profanscribenten, des Egyptiers Manetho, des Diodor von Sicilien, des Tacitus, des Lysimachus, Strabo und vieler andern, welche von der jüdischen Nation fast gar nichts, als diese Volkskrankheit des Aussatzes kennen, beweist, wie allgemein und wie tief der Eindruck davon bey den Egyptern gewesen sey.

Dieser Aussatz also, eine natürliche Folge ihrer engen Wohnung, ihrer schlechten und kärglichen Nahrung, und der Mißhandlung, die man gegen sie ausübte, wurde wieder zu einer neuen Ursache derselben. Die man Anfangs als Hirten verachtete, und als Fremdlinge mied, wurden jetzt als Verpestete geflohen, und verabscheut. Zu der Furcht und dem Widerwillen also, welche man in Egypten von jeher gegen sie gehegt, gesellte sich noch Ekel und eine tiefe zurückstoßende Verachtung. Gegen Menschen, die der Zorn der Götter auf eine so schreckliche Art ausgezeichnet, hielt man sich alles für erlaubt, und man trug kein Bedenken, ihnen die heiligsten Menschenrechte zu entziehen.

Kein Wunder, daß die Barbarey gegen sie in eben dem Grade stieg, als die Folgen dieser barbarischen Behandlung sichtbarer wurden, und daß man sie immer härter für das Elend strafte, welches man ihnen doch selbst zugezogen hatte.

Die schlechte Politik der Egypter wußte den Fehler, den sie gemacht hatte, nicht anders als durch einen neuen und gröbern Fehler zu verbessern. Da es ihr, alles Drucks ungeachtet, nicht gelang, die Quellen der Bevölkerung zu verstopfen, so verfiel sie auf einen eben so unmenschlichen als elenden Ausweg, die neugebohrnen Söhne sogleich durch die Hebammen erwürgen zu lassen. Aber Dank der bessern Natur des Menschen! Despoten sind nicht immer gut befolgt, wenn sie Abscheulichkeiten gebieten. Die Hebammen in Egypten wußten dieses unnatürliche Gebot zu verhöhnen, und die Regierung konnte ihre gewaltthätigen Maaßregeln nicht anders als durch gewaltsame Mittel durchsetzen. Bestellte Mörder durchstreiften auf königlichen Befehl die Wohnung der Ebräer, und ermordeten in der Wiege alles, was männlich war. Auf diesem Wege freilich mußte die Egyptische Regierung doch zuletzt ihren Zweck durchsetzen, und wenn kein Retter sich ins Mittel schlug, die Nation der Juden in wenigen Generationen gänzlich vertilgt sehen.

Woher sollte aber nun den Ebräern dieser Retter kommen? Schwerlich aus der Mitte der Egypter selbst, denn wie sollte sich einer von diesen für eine Nation verwenden, die ihm fremd war, deren Sprache er nicht einmal verstand, und sich gewiß nicht die Mühe nahm zu erlernen, die ihm eines bessern Schicksals eben so unfähig als unwürdig scheinen mußte. Aus ihrer eignen Mitte aber noch viel weniger, denn was hat die Unmenschlichkeit der Egypter im Verlauf einiger Jahrhunderte aus dem Volk der Ebräer endlich gemacht? Das roheste, das bösartigste, das verworfenste Volk der Erde, durch eine 300 jährige Vernachlässigung verwildert, durch einen so langen knechtischen Druck verzagt gemacht und erbittert, durch eine erblich auf ihm haftende Infamie vor sich selbst erniedrigt, entnervt und gelähmt zu allen heroischen Entschlüssen, durch eine so lange anhaltende Dummheit endlich fast bis zum Thier herunter gestoßen. Wie sollte aus einer so verwahrlosten Menschenrace ein freier Mann, ein erleuchteter Kopf, ein Held oder ein Staatsmann hervorgehen? Wo sollte sich ein Mann unter ihnen finden, der einem so tief verachteten Sklavenpöbel Ansehen, einem so lang gedrückten Volke Gefühl seiner selbst, einem so unwissenden rohen Hirtenhaufen Ueberlegenheit über seine verfeinerten Unterdrücker verschaffte? Unter den damaligen Ebräern konnte eben so wenig als unter der verworfenen Kaste der Parias unter den Hindu, ein kühner und heldenmüthiger Geist entstehen.

Hier muß uns die große Hand der Vorsicht, die den verworrensten Knoten durch die einfachsten Mittel löst, zur Bewunderung hinreißen – aber nicht derjenigen Vorsicht, welche sich auf dem gewaltsamen Wege der Wunder in die Oeconomie der Natur einmengt, sondern derjenigen, welche der Natur selbst eine solche Oeconomie vorgeschrieben hat, außerordentliche Dinge auf dem ruhigsten Wege zu bewirken. Einem gebohrnen Egypter fehlte es an der nöthigen Aufforderung, an dem Nationalinteresse für die Ebräer, um sich zu ihrem Erretter aufzuwerfen. Einem bloßen Ebräer mußte es an Kraft und Geist zu dieser Unternehmung gebrechen. Was für einen Ausweg erwählte also das Schicksal? Es nahm einen Ebräer, entriß ihn aber frühzeitig seinem rohen Volk und verschafte ihm den Genuß egyptischer Weisheit; und so wurde ein Ebräer, egyptisch erzogen, das Werkzeug, wodurch diese Nation aus der Knechtschaft entkam.

Eine Ebräische Mutter aus dem Levitischen Stamme hatte ihren neugebohrnen Sohn drey Monate lang vor den Mördern verborgen, die aller männlichen Leibesfrucht unter ihrem

Volke nachstellten; endlich gab sie die Hoffnung auf, ihm länger eine Freystatt bey sich zu gewähren. Die Noth gab ihr eine List ein, wodurch sie ihn vielleicht zu erhalten hoffte. Sie legte ihren Säugling in eine kleine Kiste von Papyrus, welche sie durch Pech gegen das Eindringen des Wassers verwahrt hatte, und wartete die Zeit ab, wo die Tochter des Pharao gewöhnlich zu baden pflegte. Kurz vorher mußte die Schwester des Kindes die Kiste, worin es war, in das Schilf legen, an welchem die Königstochter vorbeykam, und wo es dieser also in die Augen fallen mußte. Sie selbst aber blieb in der Nähe, um das fernere Schicksal des Kindes abzuwarten. Die Tochter des Pharao wurde es bald gewahr, und da der Knabe ihr gefiel, so beschloß sie ihn zu retten. Seine Schwester wagte es nun, sich zu nähern, und erbot sich, ihm eine ebräische Amme zu bringen, welches ihr von der Prinzessin bewilligt wird. Zum zweytenmal erhält also die Mutter ihren Sohn und nun darf sie ihn ohne Gefahr und öffentlich erziehen. So erlernte er denn die Sprache seiner Nation, und wurde bekannt mit ihren Sitten, während daß seine Mutter wahrscheinlich nicht versäumte, ein recht rührendes Bild des allgemeinen Elends in seine zarte Seele zu pflanzen. Als er die Jahre erreicht hatte, wo er der mütterlichen Pflege nicht mehr bedurfte, und wo es nöthig wurde, ihn dem allgemeinen Schicksal seines Volks zu entziehen, brachte ihn seine Mutter der Königstochter wieder, und überließ *ihr* nun das fernere Schicksal des Knaben. Die Tochter des Pharao adoptirte ihn, und gab ihm den Nahmen Moses, weil er aus dem Wasser gerettet worden. So wurde er denn aus einem Sklavenkinde und einem Schlachtopfer des Todes, der Sohn einer Königstochter, und als solcher aller Vortheile theilhaftig, welche die Kinder der Könige genossen. Die Priester, zu deren Orden er in eben dem Augenblick gehörte, als er der königlichen Familie einverleibt wurde, übernahmen jetzt seine Erziehung und unterrichteten ihn in aller egyptischen Weisheit, die das ausschließende Eigenthum ihres Standes war. Ja es ist wahrscheinlich, daß sie ihm keines ihrer Geheimnisse vorenthalten haben, da eine Stelle des egyptischen Geschichtschreibers Manetho, worin er den Moses zu einem Apostaten der egyptischen Religion und einem aus Heliopolis entflohenen Priester macht, uns vermuthen läßt, daß er zum priesterlichen Stande bestimmt gewesen.

Um also zu bestimmen, was Moses in dieser Schule empfangen haben konnte, und welchen Antheil die Erziehung, die er unter den egyptischen Priestern empfing, an seiner nachherigen Gesetzgebung gehabt hat, müssen wir uns in eine nähere Untersuchung dieses Instituts einlassen, und über das, was darin gelehrt und getrieben wurde, das Zeugniß alter Schriftsteller hören. Schon der Apostel Stephanus läßt ihn in aller Weisheit der Egyptier unterrichtet seyn. Der Geschichtschreiber Philo sagt, Moses sey von den egyptischen Priestern in der Philosophie der Symbolen und Hieroglyphen, wie auch in den Geheimnissen der heiligen Thiere eingeweiht worden. Eben dieses Zeugniß bestätigen mehrere, und wenn man erst einen Blick auf das, was man egyptische Mysterien nannte, geworfen hat, so wird sich zwischen diesen Mysterien, und dem, was Moses nachher gethan und verordnet hat, eine merkwürdige Aehnlichkeit ergeben.

Die Gottesverehrung der ältesten Völker ging, wie bekannt ist, sehr bald in Vielgötterey und Aberglauben über, und selbst bey denjenigen Geschlechtern, die uns die Schrift als Verehrer des wahren Gottes nennt, waren die Ideen vom höchsten Wesen weder rein noch edel, und auf nichts weniger als eine helle vernünftige Einsicht gegründet. Sobald aber durch bessere Einrichtung der bürgerlichen Gesellschaft und durch Gründung eines ordentlichen Staats die Stände getrennt, und die Sorge für göttliche Dinge das Eigenthum eines besondern Standes geworden, sobald der menschliche Geist durch Befreyung von allen zerstreuenden Sorgen Muße empfing, sich ganz allein der Betrachtung seiner selbst und der Natur hinzugeben, sobald endlich auch hellere Blicke in die physische Oeconomie der Natur gethan worden, mußte die Vernunft endlich über jene groben Irrthümer siegen, und die Vorstellung von dem höchsten Wesen mußte sich veredeln. Die Idee von einem allgemeinen Zusammenhang der Dinge mußte unausbleiblich zum Begriff eines einzigen höchsten Verstandes führen, und jene Idee, wo eher hätte sie aufkeimen sollen, als in dem Kopf eines Priesters? Da Egypten der erste kultivirte Staat war, den die Geschichte kennt, und die ältesten Mysterien sich ursprünglich aus Egypten herschreiben, so war es auch aller Wahrscheinlichkeit nach hier, wo die erste Idee von der Einheit des höchsten Wesens zuerst in einem menschlichen Gehirne vorgestellt wurde. Der glückliche Finder dieser seelenerhebenden Idee suchte sich nun unter denen, die um ihn waren, fähige Subjecte aus, denen er sie als einen heiligen Schatz übergab, und so erbte sie sich von einem Denker zum andern, durch wer weiß wie viele? Generationen fort, bis sie zulezt das Eigenthum einer ganz kleinen Gesellschaft wurde, die fähig war, sie zu fassen und weiter auszubilden.

Da aber schon ein gewisses Maaß von Kenntnissen und eine gewisse Ausbildung des Verstandes erfodert wird, die Idee eines Einigen Gottes recht zu fassen, und anzuwenden, da der Glaube an die göttliche Einheit Verachtung der Vielgötterey, welches doch die herrschende Religion war, nothwendig mit sich bringen mußte, so begriff man bald, daß es unvorsichtig, ja gefährlich seyn würde, diese Idee öffentlich und allgemein zu verbreiten. Ohne vorher die hergebrachten Götter des Staats zu stürzen, und sie in ihrer lächerlichen Blöße zu zeigen, konnte man dieser neuen Lehre keinen Eingang versprechen. Aber man konnte ja weder voraussehen noch hoffen, daß jeder von denen, welchen man den alten

Aberglauben lächerlich machte, auch sogleich fähig seyn würde, sich zu der reinen und schweren Idee des Wahren zu erheben. Ueberdem war ja die ganze bürgerliche Verfassung auf jenen Aberglauben gegründet; stürzte man diesen ein, so stürzte man zugleich alle Säulen, von welchen das ganze Staatsgebäude getragen wurde, und es war noch sehr ungewiß, ob die neue Religion, die man an seinen Platz stellte, auch sogleich fest genug stehen würde, um jenes Gebäude zu tragen.

Mislang hingegen der Versuch, die alten Götter zu stürzen, so hatte man den blinden Fanatismus gegen sich bewaffnet, und sich einer tollen Menge zum Schlachtopfer preis gegeben. Man fand also für besser, die neue gefährliche Wahrheit zum ausschließenden Eigenthum einer kleinen geschlossenen Gesellschaft zu machen, diejenigen, welche das gehörige Maaß von Fassungskraft dafür zeigten, aus der Menge hervorzuziehen, und in den Bund aufzunehmen, und die Wahrheit selbst, die man unreinen Augen entziehen wollte, mit einem geheimnißvollen Gewand zu umkleiden, das nur derjenige wegziehen könnte, den man selbst dazu fähig gemacht hätte.

Man wählte dazu die Hieroglyphen, eine sprechende Bilderschrift, die einen allgemeinen Begriff in einer Zusammenstellung sinnlicher Zeichen verbarg, und auf einigen willkührlichen Regeln beruhte, worüber man übereingekommen war. Da es diesen erleuchteten Männern von dem Götzendienst her noch bekannt war, wie stark auf dem Wege der Einbildungskraft und der Sinne auf jugendliche Herzen zu wirken sey, so trugen sie kein Bedenken, von diesem Kunstgriffe des Betrugs auch zum Vortheil der Wahrheit Gebrauch zu machen. Sie brachten also die neuen Begriffe mit einer gewissen sinnlichen Feyerlichkeit in die Seele, und durch allerley Anstalten, die diesem Zwecke angemessen waren, setzten sie das Gemüth ihres Lehrlings vorher in den Zustand leidenschaftlicher Bewegung, der es für die neue Wahrheit empfänglich machen sollte. Von dieser Art waren die Reinigungen, die der Einzuweihende vornehmen mußte, das Waschen und Besprengen, das Einhüllen in leinene Kleider, Enthaltung von allen sinnlichen Genüssen, Spannung und Erhebung des Gemüths durch Gesang, ein bedeutendes Stillschweigen, Abwechselung zwischen Finsterniß und Licht und dergleichen.

Diese Ceremonien, mit jenen geheimnißvollen Bildern und Hieroglyphen verbunden, und die verborgenen Wahrheiten, welche in diesen Hieroglyphen versteckt lagen, und durch jene Gebräuche vorbereitet wurden, wurden zusammengenommen unter den Nahmen der Mysterien begriffen. Sie hatten ihren Sitz in den Tempeln der Isis und des Serapis und waren das Vorbild, wornach in der Folge die Mysterien in Eleusis und Samothrazien, und in neuern Zeiten der Orden der Freymaurer sich gebildet hat.

Es scheint außer Zweifel gesetzt, daß der Inhalt der allerältesten Mysterien in Heliopolis und Memphis, während ihres unverdorbenen Zustands, Einheit Gottes und Widerlegung des Paganismus war, und daß die Unsterblichkeit der Seele darin vorgetragen wurde. Diejenigen, welche dieser wichtigen Aufschlüsse theilhaftig waren, nannten sich Anschauer oder Epopten, weil die Erkennung einer vorher verborgenen Wahrheit mit dem Uebertritt aus der Finsterniß zum Lichte zu vergleichen ist, vielleicht auch darum, weil sie die neuerkannten Wahrheiten in sinnlichen Bildern wirklich und eigentlich anschauten.

Zu dieser Anschauung konnten sie aber nicht auf einmal gelangen, weil der Geist erst von manchen Irrthümern gereinigt, erst durch mancherley Vorbereitungen gegangen seyn mußte, ehe er das volle Licht der Wahrheit ertragen konnte. Es gab also Stuffen oder Grade, und erst im innern Heiligthum fiel die Decke ganz von ihren Augen.

Die Epopten erkannten eine einzige höchste Ursache aller Dinge, eine Urkraft der Natur, das Wesen aller Wesen, welches einerley war mit dem Demiurgos der griechischen Weisen. Nichts ist erhabener, als die einfache Größe, mit der sie von dem Weltschöpfer sprachen. Um ihn auf eine recht entscheidende Art auszuzeichnen, gaben sie ihm gar keinen Nahmen. Ein Nahme, sagten sie, ist bloß ein Bedürfniß der Unterscheidung, wer allein ist, hat keinen Nahmen nöthig, denn es ist keiner da, mit dem er verwechselt werden könnte. Unter einer alten Bildsäule der Isis las man die Worte: »*Ich bin, was da ist*« und auf einer Pyramide zu Sais fand man die uralte merkwürdige Inschrift: »Ich bin alles was ist, was war, und was seyn wird, kein sterblicher Mensch hat meinen Schleyer aufgehoben.« Keiner durfte den Tempel des Serapis betreten; der nicht den Nahmen Jao – oder I-ha-ho, ein Nahme, der mit dem Ebräischen Iehova fast gleichlautend, auch vermuthlich von dem nehmlichen Inhalt ist – an der Brust oder Stirn trug; und kein Nahme wurde in Egypten mit mehr Ehrfurcht ausgesprochen, als dieser Nahme Jao. In dem Hymnus, den der Hierophant oder Vorsteher des Heiligthums dem Einzuweihenden vorsang, war dieß der erste Aufschluß, der über die Natur der Gottheit gegeben wurde. Er ist einzig und von ihm selbst, und diesem Einzigen sind alle Dinge ihr Daseyn schuldig.

Eine vorläufige nothwendige Ceremonie vor jeder Einweihung war die Beschneidung, der sich auch Pythagoras vor seiner Aufnahme in die Egyptischen Mysterien unterwerfen mußte. Diese Unterscheidung von andern, die nicht beschnitten waren, sollte eine engere Brüderschaft, ein näheres Verhältniß zu der Gottheit anzeigen, wozu auch Moses sie bey den Ebräern nachher gebrauchte.

In dem Innern des Tempels stellten sich dem Einzuweihenden verschiedene heilige Geräthe dar, die einen geheimen Sinn ausdrückten. Unter diesen war eine heilige Lade, welche man den Sarg des Serapis nannte, und die ihrem Ursprung nach vielleicht ein Sinnbild verborgener Weisheit seyn sollte, späterhin aber, als das Institut ausartete, der Geheimnißkrämerey und elenden Priesterkünsten zum Spiele diente. Diese Lade herum zu tragen war ein Vorrecht der Priester, oder einer eignen Klasse von Dienern des Heiligthums, die man deshalb auch Kistophoren nannte. Keinem, als dem Hierophanten war es erlaubt, diesen Kasten aufzudecken, oder ihn auch nur zu berühren. Von einem, der die Verwegenheit gehabt hatte, ihn zu eröffnen, wird erzählt, daß er plötzlich wahnsinnig geworden sey.

In den Egyptischen Mysterien stieß man ferner auf gewisse hieroglyphische Götterbilder, die aus mehreren Thiergestalten zusammengesetzt waren. Das bekannte Sphinx ist von dieser Art, man wollte dadurch die Eigenschaften bezeichnen, welche sich in dem höchsten Wesen vereinigen, oder auch das Mächtigste aus allen Lebendigen in einen Körper zusammen werfen. Man nahm etwas von dem mächtigsten Vogel oder dem Adler, von dem mächtigsten wilden Thier oder dem Löwen, von dem mächtigsten zahmen Thier oder dem Stier, und endlich von dem mächtigsten aller Thiere dem Menschen. Besonders wurde das Sinnbild des Stiers oder des Apis als das Emblem der Stärke gebraucht, um die Allmacht des höchsten Wesens zu bezeichnen, der Stier aber heißt in der Ursprache Cherub.

Diese mystischen Gestalten, zu denen niemand als die Epopten den Schlüssel hatten, gaben den Mysterien selbst eine sinnliche Außenseite, die das Volk täuschte, und selbst mit dem Götzendienst etwas gemein hatte. Der Aberglaube erhielt also durch das äußerliche Gewand der Mysterien eine immerwährende Nahrung, während daß man im Heiligthum selbst seiner spottete.

Doch ist es begreiflich, wie dieser reine Deismus mit dem Götzendienst verträglich zusammenleben konnte, denn indem er ihn von innen stürzte, beförderte er ihn von außen. Dieser Widerspruch der Priesterreligion und der Volksreligion wurde bey den ersten Stiftern der Mysterien durch die Nothwendigkeit entschuldigt; es schien unter zwey Uebeln das geringere zu seyn, weil mehr Hoffnung vorhanden war, die üblen Folgen der verhelten Wahrheit, als die schädlichen Wirkungen der zur Unzeit entdeckten Wahrheit zu hemmen. Wie sich aber nach und nach unwürdige Mitglieder in den Kreis der Eingeweihten drängten, wie das Institut von seiner ersten Reinheit verlohr, so machte man das, was Anfangs nur bloße Nothhülfe gewesen, nehmlich das Geheimniß, zum Zweck des Instituts, und anstatt den Aberglauben allmählig zu reinigen und das Volk zur Aufnahme der Wahrheit geschickt zu machen, suchte man seinen Vortheil darin, es immer mehr irre zu führen, und immer tiefer in den Aberglauben zu stürzen. Priesterkünste traten nun an die Stelle jener unschuldigen lautern Absichten, und eben das Institut, welches Erkenntniß des wahren und einigen Gottes erhalten, aufbewahren und mit Behutsamkeit verbreiten sollte, fieng an, das kräftigste Beförderungsmittel des Gegentheils zu werden, und in eine eigentliche Schule des Götzendienstes auszuarten. Hierophanten, um die Herrschaft über die Gemüther nicht zu verlieren, und die Erwartung immer gespannt zn halten, fanden es für gut, immer länger mit dem letzten Aufschluß, der alle falschen Erwartungen auf immer aufheben mußte, zurück zu halten, und die Zugänge zu dem Heiligthum durch allerley theatralische Kunstgriffe zu erschweren. Zuletzt verlohr sich der Schlüssel zn den Hieroglyphen und geheimen Figuren ganz, und nun wurden diese für die Wahrheit selbst genommen, die sie anfänglich nur umhüllen sollten.

Es ist schwer zu bestimmen, ob die Erziehungsjahre des Moses in die blühenden Zeiten des Instituts, oder in den Anfang seiner Verderbniß fallen; wahrscheinlich aber näherte es sich damals schon seinem Verfalle, wie uns einige Spielereyen schließen lassen, die ihm der hebräische Gesetzgeber abborgte, und einige weniger rühmliche Kunstgriffe, die er in Ausübung brachte. Aber der Geist der ersten Stifter war noch nicht daraus verschwunden, und die Lehre von der Einheit des Weltschöpfers belohnte noch die Erwartung der Eingeweihten.

Diese Lehre, welche die entschiedenste Verachtung der Vielgötterey zu ihrer unausbleiblichen Folge hatte, verbunden mit der Unsterblichkeitslehre, welche man schwerlich davon trennte, war der reiche Schatz, den der junge Hebräer aus den Mysterien der Isis herausbrachte. Zugleich wurde er darin mit den Naturkräften bekannter, die man damals auch zum Gegenstand geheimer Wissenschaften machte; welche Kenntnisse ihn nachher in den Stand setzten, Wunder zu wirken, und im Beyseyn des Pharao es mit seinen Lehrern selbst oder den Zauberern aufzunehmen, die er in einigen sogar übertraf. Sein künftiger Lebenslauf beweist, daß er ein aufmerksamer und fähiger Schüler gewesen, und zu dem letzten höchsten Grad der Anschauung gekommen war.

In eben dieser Schule sammelte er auch einen Schatz von Hieroglyphen, mystischen Bildern und Ceremonien, wovon sein erfinderischer Geist in der Folge Gebrauch machte. Er hatte das ganze Gebiet Egyptischer Weisheit durchwandert, das ganze System der Priester durchdacht, seine Gebrechen und Vorzüge, seine Stärke und Schwäche gegen einander abgewogen, und große wichtige Blicke in die Regierungskunst dieses Volks gethan.

Es ist unbekannt, wie lange er in der Schule der Priester verweilte, aber sein später politischer Auftritt, der erst gegen sein achtzigstes Jahr erfolgte, macht es wahrscheinlich, daß er vielleicht zwanzig und mehrere Jahre dem Studium der Mysterien und des Staats gewidmet habe. Dieser Aufenthalt bey den

Priestern scheint ihn aber keineswegs von dem Umgang mit seinem Volk ausgeschlossen zu haben, und er hatte Gelegenheit genug, ein Zeuge der Unmenschlichkeit zu seyn, worunter es seufzen mußte.

Die Egyptische Erziehung hatte sein Nationalgefühl nicht verdrängt. Die Mißhandlung seines Volks erinnerte ihn, daß auch er ein Hebräer sey, und ein gerechter Unwille grub sich, so oft er es leiden sah, tief in seinen Busen. Je mehr er anfieng, sich selbst zu fühlen, desto mehr mußte ihn die unwürdige Behandlung der Seinigen empören.

Einst sah er einen Hebräer unter den Streichen eines Egyptischen Frohnvogts mißhandelt; dieser Anblick überwältigte ihn, er ermordete den Egypter. Bald wird die That ruchtbar, sein Leben ist in Gefahr, er muß Egypten meiden, und flieht nach der arabischen Wüste. Viele setzen diese Flucht in sein vierzigstes Lebensjahr, aber ohne alle Beweise. Uns ist es genug zu wissen, daß Moses nicht sehr jung mehr seyn konnte, als sie erfolgte.

Mit diesem Exilium beginnt eine neue Epoche seines Lebens, und wenn wir seinen künftigen politischen Auftritt in Egypten recht beurtheilen wollen, so müssen wir ihn durch seine Einsamkeit in Arabien begleiten. Einen blutigen Haß gegen die Unterdrücker seiner Nation, und alle Kenntnisse, die er in den Mysterien geschöpft hatte, trug er mit sich in die Arabische Wüste. Sein Geist war voll von Ideen und Entwürfen, sein Herz voll Erbitterung, und nichts zerstreute ihn in dieser menschenleeren Wüste.

Die Urkunde läßt ihn die Schaafe eines Arabischen Beduinen Jethro hüten. – Dieser tiefe Fall von allen seinen Aussichten und Hoffnungen in Egypten zum Viehhirten in Arabien! vom künftigen Menschenherrscher zum Lohnknecht eines Nomaden! Wie schwer mußte er seine Seele verwunden!

In dem Kleid eines Hirten trägt er einen feurigen Regentengeist, einen rastlosen Ehrgeitz mit sich herum. Hier in dieser romantischen Wüste, wo ihm die Gegenwart nichts darbietet, sucht er Hülfe bey der Vergangenheit und Zukunft, und bespricht sich mit seinen stillen Gedanken. Alle Scenen der Unterdrückung, die er ehemals mit angesehen hatte, gehen jetzt in der Erinnerung an ihm vorüber, und nichts hinderte sie jetzt, ihren Stachel tief in seine Seele zu drücken. Nichts ist einer großen Seele unerträglicher, als Ungerechtigkeit zu dulden; dazu kommt, daß es sein eignes Volk ist, welches leidet. Ein edler Stolz erwacht in seiner Brust, und ein heftiger Trieb zu handeln und sich hervorzuthun gesellt sich zu diesem beleidigten Stolz.

Alles was er in langen Jahren gesammelt, alles was er schönes und großes gedacht und entworfen hat, soll in dieser Wüste mit ihm sterben, soll er umsonst gedacht und entworfen haben? Diesen Gedanken kann seine feurige Seele nicht aushalten. Er erhebt sich über sein Schicksal, diese Wüste soll nicht die Grenze seiner Thätigkeit werden, zu etwas großem hat ihn das hohe Wesen bestimmt, das er in den Mysterien kennen lernte. Seine Phantasie, durch Einsamkeit und Stille entzündet, ergreift was ihr am nächsten liegt, die Partey der Unterdrückten. Gleiche Empfindungen suchen einander, und der Unglückliche wird sich am liebsten auf des Unglücklichen Seite schlagen. In Egypten wäre er ein Egypter, ein Hierophant, ein Feldherr geworden; in Arabien wird er zum Ebräer. Groß und herrlich steigt sie auf vor seinem Geiste, die Idee: »Ich will dieses Volk erlösen.«

Aber welche Möglichkeit diesen Entwurf auszuführen? unübersehlich sind die Hindernisse, die sich ihm dabey aufdringen, und diejenigen, welche er bey seinem eigenen Volke selbst zu bekämpfen hat, sind bey weitem die schrecklichsten von allen. Da ist weder Eintracht noch Zuversicht, weder

Selbstgefühl noch Muth, weder Gemeingeist noch eine kühne Thaten weckende Begeisterung vorauszusetzen; eine lange Sklaverey, ein 400jähriges Elend, hat alle diese Empfindungen erstickt. – Das Volk, an dessen Spitze er treten soll, ist dieses kühnen Wagestücks eben so wenig fähig als würdig. Von diesem Volk selbst kann er nichts erwarten, und doch kann er ohne dieses Volk nichts ausrichten. Was bleibt ihm also übrig? Ehe er die Befreyung desselben unternimmt, muß er damit anfangen, es dieser Wohlthat fähig zu machen. Er muß es wieder in die Menschenrechte einsetzen, die es entäußert hat. Er muß ihm die Eigenschaften wieder geben, die eine lange Verwilderung in ihm erstickt hat, das heißt, muß Hoffnung, Zuversicht, Heldenmuth, Enthusiasmus in ihm entzünden.

Aber diese Empfindungen können sich nur auf ein (wahres oder täuschendes) Gefühl eigener Kräfte stützen, und wo sollen die Sklaven der Egypter dieses Gefühl hernehmen? Gesetzt, daß es ihm auch gelänge, sie durch seine Beredsamkeit auf einen Augenblick fortzureißen – wird diese erkünstelte Begeisterung sie nicht bey der ersten Gefahr im Stich lassen? Werden sie nicht muthloser als jemals, in ihr Knechtsgefühl zurückfallen?

Hier kommt der Egyptische Priester und Staatskundige dem Hebräer zu Hülfe. Aus seinen Mysterien, aus seiner Priesterschule zu Heliopolis erinnert er sich jetzt des wirksamen Instruments, wodurch ein kleiner Priesterorden Millionen roher Menschen nach seinem Gefallen lenkte. Dieses Instrument ist kein andres, als das Vertrauen auf überirdischen Schutz, Glaube an übernatürliche Kräfte. Da er also in der sichtbaren Welt, im natürlichen Lauf der Dinge nichts entdeckt, wodurch er seiner unterdrückten Nation Muth machen könnte, da er ihr Vertrauen an nichts irdisches anknüpfen kann, so knüpft er es an den Himmel. Da er die Hoffnung aufgiebt, ihr das Gefühl eigner Kräfte zu geben, so hat er nichts zu thun, als ihr einen Gott zuzuführen, der diese Kräfte besitzt. Gelingt es ihm, ihr Vertrauen zu diesem Gott einzuflößen, so hat er sie stark gemacht und kühn, und das Vertrauen auf diesen höhern Arm ist die Flamme, an der es ihm gelingen muß, alle andre Tugenden und Kräfte zu entzünden. Kann er sich seinen Mitbrüdern als das Organ und den Gesandten dieses Gottes legitimiren, so sind sie ein Ball in seinen Händen, er kann sie leiten, wie er will. Aber nun fragt sichs: Welchen Gott soll er ihnen verkündigen, und wodurch kann er ihm Glauben bey ihnen verschaffen?

Soll er ihnen den wahren Gott, den Demiurgos, oder den Jao, verkündigen, an den er selbst glaubt, den er in den Mysterien kennen gelernt hat?

Wie könnte er einem unwissenden Sklavenpöbel, wie seine Nation ist, auch nur von ferne Sinn für eine Wahrheit zutraun, die das Erbtheil weniger Egyptischen Weisen ist, und schon einen hohen Grad von Erleuchtung voraussetzt, um begriffen zu werden? Wie könnte er sich mit der Hoffnung schmeicheln, daß der Auswurf Egyptens etwas verstehen würde, was von den Besten dieses Landes nur die wenigsten faßten?

Aber gesetzt, es gelänge ihm auch, den Ebräern die Kenntniß des wahren Gottes zu verschaffen – so konnten sie diesen Gott in ihrer Lage nicht einmal brauchen, und die Erkenntniß desselben würde seinen Entwurf vielmehr untergraben, als befördert haben. Der wahre Gott bekümmerte sich um die Ebräer ja nicht mehr als um irgend ein andres Volk. – Der wahre Gott konnte nicht für sie kämpfen, ihnen zu Gefallen die Gesetze der Natur nicht umstürzen. – Er ließ sie ihre Sache mit den Egyptern ausfechten und mengte sich durch kein Wunder in ihren Streit, wozu sollte ihnen also dieser?

Soll er ihnen einen falschen und fabelhaften Gott verkündigen, gegen welchen sich doch seine Vernunft empört, den ihm die Mysterien verhaßt gemacht haben? Dazu ist sein Verstand so sehr erleuchtet, sein Herz zu aufrichtig und zu edel. Auf eine Lüge will er seine wohlthätige Unternehmung nicht gründen. Die Begeisterung, die ihn jetzt beseelt, würde ihm ihr wohlthätiges Feuer zu einem Betrug nicht borgen, und zu einer so verächtlichen Rolle, die seinen innern Ueberzeugungen so sehr widerspräche, würde es ihm bald an Muth, an Freude, an Beharrlichkeit gebrechen. Er will die Wohlthat vollkommen machen, die er auf dem Wege ist seinem Volk zu erweisen; er will sie nicht bloß unabhängig und frey, auch glücklich will er sie machen und erleuchten. Er will sein Werk für die Ewigkeit gründen.

Also darf es nicht auf Betrug – es muß auf Wahrheit gegründet seyn. Wie vereinigt er aber diese Widersprüche? Den wahren Gott kann er den Hebräern nicht verkündigen, weil sie unfähig sind ihn zu fassen; einen fabelhaften will er ihnen nicht verkündigen, weil er diese widrige Rolle verachtet. Es bleibt ihm also nichts übrig, als ihnen *seinen wahren Gott auf eine fabelhafte Art zu verkündigen.*

Jetzt prüft er also seine Vernunftreligion, und untersucht, was er ihr geben und nehmen muß, um ihr eine günstige Aufnahme bey seinen Hebräern zu versichern. Er steigt in ihre Lage, in ihre Beschränkung, in ihre Seele hinunter, und späht da die verborgenen Fäden aus, an die er seine Wahrheit anknüpfen könnte.

Er legt also seinem Gott diejenigen Eigenschaften bey, welche die Fassungskraft der Hebräer und ihr jetziges Bedürfniß eben jetzt von ihm fodern. Er paßt seinen Jao dem Volke an, dem er ihn verkündigen will, er paßt ihn den Umständen an, unter welchen er ihn verkündigt, und so entsteht sein Jehovah.

In den Gemüthern seines Volks findet er zwar Glauben an göttliche Dinge, aber dieser Glaube ist in den rohesten Aberglauben ausgeartet. Diesen Aberglauben muß er ausrotten, aber den Glauben muß er erhalten. Er muß ihn bloß von seinem jetzigen unwürdigen Gegenstand ablösen, und seiner neuen Gottheit zuwenden. Der Aberglaube selbst giebt ihm die Mittel dazu in die Hände. Nach dem allgemeinen Wahn jener Zeiten stand jedes Volk unter dem Schutze einer besondern Nationalgottheit, und es schmeichelte dem Nationalstolz, diese Gottheit über die Götter aller andern Völker zu setzen. Diesen letztern wurde aber darum keineswegs die Gottheit abgesprochen; sie wurde gleichfalls anerkannt, nur über den Nationalgott durften sie sich nicht erheben. An diesen Irrthum knüpfte Moses seine Wahrheit an. Er machte den Demiurgos in den Mysterien zum Nationalgott der Hebräer, aber er gieng noch einen Schritt weiter.

Er begnügte sich nicht bloß, diesen Nationalgott zum mächtigsten aller Götter zu machen, sondern er machte ihn zum Einzigen, und stürzte alle Götter um ihn her in ihr Nichts zurück. Er schenkte ihn zwar den Hebräern zum Eigenthum, um sich ihrer Vorstellungsart zu bequemen, aber zugleich unterwarf er ihm alle andern Völker und alle Kräfte der Natur. So rettete er in dem Bild, worin er ihn den Hebräern vorstellte, die zwey wichtigsten Eigenschaften seines wahren Gottes, die Einheit und die Allmacht, und machte sie wirksamer in dieser menschlichen Hülle.

Der eitle kindische Stolz, die Gottheit ausschließend besitzen zu wollen, mußte nun zum Vortheil der Wahrheit geschäftig seyn, und seiner Lehre vom Einigen Gott Eingang verschaffen. Freylich ist es nur ein neuer Irrglaube, wodurch er den alten stürzt, aber dieser neue Irrglaube ist der Wahrheit schon um vieles näher als derjenige, den er verdrängte; und dieser kleine Zusatz von Irrthum ist es im Grunde allein, wodurch seine Wahrheit ihr Glück macht, und alles was er dabey gewinnt, dankt er diesem vorhergesehenen Mißverständniß seiner Lehre. Was hätten seine Hebräer mit einem philosophischen Gott machen können? Mit diesem Nationalgott hingegen muß er Wunderdinge bey ihnen ausrichten. – Man denke sich einmal in die Lage der Hebräer. Unwissend wie sie sind, messen sie die Stärke der Götter nach dem Glück der Völker ab, die in ihrem Schutze stehen. Verlassen und unterdrückt von Menschen, glauben sie sich auch von allen Göttern vergessen; eben das Verhältniß, das sie selbst gegen die Egypter haben, muß nach ihren Begriffen auch ihr Gott gegen die Götter der Egypter haben; er ist also ein kleines Licht neben diesen, oder sie zweifeln gar, ob sie wirklich einen haben. Auf einmal wird ihnen verkündigt, daß sie auch einen Beschützer im Sternenkreis haben, und daß dieser Beschützer erwacht sey aus seiner Ruhe, daß er sich umgürte und aufmache, gegen ihre Feinde große Thaten zu verrichten.

Diese Verkündigung Gottes ist nun mehr dem Ruf eines Feldherrn gleich, sich unter seine siegreiche Fahne zu begeben. Giebt nun dieser Feldherr zugleich auch Proben seiner Stärke, oder kennen sie ihn gar noch aus alten Zeiten her, so reißt der Schwindel der Begeisterung auch den Furchtsamsten dahin, und auch dieses brachte Moses in Rechnung bey seinem Entwurfe.

Das Gespräch, welches er mit der Erscheinung in dem brennenden Dornbusch hält, legt uns die Zweifel vor, die er sich selbst aufgeworfen, und auch die Art und Weise, wie er sich solche beantwortet hat. Wird meine unglückliche Nation Vertrauen zu einem Gott gewinnen, der sie so lange vernachläßigt hat, der jetzt auf einmal wie aus den Wolken fällt, dessen Nahmen sie nicht einmal nennen hörte – der schon Jahrhunderte lang ein müßiger Zuschauer der Mißhandlung war, die sie von ihren Unterdrückern erleiden mußte? Wird sie nicht vielmehr den Gott ihrer glücklichen Feinde für den Mächtigern halten? Dieß war der nächste Gedanke, der in dem neuen

Propheten jetzt aufsteigen mußte. Wie hebt er aber nun diese Bedenklichkeit? Er macht seinen Jao zum Gott ihrer Väter, er knüpft ihn also an ihre alte Volkssagen an, und verwandelt ihn dadurch in einen einheimischen, in einen alten und wohlbekannten Gott. Aber um zu zeigen, daß er den wahren und einzigen Gott darunter meine, um aller Verwechslung mit irgend einem Geschöpf des Aberglaubens vorzubeugen, um gar keinem Mißverständniß Raum zu geben, giebt er ihm den heiligen Nahmen, den er wirklich in den Mysterien führt. Ich werde seyn, der ich seyn werde. Sage zu dem Volk Israel, legt er ihm in den Mund, *ich werde seyn*, der hat mich zu euch gesendet.

In den Mysterien führte die Gottheit wirklich diesen Nahmen. Dieser Nahme mußte aber dem dummen Volk der Hebräer durchaus unverständlich seyn. Sie konnten sich unmöglich etwas dabey denken, und Moses hätte also mit einem andern Nahmen weit mehr Glück machen können; aber er wollte sich lieber diesem Uebelstand aussetzen, als einen Gedanken aufgeben, woran ihm alles lag, und dieser war: Die Hebräer wirklich mit dem Gott, den man in den Mysterien der Isis lehrte, bekannt zu machen. Da es ziemlich ausgemacht ist, daß die Egyptischen Mysterien schon lange geblüht haben, ehe Jehovah dem Moses in dem Dornbusch erschien, so ist es wirklich auffallend, daß er sich gerade denselben Nahmen giebt, den er vorher in den Mysterien der Isis führte.

Es war aber noch nicht genug, daß sich Jehovah den Hebräern als einen bekannten Gott, als den Gott ihrer Väter ankündigte; er mußte sich auch als einen mächtigen Gott legitimiren, wenn sie anders Herz zu ihm fassen sollten; und dieß war um so nöthiger, da ihnen ihr bisheriges Schicksal in Egypten eben keine große Meynung von ihrem Beschützer geben konnte. Da er sich ferner bey ihnen nur durch einen dritten einführte, so mußte er seine Kraft auf diesen legen, und ihn durch außerordentliche Handlungen in den Stand setzen, sowohl seine Sendung selbst, als die Macht und Größe dessen, der ihn sandte, darzuthun.

Wollte also Moses seine Sendung rechtfertigen, so mußte er sie durch Wunderthaten unterstützen. Daß er diese Thaten wirklich verrichtet habe, ist wohl kein Zweifel. Wie er sie verrichtet habe und wie man sie überhaupt zu verstehen habe, überläßt man dem Nachdenken eines jeden.

Die Erzählung endlich, in welche Moses seine Sendung kleidet, hat alle Requisite, die sie haben mußte, um den Hebräern Glauben daran einzuflößen, und dieß war alles, was sie sollte – bey uns braucht sie diese Wirkung nicht mehr zu haben. Wir wissen jetzt zum Beyspiel, daß es dem Schöpfer der Welt, wenn er sich je entschließen sollte, einem Menschen in Feuer oder in Wind zu erscheinen, gleichgültig seyn könnte, ob man baarfuß oder nicht baarfuß vor ihm erschiene. – Moses aber legt seinem Jehovah den Befehl in den Mund, daß er die Schuhe von den Füßen ziehen solle; denn er wußte sehr gut, daß er dem Begriffe der göttlichen Heiligkeit bey seinen Hebräern durch ein sinnliches Zeichen zu Hülfe kommen müsse – und ein solches Zeichen hatte er aus den Einweihungsceremonien noch behalten.

So bedachte er ohne Zweifel auch, daß z.B. seine schwere Zunge ihm hinderlich seyn könnte – er kam also diesem Uebelstand zuvor, er legte die Einwürfe, die er zu fürchten hatte, schon in seine Erzählung, und Jehovah selbst mußte sie heben. Er unterzieht sich ferner seiner Sendung nur nach einem langen Widerstand – desto mehr Gewicht mußte also in den Befehl Gottes gelegt werden, der ihm diese Sendung abnöthigte. Ueberhaupt mahlt er das am ausführlichsten und am individuellsten aus, in seiner Erzählung, was den Israeliten so wie uns, am allerschwersten eingehen mußte zu glauben, und es ist kein Zweifel, daß er seine guten Gründe dazu gehabt hatte.

Wenn wir das bisherige kurz zusammenfassen, was war eigentlich der Plan, den Moses in der arabischen Wüste ausdachte?

Er wollte das israelitische Volk aus Egypten führen, und ihm zum Besitz der Unabhängigkeit und einer Staatsverfassung in einem eigenen Lande helfen. Weil er aber die Schwierigkeiten recht gut kannte, die sich ihm bey diesem Unternehmen entgegenstellen würden, weil er wußte, daß auf die eigenen Kräfte dieses Volks so lange nicht zu rechnen sey, bis man ihm Selbstvertrauen, Muth, Hoffnung und Begeisterung gegeben, weil er voraus sah, daß seine Beredsamkeit auf den zu Boden gedrückten Sklavensinn der Hebräer gar nicht wirken würde, so begriff er, daß er ihnen einen höhern, einen überirdischen Schutz ankündigen müsse, daß er sie gleichsam unter die Fahne eines göttlichen Feldherrn versammeln müsse.

Er giebt ihnen also einen Gott, um sie fürs erste aus Egypten zu befreyen. Weil es aber damit noch nicht gethan ist, weil er ihnen für das Land, das er ihnen nimmt, ein andres geben muß, und weil sie dieses andre erst mit gewaffneter Hand erobern und sich darin erhalten müssen, so ist nöthig, daß er ihre vereinigten Kräfte in einem Staatskörper zusammenhalte, so muß er ihnen also Gesetze und eine Verfassung geben.

Als ein Priester und Staatsmann aber weiß er, daß die stärkste und unentbehrlichste Stütze aller Verfassung Religion ist; er muß also den Gott, den er ihnen anfänglich nur zur Befreyung aus Egypten, als einen bloßen Feldherrn gegeben hat, auch bey der bevorstehenden Gesetzgebung brauchen; er muß ihn also auch gleich so ankündigen, wie er ihn nachher gebrauchen will. Zur Gesetzgebung und zur Grundlage des Staats braucht er aber den wahren Gott, denn er ist ein großer und edler Mensch, der ein Werk, das dauern soll, nicht auf eine Lüge gründen kann. Er will die Hebräer durch die Verfassung, die er ihnen zugedacht hat, in der That glücklich und dauernd glücklich machen, und dieses kann nur dadurch geschehen, daß er seine Gesetzgebung auf Wahrheit gründet. Für diese Wahrheit sind aber ihre Verstandskräfte noch zu stumpf; er kann sie also nicht auf dem reinen Weg der Vernunft in ihre Seele bringen. Da er sie nicht überzeugen kann, so muß er sie überreden, hinreißen, bestechen. Er muß also dem wahren Gott, den er ihnen angekündigt, Eigenschaften geben, die ihn den schwachen Köpfen faßlich und empfehlungswürdig machen; er muß ihm ein heidnisches Gewand umhüllen, und muß zufrieden seyn, wenn sie an seinem wahren Gott gerade nur dieses Heidnische schätzen, und auch das Wahre bloß auf eine heidnische Art aufnehmen. Und dadurch gewinnt er schon unendlich, er gewinnt – daß der Grund seiner Gesetzgebung wahr ist, daß also ein künftiger Reformator die Grundverfassung nicht einzustürzen braucht, wenn er die Begriffe verbessert, welches bey allen falschen Religionen die unausbleibliche Folge ist, sobald die Fackel der Vernunft sie beleuchtet.

Alle andre Staaten jener Zeit und auch der folgenden Zeiten sind auf Betrug und Irrthum, auf Vielgötterey, gegründet, obgleich, wie wir gesehen haben, in Egypten ein kleiner Zirkel war, der richtige Begriffe von dem höchsten Wesen hegte. Moses, der selbst aus diesem Zirkel ist, und nur diesem Zirkel seine bessere Idee von dem höchsten Wesen zu danken hat, Moses ist der Erste, der es wagt, dieses geheimgehaltene Resultat der Mysterien nicht nur laut, sondern sogar zur Grundlage eines Staats zu machen. Er wird also, zum Besten der Welt und der Nachwelt, ein Verräther der Mysterien, und läßt eine ganze Nation an einer Wahrheit Theil nehmen, die bis jetzt nur das Eigenthum weniger Weisen war. Freylich konnte er seinen Hebräern mit dieser neuen Religion nicht auch zugleich den Verstand mitgeben, sie zu fassen, und darin hatten die Egyptischen Epopten einen großen Vorzug vor ihnen voraus. Die Epopten erkannten die Wahrheit durch ihre Vernunft, die Hebräer konnten höchstens nur blind daran glauben.*

* Ich muß die Leser dieses Aufsatzes auf eine Schrift von ähnlichem Inhalt: *Ueber die ältesten Hebräischen Mysterien von Br Decius* verweisen, welche einen berühmten und verdienstvollen Schriftsteller zum Verfasser hat, und woraus ich verschiedene der hier zum Grund gelegten Ideen und Daten genommen habe.

II.

WAS HEISST UND ZU WELCHEM ENDE STUDIRT MAN UNIVERSALGESCHICHTE?

Eine akademische Antrittsrede.

Erfreuend und ehrenvoll ist mir der Auftrag, meine h.H.H., an Ihrer Seite künftig ein Feld zu durchwandern, das dem denkenden Betrachter so viele Gegenstände des Unterrichts, dem thätigen Weltmann so herrliche Muster zur Nachahmung, dem Philosophen so wichtige Aufschlüsse, und jedem ohne Unterschied so reiche Quellen des edelsten Vergnügens eröffnet – das große weite Feld der allgemeinen Geschichte. Der Anblick so vieler vortreflichen jungen Männer, die eine edle Wißbegierde um mich her versammelt, und in deren Mitte schon manches wirksame Genie für das kommende Zeitalter aufblüht, macht mir meine Pflicht zum Vergnügen, läßt mich aber auch die Strenge und Wichtigkeit derselben in ihrem ganzen Umfang empfinden. Je größer das Geschenk ist, das ich Ihnen zu übergeben habe – und was hat der Mensch dem Menschen größeres zu geben, als Wahrheit? – desto mehr muß ich Sorge tragen, daß sich der Werth desselben unter meiner Hand nicht verringere. Je lebendiger und reiner Ihr Geist in dieser glücklichsten Epoche seines Wirkens empfängt, und je rascher sich Ihre jugendlichen Gefühle entflammen, desto mehr Aufforderung für mich zu verhüten, daß sich dieser Enthusiasmus, den die Wahrheit allein das Recht hat zu erwecken, an Betrug und Täuschung nicht unwürdig verschwende.

Fruchtbar und weit umfassend ist das Gebiet der Geschichte; in ihrem Kreise liegt die ganze moralische Welt.

Durch alle Zustände, die der Mensch erlebte, durch alle abwechselnde Gestalten der Meinung, durch seine Thorheit und seine Weisheit, seine Verschlimmerung und seine Veredlung, begleitet sie ihn, von allem was er sich *nahm* und *gab*, muß sie Rechenschaft ablegen. Es ist keiner unter Ihnen allen, dem Geschichte nicht etwas wichtiges zu sagen hätte; alle noch so verschiedene Bahnen Ihrer künftigen Bestimmung verknüpfen sich irgendwo mit derselben; aber eine Bestimmung theilen Sie alle auf gleiche Weise mit einander, diejenige, welche Sie auf die Welt mitbrachten – sich als Menschen auszubilden – und zu dem Menschen eben redet die Geschichte.

Ehe ich es aber unternehmen kann, meine H.H., Ihre Erwartungen von diesem Gegenstande Ihres Fleißes genauer zu bestimmen, und die Verbindung anzugeben, worin derselbe mit dem eigentlichen Zweck Ihrer so verschiedenen Studien steht, wird es nicht überflüssig seyn, mich *über diesen Zweck Ihrer Studien* selbst vorher mit Ihnen einzuverstehen. Eine vorläufige Berichtigung dieser Frage, welche mir passend und würdig genug scheint, unsre künftige akademische Verbindung zu eröffnen, wird mich in den Stand setzen, Ihre Aufmerksamkeit sogleich auf die würdigste Seite der Weltgeschichte hinzuweisen.

Anders ist der Studierplan, den sich der Brodgelehrte, anders derjenige, den der philosophische Kopf sich vorzeichnet. Jener, dem es bey seinem Fleiß einzig und allein darum zu thun ist, die Bedingungen zu erfüllen, unter denen er zu einem Amte fähig und der Vortheile desselben theilhaftig werden kann, der nur darum die Kräfte seines Geistes in Bewegung setzt, um dadurch seinen sinnlichen Zustand zu verbessern und eine kleinliche Ruhmsucht zu befriedigen, ein solcher wird beym Eintritt in seine akademische Laufbahn keine wichtigere Angelegenheit haben, als die Wissenschaften, die er Brodstudien nennt, von allen übrigen, die den Geist nur als

Geist vergnügen, auf das sorgfältigste abzusondern. Alle Zeit, die er diesen letztern widmete, würde er seinem künftigen Berufe zu entziehen glauben, und sich diesen Raub nie vergeben. Seinen ganzen Fleiß wird er nach den Forderungen einrichten, die von dem künftigen Herrn seines Schicksals an ihn gemacht werden, und alles gethan zu haben glauben, wenn er sich fähig gemacht hat, diese Instanz nicht zu fürchten. Hat er seinen Cursus durchlaufen und das Ziel seiner Wünsche erreicht, so entläßt er seine Führerinnen – denn wozu noch weiter sie bemühen? Seine größte Angelegenheit ist jetzt, die zusammengehäuften Gedächtnißschätze zur Schau zu tragen, und ja zu verhüten, daß sie in ihrem Werthe nicht sinken. Jede Erweiterung seiner Brodwissenschaft beunruhigt ihn, weil sie ihm neue Arbeit zusendet, oder die vergangene unnütz macht; jede wichtige Neuerung schreckt ihn auf, denn sie zerbricht die alte Schulform, die er sich so mühsam zu eigen machte, sie setzt ihn in Gefahr, die ganze Arbeit seines vorigen Lebens zu verlieren. Wer hat über Reformatoren mehr geschrieen, als der Haufe der Brodgelehrten? Wer hält den Fortgang nützlicher Revolutionen im Reich des Wissens mehr auf, als eben diese? Jedes Licht, das durch ein glückliches Genie, in welcher Wissenschaft es sey, angezündet wird, macht ihre Dürftigkeit sichtbar; sie fechten mit Erbitterung, mit Heimtücke, mit Verzweiflung, weil sie bey dem Schulsystem, das sie vertheidigen, zugleich für ihr ganzes Daseyn fechten. Darum kein unversöhnlicherer Feind, kein neidischerer Amtsgehülfe, kein bereitwilligerer Ketzermacher, als der Brodgelehrte. Je weniger seine Kenntnisse *durch sich selbst* ihn belohnen, desto größere Vergeltung heischt er von außen; für das Verdienst der Handarbeiter und das Verdienst der Geister hat er nur *Einen* Maaßstab, *die Mühe*. Darum hört man niemand über Undank mehr klagen, als den Brodgelehrten; nicht bey seinen Gedankenschätzen sucht er seinen Lohn, seinen Lohn erwartet er von fremder Anerkennung, von Ehrenstellen, von Versorgung. Schlägt ihm dieses fehl, wer ist unglücklicher als der Brodgelehrte? Er hat umsonst gelebt, gewacht, gearbeitet; er hat umsonst nach Wahrheit geforscht, wenn sich Wahrheit für ihn nicht in Gold, in Zeitungslob, in Fürstengunst verwandelt.

Beklagenswerther Mensch, der mit dem edelsten aller Werkzeuge, mit Wissenschaft und Kunst, nichts höheres will und ausrichtet, als der Taglöhner mit dem schlechtesten! der im Reiche der vollkommensten Freiheit eine Sklavenseele mit sich herum trägt! – Noch beklagenswerther aber ist der junge Mann von Genie, dessen natürlich schöner Gang durch schädliche Lehren und Muster auf diesen traurigen Abweg verlenkt wird, der sich überreden ließ, für seinen künftigen Beruf mit dieser kümmerlichen Genauigkeit zu sammeln. Bald wird seine Berufswissenschaft als ein Stückwerk ihn anekeln; Wünsche werden in ihm aufwachen, die sie nicht zu befriedigen vermag, sein Genie wird sich gegen seine Bestimmung auflehnen. Als Bruchstück erscheint ihm jetzt alles was er thut, er sieht keinen Zweck seines Wirkens, und doch kann er Zwecklosigkeit nicht ertragen. Das Mühselige, das Geringfügige in seinen Berufsgeschäften drückt ihn zu Boden, weil er ihm den frohen Muth nicht entgegen setzen kann, der nur die helle Einsicht, nur die geahndete Vollendung begleitet. Er fühlt sich abgeschnitten, herausgerissen aus dem Zusammenhang der Dinge, weil er unterlassen hat, seine Thätigkeit an das große Ganze der Welt anzuschließen. Dem Rechtsgelehrten entleidet seine Rechtswissenschaft, sobald der Schimmer besserer Kultur ihre Blößen ihm beleuchtet, anstatt daß er jetzt streben sollte, ein neuer Schöpfer derselben zu seyn, und den entdeckten Mangel aus innerer Fülle zu verbessern. Der Arzt entzweyet sich mit seinem Beruf, sobald ihm wichtige Fehlschläge die Unzuverlässigkeit seiner Systeme zeigen; der Theolog verliert die Achtung für den Seinigen, sobald sein Glaube an die Unfehlbarkeit seines Lehrgebäudes wankt.

Wie ganz anders verhält sich der philosophische Kopf! – Ehen so sorgfältig, als der Brodgelehrte seine Wissenschaft von allen übrigen absondert, bestrebt sich jener ihr Gebiet zu erweitern, und ihren Bund mit den übrigen wieder herzustellen – *herzustellen*, sage ich, denn nur der abstrahirende Verstand hat jene Grenzen gemacht, hat jene Wissenschaften von einander geschieden. Wo der Brodgelehrte trennt, vereinigt der philosophische Geist. Frühe hat er sich überzeugt, daß im Gebiete des Verstandes, wie in der Sinnenwelt, alles in einander greife, und sein reger Trieb nach Uebereinstimmung kann sich mit Bruchstücken nicht begnügen. Alle seine Bestrebungen sind auf Vollendung seines Gewissens gerichtet; seine edle Ungeduld kann nicht ruhen, bis alle seine Begriffe zu einem harmonischen Ganzen sich geordnet haben, bis er im Mittelpunkt seiner Kunst, seiner Wissenschaft steht, und von hier aus ihr Gebiet mit befriedigtem Blick überschauet. Neue Entdeckungen im Kreise seiner Thätigkeit, die den *Brodgelehrten* niederschlagen, entzücken den philosophischen Geist. Vielleicht füllen sie eine Lücke, die das werdende Ganze seiner Begriffe noch verunstaltet hatte, oder setzen den letzten noch fehlenden Stein an sein Ideengebäude, der es vollendet. Sollten sie es aber auch zertrümmern, sollte eine neue Gedankenreihe, eine neue Naturerscheinung, ein neu entdecktes Gesetz in der Körperwelt, den ganzen Bau seiner Wissenschaft umstürzen: *so hat er die Wahrheit immer mehr geliebt als sein System*, und gerne wird er die alte mangelhafte Form mit einer neuern und schönern vertauschen. Ja, wenn kein Streich von außen sein Ideengebäude erschüttert, so ist er selbst, von einem ewig wirksamen Trieb nach Verbesserung gezwungen, er selbst ist der Erste, der es unbefriedigt auseinander legt, um es vollkommener wieder herzustellen. Durch immer neue und immer schönere Gedankenformen schreitet der philosophische Geist zu höherer Vortrefflichkeit fort, wenn der Brodgelehrte in ewigem Geistesstillstand das unfruchtbare Einerley seiner Schulbegriffe hütet.

Kein gerechterer Beurtheiler fremden Verdiensts, als der philosophische Kopf. Scharfsichtig und erfinderisch genug, um jede Thätigkeit zu nutzen, ist er auch billig genug, den Urheber auch der kleinsten zu ehren. Für ihn arbeiten alle Köpfe – alle Köpfe arbeiten gegen den Brodgelehrten. Jener weiß alles, was um ihn geschiehet und gedacht wird, in sein Eigenthum zu verwandeln – zwischen denkenden Köpfen gilt eine innige Gemeinschaft aller Güter des Geistes; was Einer im Reiche der Wahrheit erwirbt, hat er Allen erworben – Der Brodgelehrte verzäunet sich gegen alle seine Nachbarn, denen er neidisch Licht und Sonne mißgönnt, und bewacht mit Sorge die baufällige Schranke, die ihn nur schwach gegen die siegende Vernunft vertheidigt. Zu allem, was der Brodgelehrte unternimmt, muß er Reiz und Aufmunterung von außen her borgen: der philosophische Geist findet in seinem Gegenstand, in seinem Fleiße selbst, Reiz und Belohnung. Wie viel begeisterter kann er sein Werk angreifen, wie viel lebendiger wird sein Eifer, wie viel ausdauernder sein Muth und seine Thätigkeit seyn, da bey ihm die Arbeit sich durch die Arbeit verjünget. Das Kleine selbst gewinnt Größe unter seiner schöpferischen Hand, da er dabey immer das Große im Auge hat, dem es dienet, wenn der Brodgelehrte in dem Großen selbst nur das Kleine sieht. Nicht *was* er treibt, sondern *wie* er das, was er treibt, behandelt, unterscheidet den philosophischen Geist. Wo er auch stehe und wirke, er steht immer im Mittelpunkt des Ganzen; und so weit ihn auch das Objekt seines Wirkens von seinen übrigen Brüdern entferne, er ist ihnen verwandt und *nahe* durch einen harmonisch wirkenden Verstand, er begegnet ihnen wo alle helle Köpfe einander finden.

Soll ich diese Schilderung noch weiter fortführen, oder darf ich hoffen, daß es bereits bey Ihnen entschieden sey, welches von den beyden Gemählden, die ich Ihnen hier vorgehalten habe, Sie Sich zum Muster nehmen wollen? Von der Wahl, die Sie zwischen beyden getroffen haben, hängt es ab, ob Ihnen das Studium der Universalgeschichte empfohlen oder erlassen werden kann. Mit dem Zweyten allein habe ich es zu thun; denn bey dem Bestreben, sich dem Ersten nützlich zu machen, möchte sich die Wissenschaft selbst allzuweit von ihrem höhern Endzweck entfernen, und einen kleinen Gewinn mit einem zu großen Opfer erkaufen.

Ueber den Gesichtspunkt mit Ihnen einig, aus welchem der Werth einer Wissenschaft zu bestimmen ist, kann ich mich dem Begriff der Universalgeschichte selbst, dem Gegenstand der heutigen Vorlesung, nähern.

Die Entdeckungen, welche unsre Europäischen Seefahrer in fernen Meeren und auf entlegenen Küsten gemacht haben, geben uns ein eben so lehrreiches als unterhaltendes Schauspiel. Sie zeigen uns Völkerschaften, die auf den mannichfaltigsten Stufen der Bildung um uns herum gelagert sind, wie Kinder verschiedenen Alters um einen Erwachsenen herumstehen, und durch ihr Beyspiel ihm in Erinnerung bringen, was er selbst vormals gewesen, und wovon er ausgegangen ist. Eine weise Hand scheint uns diese rohen Völkerstämme bis auf den Zeitpunkt aufgespart zu haben, wo wir in unsrer eignen Kultur weit genug würden fortgeschritten seyn, um von dieser Entdeckung eine nützliche Anwendung auf uns selbst zu machen, und den verlornen Anfang unsers Geschlechts aus diesem Spiegel wieder herzustellen. Wie beschämend und traurig aber ist das Bild, das uns diese Völker von unserer Kindheit geben! und doch ist es nicht einmal die erste Stufe mehr, auf der wir sie erblicken. Der Mensch fieng noch verächtlicher an. Wir finden jene doch schon als Völker, als politische Körper: aber der Mensch mußte sich erst durch eine außerordentliche Anstrengung zur politischen Gesellschaft erheben.

Was erzählen uns die Reisebeschreiber nun von diesen Wilden? Manche fanden sie ohne Bekanntschaft mit den unentbehrlichsten Künsten, ohne das Eisen, ohne den Pflug, einige sogar ohne den Besitz des Feuers. Manche rangen noch mit wilden Thieren um Speise und Wohnung; bey vielen hatte sich die Sprache noch kaum von thierischen Tönen zu verständlichen Zeichen erhoben. Hier war nicht einmal das so einfache Band der *Ehe*, dort noch keine Kenntniß des *Eigenthums*; hier konnte die schlaffe Seele noch nicht einmal eine Erfahrung fest halten, die sie doch täglich wiederholte; sorglos sah man den Wilden das Lager hingeben, worauf er heute schlief, weil ihm nicht einfiel, daß er morgen wieder schlafen würde. Krieg hingegen war bey allen, und das Fleisch des überwundenen Feindes nicht selten der Preis des Sieges. Bey andern, die mit mehrern Gemächlichkeiten des Lebens vertraut, schon eine höhere Stufe der Bildung erstiegen hatten, zeigten Knechtschaft und Despotismus ein schauderhaftes Bild. Dort sah man einen Despoten Afrikas seine Unterthanen für einen Schluck Brandwein verhandeln: – hier wurden sie auf seinem Grab abgeschlachtet, ihm in der Unterwelt zu dienen. Dort wirft sich die fromme Einfalt vor einem lächerlichen Fetisch, und hier vor einem grausenvollen Scheusal nieder; in seinen Göttern mahlt sich der Mensch. So tief ihn dort Sklaverey, Dummheit und Aberglauben niederbeugen, so elend ist er hier durch das andre Extrem gesetzloser Freyheit. Immer zum Angriff und zur Vertheidigung gerüstet, von jedem Geräusch aufgescheucht, reckt der Wilde sein scheues Ohr in die Wüste; *Feind* heißt ihm alles was neu ist, und wehe dem Fremdling, den das Ungewitter an seine Küste schleudert! Kein wirthlicher Heerd wird ihm rauchen, kein süßes Gastrecht ihn erfreuen. Aber selbst da, wo sich der Mensch von einer feindseligen Einsamkeit zur Gesellschaft, von der Noth zum Wohlleben, von der Furcht zu der Freude erhebt – wie abentheuerlich und ungeheuer zeigt er sich unsern Augen! Sein roher Geschmack sucht Fröhlichkeit in der Betäubung, Schönheit in der Verzerrung, Ruhm in der Uebertreibung; Entsetzen erweckt uns selbst seine Tugend, und das, was er seine Glückseligkeit nennt, kann uns nur Ekel oder Mitleid erregen.

So waren wir. Nicht viel besser fanden uns Cäsar und Tacitus vor achtzehn hundert Jahren.

Was sind wir jetzt? – Lassen Sie mich einen Augenblick bey dem Zeitalter stille stehen, worin wir leben, bey der gegenwärtigen Gestalt der Welt, die wir bewohnen.

Der menschliche Fleiß hat sie angebaut, und den widerstrebenden Boden durch sein Beharren und seine Geschicklichkeit überwunden. Dort hat er dem Meere Land abgewonnen, hier dem dürren Lande Ströme gegeben. Zonen und Jahrszeiten hat der Mensch durch einander gemengt, und die weichlichen Gewächse des Orients zu seinem rauheren Himmel abgehärtet. Wie er Europa nach Westindien und dem Südmeere trug, hat er Asien in Europa auferstehen lassen. Ein heitrer Himmel lacht jetzt über Germaniens Wäldern, welche die starke Menschenhand zerriß und dem Sonnenstrahl aufthat, und in den Wellen des Rheins spiegeln sich Asiens Reben. An seinen Ufern erheben sich volkreiche Städte, die Genuß und Arbeit in munterm Leben durchschwärmen. Hier finden wir den Menschen in seines Erwerbes friedlichem Besitz sicher unter einer Million, ihn, dem sonst ein einziger Nachbar den Schlummer raubte. Die Gleichheit, die er durch seinen Eintritt in die Gesellschaft verlor, hat er wieder gewonnen durch weise Gesetze. Von dem blinden Zwange des Zufalls und der Noth hat er sich unter die sanftere Herrschaft der Verträge geflüchtet, und die Freyheit des Raubthiers hingegeben, um die edlere Freyheit des Menschen zu retten. Wohlthätig haben sich seine Sorgen getrennt, seine Thätigkeiten vertheilt. Jetzt nöthigt ihn das gebieterische Bedürfniß nicht mehr an die Pflugschaar, jetzt fordert ihn kein Feind mehr von dem Pflug auf das Schlachtfeld, Vaterland und Heerd zu vertheidigen. Mit dem Arme des Landmanns füllt er seine Scheunen, mit den Waffen des Kriegers schützt er sein Gebiet. Das Gesetz wacht über sein Eigenthum – und ihm bleibt das unschätzbare Recht, sich selbst seine Pflicht auszulesen.

Wie viele Schöpfungen der Kunst, wie viele Wunder des Fleißes, welches Licht in allen Feldern des Wissens, seitdem der Mensch in der traurigen Selbstvertheidigung seine Kräfte nicht mehr unnütz verzehrt, seitdem es in seine Willkühr gestellt worden, sich mit der Noth abzufinden, der er nie ganz entfliehen soll; seitdem er das kostbare Vorrecht errungen hat, über seine Fähigkeit frey zu gebieten, und dem Ruf seines Genius zu folgen! Welche rege Thätigkeit überall, seitdem die vervielfältigten Begierden dem Erfindungsgeist neue Flügel gaben, und dem Fleiß neue Räume aufthaten! – Die Schranken sind durchbrochen, welche Staaten und Nationen in feindseligem Egoismus absonderten. Alle denkenden Köpfe verknüpft jetzt ein weltbürgerliches Band, und alles Licht seines Jahrhunderts kann nunmehr den Geist eines neuern Galiläi und Erasmus bescheinen.

Seitdem die Gesetze zu der Schwäche des Menschen herunterstiegen, kam der Mensch auch den Gesetzen entgegen. Mit ihnen ist er sanfter geworden, wie er mit ihnen verwilderte; ihren barbarischen Strafen folgen die barbarischen Verbrechen allmählig in die Vergessenheit nach. Ein großer Schritt zur Veredlung ist geschehen, daß die Gesetze tugendhaft sind, wenn auch gleich noch nicht die Menschen. Wo die

Zwangspflichten von dem Menschen ablassen, übernehmen ihn die Sitten. Den keine Strafe schreckt und kein Gewissen zügelt, halten jetzt die Gesetze des Anstands und der Ehre in Schranken.

Wahr ist es, auch in unser Zeitalter haben sich noch manche barbarische Ueberreste aus den vorigen eingedrungen, Geburten des Zufalls und der Gewalt, die das Zeitalter der Vernunft nicht verewigen sollte. Aber wie viel Zweckmäßigkeit hat der Verstand des Menschen auch diesem barbarischen Nachlaß der ältern und mittlern Jahrhunderte gegeben! Wie unschädlich, ja wie nützlich hat er oft gemacht, was er umzustürzen noch nicht wagen konnte! Auf dem rohen Grunde der Lehenanarchie führte Teutschland das System seiner politischen und kirchlichen Freyheit auf. Das Schattenbild des römischen Imperators, das sich diesseits der Apenninen erhalten, leistet der Welt jetzt unendlich mehr Gutes, als sein schreckhaftes Urbild im alten Rom – denn es hält ein nützliches Staatssystem durch *Eintracht* zusammen: jenes drückte die thätigsten Kräfte der Menschheit in einer sklavischen *Einförmigkeit* darnieder. Selbst unsre Religion – so sehr entstellt durch die untreuen Hände, durch welche sie uns überliefert worden – wer kann in ihr den veredelnden Einfluß der bessern Philosophie verkennen? Unsre Leibnitze und Locke machten sich um das *Dogma* und um die *Moral* des Christenthums eben so verdient, als – der Pinsel eines Raphael und Correggio um die heilige Geschichte.

Endlich unsre Staaten – mit welcher Innigkeit, mit welcher Kunst sind sie in einander verschlungen! wie viel dauerhafter durch den wohlthätigen Zwang der Noth als vormals durch die feyerlichsten Verträge verbrüdert! Den Frieden hütet jetzt ein ewig geharnischter Krieg, und die Selbstliebe eines Staats setzt ihn zum Wächter über den Wohlstand des andern. Die Europäische Staatengesellschaft scheint in eine große Familie verwandelt. Die Hausgenossen können einander anfeinden, aber hoffentlich nicht mehr zerfleischen.

Welche entgegengesetzte Gemählde! Wer sollte in dem verfeinerten Europäer des achtzehnten Jahrhunderts nur einen fortgeschrittnen Bruder des neuern Kanadiers, des alten Celten vermuthen? Alle diese Fertigkeiten, Kunsttriebe, Erfahrungen, alle diese Schöpfungen der Vernunft sind im Raume von wenigen Jahrtausenden in dem Menschen angepflanzt und entwickelt worden; alle diese Wunder der Kunst, diese Riesenwerke des Fleißes sind aus ihm herausgerufen worden. Was weckte jene zum Leben, was lockte diese heraus? Welche Zustände durchwanderte der Mensch, bis er von *jenem* Aeußersten zu *diesem* Aeußersten, vom ungeselligen Höhlenbewohner – zum geistreichen Denker, zum gebildeten Weltmann hinaufstieg? – Die allgemeine Weltgeschichte giebt Antwort auf diese Frage.

So unermeßlich ungleich zeigt sich uns das nehmliche Volk auf dem nehmlichen Landstriche, wenn wir es in verschiedenen Zeiträumen anschauen! Nicht weniger auffallend ist der Unterschied, den uns das gleichzeitige Geschlecht, aber in verschiedenen Ländern darbietet. Welche Mannigfaltigkeit in Gebräuchen, Verfassungen und Sitten! Welcher rasche Wechsel von Finsterniß und Licht, von Anarchie und Ordnung, von Glückseligkeit und Elend, wenn wir den Menschen auch nur in dem kleinen Welttheil Europa aufsuchen! Frey an der Themse, und für diese Freyheit sein eigener Schuldner; hier unbezwingbar zwischen seinen Alpen, dort zwischen seinen Kunstflüssen und Sümpfen unüberwunden. An der Weichsel kraftlos und elend durch seine Zwietracht; jenseits der Pyrenäen durch seine Ruhe kraftlos und elend. Wohlhabend und gesegnet in Amsterdam ohne Aernte; dürftig und unglücklich an des Ebro unbenutztem Paradiese. Hier zwey entlegene Völker durch ein Weltmeer getrennt, und zu Nachbarn gemacht durch Bedürfniß, Kunstfleiß und politische Bande; dort die Anwohner Eines Stroms durch eine andere Liturgie unermeßlich geschieden! Was führte Spaniens Macht über den atlantischen Ocean in das Herz von Amerika, und nicht einmal über den Tajo und Guadiana hinüber? Was erhielt in Italien und Teutschland so viele Thronen, und ließ in Frankreich alle, bis auf Einen, verschwinden? – Die Universalgeschichte löst diese Frage.

Selbst daß *wir* uns in diesem Augenblick hier zusammen fanden, uns mit diesem Grade von Nationalkultur, mit dieser Sprache, diesen Sitten, diesen bürgerlichen Vortheilen, diesem Maaß von Gewissensfreyheit zusammen fanden, ist das Resultat vielleicht aller vorhergegangenen Weltbegebenheiten: die *ganze* Weltgeschichte würde wenigstens nöthig seyn, dieses einzige Moment zu erklären. Daß wir uns als Christen zusammen fanden, mußte diese Religion, durch unzählige Revolutionen vorbereitet, aus dem Judenthum hervorgehen, mußte sie den römischen Staat genau so finden, als sie ihn fand, um sich mit schnellem siegendem Lauf über die Welt zu verbreiten und den Thron der Cäsarn endlich selbst zu besteigen. Unsre rauhen Vorfahren in den thüringischen Wäldern mußten der Uebermacht der Franken unterliegen, um ihren Glauben anzunehmen. Durch seine wachsenden Reichthümer, durch die Unwissenheit der Völker und durch die Schwäche ihrer Beherrscher mußte der Klerus verführt und begünstigt werden, sein Ansehen zu mißbrauchen, und seine stille *Gewissensmacht* in ein weltliches Schwerd umzuwandeln. Die Hierarchie mußte in einem *Gregor* und *Innozenz* alle ihre Greuel auf das Menschengeschlecht ausleeren, damit das überhandnehmende Sittenverderbniß und des geistlichen Despotismus schreyendes Scandal einen unerschrockenen Augustinermönch auffordern konnte, das Zeichen zum Abfall zu geben, und dem römischen Hierarchen eine Hälfte Europens zu entreißen, – wenn wir uns als protestantische Christen hier versammeln sollten. Wenn dieß geschehen sollte, so mußten die Waffen unsrer Fürsten Karln V. einen Religionsfrieden abnöthigen; ein Gustav Adolph mußte den Bruch dieses Friedens rächen, ein neuer allgemeiner Friede ihn auf Jahrhunderte begründen. Städte mußten sich in Italien und Teutschland erheben, dem Fleiß ihre Thore öffnen, die Ketten der Leibeigenschaft zerbrechen, unwissenden Tyrannen den Richterstab aus den Händen ringen, und durch eine kriegerische Hansa sich in Achtung setzen, wenn Gewerbe und Handel blühen, und der Ueberfluß den Künsten der Freude rufen, wenn der Staat den nützlichen Landmann ehren, und in dem wohlthätigen *Mittelstande*, dem Schöpfer unsrer ganzen Kultur, ein dauerhaftes Glück für die Menschheit heran reifen sollte. Teutschlands Kaiser mußten sich in Jahrhundert langen Kämpfen mit den Päpsten, mit ihren Vasallen, mit eifersüchtigen Nachbarn entkräften – Europa sich seines gefährlichen Ueberflusses in Asiens Gräbern entladen, und der trotzige Lehenadel in einem mörderischen Faustrecht, Römerzügen und heiligen Fahrten seinen Empörungsgeist ausbluten – wenn das verworrene Chaos sich sondern, und die streitenden Mächte des Staats in dem gesegneten Gleichgewicht ruhen sollten, wovon unsre jetzige Muße der Preis ist. Wenn sich unser Geist aus der Unwissenheit herausringen sollte, worin geistlicher und weltlicher Zwang ihn gefesselt hielt: so mußte der lang erstickte Keim der Gelehrsamkeit unter ihren wüthendsten Verfolgern aufs neue hervorbrechen, und ein *Al Mamun* den Wissenschaften den Raub vergüten, den ein Omar an ihnen verübt hatte. Das unerträgliche Elend der Barbarey mußte unsre Vorfahren von den blutigen *Urtheilen Gottes* zu menschlichen Richterstühlen treiben, verheerende Seuchen die verirrte Heilkunst zur Betrachtung der Natur zurückrufen, der Müßiggang der Mönche mußte für das Böse, das ihre Werkthätigkeit schuf, von ferne einen Ersatz zubereiten, und der profane Fleiß in den Klöstern die zerrütteten Reste des Augustischen Weltalters bis zu den Zeiten der Buchdruckerkunst hinhalten. An griechischen und römischen Mustern mußte der niedergedrückte Geist nordischer Barbaren sich aufrichten, und die Gelehrsamkeit einen Bund mit den Musen und Grazien schließen, wann sie einen Weg zu dem Herzen finden, und den Nahmen einer Menschenbilderin sich verdienen sollte. – Aber hätte Griechenland wohl einen Thucydides, einen Plato, einen Aristoteles, hätte Rom einen Horaz, einen Cicero, einen Virgil und Livius gebohren, wenn diese beyden Staaten nicht zu derjenigen Höhe des politischen Wohlstands emporgedrungen wären, welche sie wirklich erstiegen haben? Mit einem Wort – wenn nicht ihre *ganze* Geschichte vorhergegangen wäre? Wie viele Erfindungen, Entdeckungen, Staats- und Kirchenrevolutionen mußten *zusammentreffen*, diesen neuen, noch zarten Keimen von Wissenschaft und Kunst, Wachsthum und Ausbreitung zu geben! Wie viele Kriege mußten geführt, wie viele Bündnisse geknüpft, zerrissen und aufs neue geknüpft werden, um endlich Europa zu dem Friedensgrundsatz zu bringen, welcher allein den Staaten wie den Bürgern vergönnt, ihre Aufmerksamkeit auf sich selbst zu richten, und ihre Kräfte zu einem verständigen Zwecke zu versammeln!

Selbst in den alltäglichsten Verrichtungen des bürgerlichen Lebens können wir es nicht vermeiden, die Schuldner vergangener Jahrhunderte zu werden; die ungleichartigsten Perioden der Menschheit steuern zu unsrer Kultur, wie die entlegendsten Welttheile zu unserm Luxus. Die Kleider, die wir tragen, die Würze an unsern Speisen, und der Preis, um den wir sie kaufen, viele unsrer kräftigsten Heilmittel, und eben so viele neue Werkzeuge unsers Verderbens – setzen sie nicht einen *Columbus* voraus, der Amerika entdeckte, einen *Vasco de Gama*, der die Spitze von Afrika umschiffte?

Es zieht sich also eine lange Kette von Begebenheiten von dem gegenwärtigen Augenblicke bis zum Anfange des Menschengeschlechts hinauf, die wie Ursache und Wirkung in einander greifen. *Ganz* und *vollzählich* überschauen kann sie nur der unendliche Verstand; dem Menschen sind engere Grenzen gesetzt. I. Unzählig viele dieser Ereignisse haben entweder keinen menschlichen Zeugen und Beobachter gefunden, oder sie sind durch kein Zeichen fest gehalten worden. Dahin gehören alle, die dem Menschengeschlechte selbst und der Erfindung der Zeichen vorhergegangen sind. Die Quelle aller Geschichte ist Tradition, und das Organ der Tradition ist die Sprache. Die ganze Epoche *vor der Sprache*, so folgenreich sie auch für die *Welt* gewesen, ist für die *Weltgeschichte* verloren. II. Nachdem aber auch die Sprache erfunden, und durch sie die Möglichkeit vorhanden war, geschehene Dinge auszudrücken und weiter mitzutheilen, so geschah diese Mittheilung Anfangs durch den unsichern und wandelbaren Weg der *Sagen*. Von Munde zu Munde pflanzte sich eine solche Begebenheit durch eine lange Folge von Geschlechtern fort, und da sie durch Media gieng, die verändert werden und verändern, so mußte sie diese Veränderungen mit erleiden. Die lebendige Tradition oder die mündliche Sage ist daher eine sehr unzuverläßige Quelle für die Geschichte, daher sind alle Begebenheiten *vor dem Gebrauche der Schrift* für die Weltgeschichte so gut als verloren. III. Die Schrift ist aber selbst nicht unvergänglich; unzählig viele Denkmähler des Alterthums haben Zeit und Zufälle zerstört, und nur wenige Trümmer haben sich aus der Vorwelt in die Zeiten der Buchdruckerkunst gerettet. Bey weitem der größre Theil ist mit den Aufschlüssen, die er uns geben sollte, für die Weltgeschichte verloren. IV. Unter den wenigen endlich, welche die Zeit verschonte, ist die größere Anzahl durch die *Leidenschaft*, durch den *Unverstand*, und oft selbst durch das *Genie* ihrer Beschreiber verunstaltet und unkennbar gemacht. Das Mißtrauen erwacht bey dem ältesten historischen Denkmahl, und es verläßt uns nicht einmal bey einer Chronik des heutigen Tages. Wenn wir über eine Begebenheit, die sich heute erst, und unter Menschen mit denen wir leben, und in der Stadt, die wir bewohnen, ereignet, die Zeugen abhören und aus ihren widersprechenden Berichten Mühe haben, die Wahrheit zu enträthseln: welchen Muth können wir zu Nationen und Zeiten mitbringen, die durch Fremdartigkeit der Sitten weiter als durch ihre Jahrtausende von uns entlegen sind? – Die kleine Summe von Begebenheiten, die nach allen bisher geschehenen Abzügen zurückbleibt, ist der Stoff der Geschichte in ihrem weitesten Verstande. *Was* und *wieviel* von diesem historischen Stoff gehört nun der *Universalgeschichte*?

Aus der ganzen Summe dieser Begebenheiten hebt der Universalhistoriker diejenigen heraus, welche auf die *heutige* Gestalt der Welt und den Zustand der jetzt lebenden Generation einen wesentlichen, unwidersprechlichen und leicht zu verfolgenden Einfluß gehabt haben. Das Verhältniß eines historischen Datums zu der heutigen Weltverfassung ist es also, worauf gesehen werden muß, um Materialien für die Weltgeschichte zu sammeln. Die Weltgeschichte geht also von einem Princip aus, das dem Anfang der Welt gerade entgegenstehet. Die wirkliche Folge der Begebenheiten steigt von dem Ursprung der Dinge zu ihrer neuesten Ordnung herab, der Universalhistoriker rückt von der neuesten Weltlage aufwärts dem Ursprung der Dinge entgegen. Wenn er von dem laufenden Jahr und Jahrhundert zu dem nächst vorhergegangenen in Gedanken hinaufsteigt, und unter den Begebenheiten, die das Letztere ihm darbietet, diejenigen sich merkt, welche den Aufschluß über die nächstfolgenden enthalten – wenn er diesen Gang schrittweise fortgesetzt hat bis zum Anfang – nicht der Welt, denn dahin führt ihn kein Wegweiser – bis zum

Anfang der Denkmähler, dann steht es bey ihm, auf dem gemachten Weg umzukehren, und an dem Leitfaden dieser bezeichneten Fakten, ungehindert und leicht, vom Anfang der Denkmähler bis zu dem neuesten Zeitalter herunter zu steigen. Dies ist die Weltgeschichte, die wir haben, und die Ihnen wird vorgetragen werden.

Weil die Weltgeschichte von dem Reichthum und der Armuth an Quellen abhängig ist, so müssen eben so viele Lücken in der Weltgeschichte entstehen, als es leere Strecken in der Ueberlieferung giebt. So gleichförmig, nothwendig und bestimmt sich die Weltveränderungen aus einander entwickeln, so unterbrochen und zufällig werden sie in der Geschichte in einander gefügt seyn. Es ist daher zwischen dem Gange der *Welt* und dem Gange der *Weltgeschichte* ein wirkliches Mißverhältniß sichtbar. Jenen möchte man mit einem ununterbrochen fortfließenden Strom vergleichen, wovon aber in der Weltgeschichte nur hie und da eine Welle beleuchtet wird. Da es ferner leicht geschehen kann, daß der Zusammenhang einer entfernten Weltbegebenheit mit dem Zustand des laufenden Jahres früher in die Augen fällt, als die Verbindung, worin sie mit Ereignissen stehet, die ihr vorhergiengen oder gleichzeitig waren; so ist es ebenfalls unvermeidlich, daß Begebenheiten, die sich mit dem neuesten Zeitalter aufs genaueste binden, in dem Zeitalter, dem sie eigentlich angehören, nicht selten *isolirt* erscheinen. Ein Faktum dieser Art wäre z.B. der Ursprung des Christenthums und besonders der christlichen Sittenlehre. Die christliche Religion hat an der gegenwärtigen Gestalt der Welt einen so vielfältigen Antheil, daß ihre Erscheinung das wichtigste Faktum für die Weltgeschichte wird: aber weder in der Zeit, wo sie sich zeigte, noch in dem Volke bey dem sie aufkam, liegt (aus Mangel der Quellen) ein befriedigender Erklärungsgrund ihrer Erscheinung.

So würde denn unsre Weltgeschichte nie etwas anders als ein Aggregat von Bruchstücken werden, und nie den Nahmen einer Wissenschaft verdienen. Jetzt also kommt ihr der philosophische Verstand zu Hülfe, und, indem er diese Bruchstücke durch künstliche Bindungsglieder verkettet, erhebt er das Aggregat zum System, zu einem vernunftmäßig zusammenhängenden Ganzen. Seine Beglaubigung dazu liegt in der Gleichförmigkeit und unveränderlichen Einheit der Naturgesetze und des menschlichen Gemüths, welche Einheit Ursache ist, daß die Ereignisse des entferntesten Alterthums, unter dem Zusammenfluß ähnlicher Umstände von außen, in den neuesten Zeitläuften wiederkehren; daß also von den neuesten Erscheinungen, die im Kreis unsrer Beobachtung liegen, auf diejenigen, welche sich in geschichtlosen Zeiten verlieren, rückwärts ein Schluß gezogen und einiges Licht verbreitet werden kann. Die Methode, nach der Analogie zu schließen, ist, wie überall, so auch in der Geschichte ein mächtiges Hülfsmittel: aber sie muß durch einen erheblichen Zweck gerechtfertigt, und mit eben soviel Vorsicht als Beurtheilung in Ausübung gebracht werden.

Nicht lange kann sich der philosophische Geist bey dem Stoffe der Weltgeschichte verweilen, so wird ein neuer Trieb in ihm geschäftig werden, der nach Uebereinstimmung strebt – der ihn unwiderstehlich reizt, alles um sich herum seiner eigenen vernünftigen Natur zu assimiliren, und jede ihm vorkommende Erscheinung zu der höchsten Wirkung, die er erkannt, zum *Gedanken* zu erheben. Je öfter also und mit je glücklicherm Erfolge er den Versuch erneuert, das Vergangene mit dem Gegenwärtigen zu verknüpfen: desto mehr wird er geneigt, was er als *Ursache* und *Wirkung* in einander greifen sieht, als *Mittel* und *Absicht* zu verbinden. Eine Erscheinung nach der andern fängt an, sich dem blinden Ohngefähr, der gesetzlosen Freyheit zu entziehen, und sich einem übereinstimmenden Ganzen (das freylich nur in seiner Vorstellung vorhanden ist) als ein passendes Glied anzureihen. Bald fällt es ihm schwer, sich zu überreden, daß diese Folge von Erscheinungen, die in seiner Vorstellung so viel Regelmäßigkeit und Absicht annahm, diese Eigenschaften in der Wirklichkeit verläugne; es fällt ihm schwer, wieder unter die blinde Herrschaft der Nothwendigkeit zu geben, was unter dem geliehenen Lichte des Verstandes angefangen hatte eine so heitre Gestalt zu gewinnen. Er nimmt also diese Harmonie aus sich selbst heraus, und verpflanzt sie außer sich in die Ordnung der Dinge, d.i. er bringt einen vernünftigen Zweck in den Gang der Welt, und ein teleologisches Princip in die *Weltgeschichte*. Mit diesem durchwandert er sie noch einmal, und hält es prüfend gegen jede Erscheinung, welche dieser große Schauplatz ihm darbietet. Er sieht es durch tausend beystimmende Fakta *bestätigt*, und durch eben so viele andre *widerlegt*; aber so lange in der Reihe der Weltveränderungen noch wichtige Bindungsglieder fehlen, so lange das Schicksal über so viele Begebenheiten den letzten Aufschluß noch zurückhält, erklärt er die Frage für *unentschieden*, und diejenige Meinung siegt, welche dem Verstande die höhere Befriedigung, und dem Herzen die größre Glückseligkeit anzubieten hat.

Es bedarf wohl keiner Erinnerung, daß eine Weltgeschichte nach letzterm Plane in den spätesten Zeiten erst zu erwarten steht. Eine vorschnelle Anwendung dieses großen Maaßes könnte den Geschichtsforscher leicht in Versuchung führen, den Begebenheiten Gewalt anzuthun, und diese glückliche Epoche für die Weltgeschichte immer weiter zu entfernen, indem er sie beschleunigen will. Aber nicht zu frühe kann die Aufmerksamkeit auf diese lichtvolle und doch so sehr vernachlässigte Seite der Weltgeschichte gezogen werden, wodurch sie sich an den schönsten Gegenstand aller menschlichen Bestrebungen anschließt. Schon der stille Hinblick auf dieses, wenn auch nur mögliche, Ziel muß dem Fleiß des Forschers einen belebenden Sporn und eine süße Erholung geben. Wichtig wird ihm auch die kleinste Bemühung seyn, wenn er sich auf dem Wege sieht, oder auch nur einen späten Nachfolger darauf leitet, das Problem der Weltordnung aufzulösen, und dem höchsten Geist in seiner schönsten Wirkung zu begegnen.

Und auf solche Art behandelt, m. H. H. wird Ihnen das Studium der Weltgeschichte eine eben so anziehende als nützliche Beschäftigung gewähren. Licht wird sie in Ihrem Verstande, und eine wohlthätige Begeisterung in Ihrem Herzen entzünden. Sie wird Ihren Geist von der gemeinen und kleinlichen Ansicht moralischer Dinge entwöhnen, und, indem sie vor Ihren Augen das große Gemälde der Zeiten und Völker auseinander breitet, wird sie die vorschnellen Entscheidungen des Augenblicks, und die beschränkten Urtheile der Selbstsucht verbessern. Indem sie den Menschen gewöhnt, sich mit der ganzen Vergangenheit zusammen zu fassen, und mit seinen Schlüssen in die ferne Zukunft voraus zu eilen: so verbirgt sie die Grenzen von Geburt und Tod, die das Leben des Menschen so eng und so drückend umschließen, so breitet sie optisch täuschend sein kurzes Daseyn in einen unendlichen Raum aus, und führt das Individuum unvermerkt in die Gattung hinüber.

Der Mensch verwandelt sich und flieht von der Bühne; seine Meynungen fliehen und verwandeln sich mit ihm: die Geschichte allein bleibt unausgesetzt auf dem Schauplatz, eine unsterbliche Bürgerin aller Nationen und Zeiten. Wie der homerische Zeus sieht sie mit gleich heiterm Blicke auf die blutigen Arbeiten des Kriegs, und auf die friedlichen Völker herab, die sich von der Milch ihrer Heerden schuldlos ernähren. Wie regellos auch die Freyheit des Menschen mit dem Weltlauf zu schalten scheine, ruhig sieht sie dem verworrenen Spiele zu: denn ihr weitreichender Blick entdeckt schon von ferne, wo diese regellos schweifende Freyheit am Bande der Nothwendigkeit geleitet wird. Was sie dem strafenden Gewissen eines *Gregors* und *Cromwells* geheim hält, eilt sie der Menschheit zu offenbaren: »daß der selbstsüchtige Mensch niedrige Zwecke zwar verfolgen kann, aber unbewußt vortrefliche befördert.«

Kein falscher Schimmer wird sie blenden, kein Vorurtheil der Zeit sie dahinreißen, denn sie erlebt das letzte Schicksal aller Dinge. Alles was *aufhört*, hat für sie gleich kurz gedauert; sie hält den verdienten Olivenkranz frisch, und zerbricht den Obelisken, den die Eitelkeit thürmte. Indem sie das feine Getriebe auseinander legt, wodurch die stille Hand der Natur schon seit dem Anfang der Welt die Kräfte des Menschen planvoll entwickelt, und mit Genauigkeit andeutet, was in jedem Zeitraume für diesen großen Naturplan gewonnen worden ist; so stellt sie den wahren Maaßstab für Glückseligkeit und Verdienst wieder her, den der herrschende Wahn in jedem Jahrhundert anders verfälschte. Sie heilt uns von der übertriebenen Bewunderung des Alterthums, und von der kindischen Sehnsucht nach vergangenen Zeiten; und indem sie uns auf unsre eigenen Besitzungen aufmerksam macht, läßt sie uns die gepriesenen goldnen Zeiten Alexanders und Augusts nicht zurückwünschen.

Unser *menschliches* Jahrhundert herbey zu führen haben sich – ohne es zu wissen oder zu erzielen – alle vorhergehenden Zeitalter angestrengt. Unser sind alle Schätze, welche Fleiß und Genie, Vernunft und Erfahrung im langen Alter der Welt endlich heimgebracht haben. Aus der Geschichte erst werden *Sie* lernen, einen Werth auf die Güter zu legen, denen Gewohnheit und unangefochtener Besitz so gern unsre Dankbarkeit rauben: kostbare theure Güter, an denen das Blut der

Besten und Edelsten klebt, die durch die schwere Arbeit so vieler Generationen haben errungen werden müssen! Und welcher unter Ihnen, bey dem sich ein heller Geist mit einem empfindenden Herzen gattet, könnte dieser hohen Verpflichtung eingedenk seyn, ohne daß sich ein stiller Wunsch in ihm regte, an das *kommende* Geschlecht die Schuld zu entrichten, die er dem vergangenen nicht mehr abtragen kann? Ein edles Verlangen muß in uns entglühen, zu dem reichen Vermächtniß von Wahrheit, Sittlichkeit und Freyheit, das wir von der Vorwelt überkamen und reich vermehrt an die Folgewelt wieder abgeben müssen, auch aus *unsern* Mitteln einen Beytrag zu legen, und an dieser unvergänglichen Kette, die durch alle Menschengeschlechter sich windet, unser fliehendes Daseyn zu befestigen. Wie verschieden auch die Bestimmung sey, die in der bürgerlichen Gesellschaft Sie erwartet – etwas dazu steuern können Sie alle! Jedem Verdienst ist eine Bahn zur Unsterblichkeit aufgethan, zu der wahren Unsterblichkeit meine ich, wo die That lebt und weiter eilt, wenn auch der Nahme ihres Urhebers hinter ihr zurückbleiben sollte.

III.
PHILOSOPHISCHE BRIEFE.

Vorerinnerung.

Die Vernunft hat ihre Epochen, ihre Schicksale wie das Herz, aber ihre Geschichte wird weit seltener behandelt. Man scheinet sich damit zu begnügen, die Leidenschaften in ihren Extremen, Verirrungen und Folgen zu entwickeln, ohne Rücksicht zu nehmen, wie genau sie mit dem Gedankensysteme des Individuums zusammenhängen. Die allgemeine Wurzel der moralischen Verschlimmerung ist eine einseitige und schwankende Philosophie, um so gefährlicher, weil sie die umnebelte Vernunft durch einen Schein von Rechtmäßigkeit, Wahrheit und Ueberzeugung blendet, und eben deswegen von dem eingebohrnen sittlichen Gefühle weniger in Schranken gehalten wird. Ein erleuchteter Verstand hingegen veredelt auch die Gesinnungen – der Kopf muß das Herz bilden.

In einer Epoche, wie die jetzige, wo Erleichterung und Ausbreitung der Lektüre den denkenden Theil des Publikums so erstaunlich vergrößert, wo die glückliche Resignation der Unwissenheit einer halben Aufklärung Platz zu machen anfängt, und nur wenige mehr da stehen bleiben wollten, wo der Zufall der Geburt sie hingeworfen, scheint es nicht so ganz unwichtig zu seyn, auf gewisse Perioden der erwachenden und fortschreitenden Vernunft aufmerksam zu machen, gewisse Wahrheiten und Irrthümer zu berichtigen, welche sich an die Moralität anschließen und eine Quelle von Glückseligkeit und Elend seyn können, und wenigstens die verborgenen Klippen zu zeigen, an denen die stolze Vernunft schon gescheitert hat.

Wir gelangen nur selten anders als durch Extreme zur Wahrheit – wir müssen den Irrthum – und oft den Unsinn – zuvor erschöpfen, ehe wir uns zu dem schönen Ziele der ruhigen Weisheit hinauf arbeiten.

Einige Freunde, von gleicher Wärme für die Wahrheit und die sittliche Schönheit beseelt, welche sich auf ganz verschiedenen Wegen in derselben Ueberzeugung vereinigt haben, und nun mit ruhigerem Blick die zurückgelegte Bahn überschauen, haben sich zu dem Entwurfe verbunden, einige Revolutionen und Epochen des Denkens, einige Ausschweifungen der grübelnden Vernunft in dem Gemählde zweyer Jünglinge von ungleichen Karakteren zu entwickeln, und in Form eines Briefwechsels der Welt vorzulegen. Folgende Briefe sind der Anfang dieses Versuchs.

Meinungen, welche in diesen Briefen vorgetragen werden, können auch also nur beziehungsweise wahr oder falsch seyn, gerade so, wie sich die Welt in dieser Seele und keiner andern spiegelt. Die Fortsetzung des Briefwechsels wird es ausweisen, wie diese einseitigen, oft überspannten, oft widersprechenden Behauptungen, endlich in eine allgemeine, geläuterte und festgegründete Wahrheit sich auflösen.

Scepticismus und Freydenkerey sind die Fieberparoxysmen des menschlichen Geistes, und müssen durch eben die unnatürliche Erschütterung, die sie in gut organisirten Seelen verursachen, zuletzt die Gesundheit befestigen helfen. Je blendender, je verführender der Irrthum, desto mehr Triumpf für die Wahrheit, je quälender der Zweifel, desto größer die Aufforderung zu Ueberzeugung und fester Gewißheit. Aber diese Zweifel, diese Irrthümer vorzutragen, war nothwendig; die Kenntniß der Krankheit mußte der Heilung vorangehen. Die Wahrheit verliert nichts, wenn ein heftiger Jüngling sie verfehlt, eben so wenig als die Tugend, und die Religion, wenn ein Lasterhafter sie verläugnet.

Dieß mußte vorausgesagt werden, um den Gesichtspunkt anzugeben, aus welchem wir den folgenden Briefwechsel gelesen und beurtheilt wünschen.

Julius an Raphael.

Im Oktober.

Du bist fort, Raphael – und die schöne Natur geht unter, die Blätter fallen gelb von den Bäumen, ein trüber Herbstnebel liegt wie ein Bahrtuch über dem ausgestorbenen Gefilde. Einsam durchirre ich die melancholische Gegend, rufe laut deinen Nahmen aus, und zürne, daß mein Raphael mir nicht antwortet.

Ich hatte deine letzten Umarmungen überstanden. Das traurige Rauschen des Wagens, der dich von hinnen führte, war endlich in meinem Ohre verstummt. Ich Glücklicher hatte schon einen wohlthätigen Hügel von der Erde über den Freuden der Vergangenheit aufgehäuft, und jetzt stehest du gleich deinem abgeschiedenen Geiste von neuem in diesen Gegenden auf, und meldest dich mir auf jedem Lieblingsplatz unserer Spaziergänge wieder. Diesen Felsen habe ich an deiner Seite erstiegen, an deiner Seite diese unermeßliche Perspektive durchwandert. Im schwarzen Heiligthum dieser Buchen, ersannen wir zuerst das kühne Ideal unsrer Freundschaft. Hier wars, wo wir den Stammbaum der Geister zum erstenmal aus einander rollten, und Julius einen so nahen Verwandten in Raphael fand. Hier ist keine Quelle, kein Gebüsche, kein Hügel, wo nicht irgend eine Erinnerung entflohener Seligkeit auf meine Ruhe zielte. Alles, alles hat sich gegen meine Genesung verschworen. Wohin ich nur trete, wiederhole ich den bangen Auftritt unsrer Trennung.

Was hast du aus mir gemacht, Raphael? Was ist seit kurzem aus mir geworden? Gefährlicher großer Mensch! daß ich dich niemals gekannt hätte, oder niemals verloren! Eile zurück, auf den Flügeln der Liebe komm wieder, oder deine zarte Pflanzung ist dahin. Konntest du mit deiner sanften Seele es wagen, dein angefangenes Werk zu verlassen, noch so ferne von seiner Vollendung? Die Grundpfeiler deiner stolzen Weisheit wankten in meinem Gehirne und Herzen, alle die prächtigen Palläste, die du bautest, stürzen ein, und der erdrückte Wurm wälzt sich wimmernd unter den Ruinen.

Selige paradiesische Zeit, da ich noch mit verbundenen Augen durch das Leben taumelte, wie ein Trunkener. – Da all mein Fürwitz und alle meine Wünsche an den Gränzen meines väterlichen Horizonts wieder umkehrten – da mich ein heitrer Sonnenuntergang nichts höheres ahnden ließ, als einen schönen morgenden Tag – da mich nur eine politische Zeitung an die Welt, nur die Leichenglocke an die Ewigkeit, nur Gespenstermährchen an eine Rechenschaft nach dem Tode erinnerten, da ich noch vor einem Teufel bebte, und desto herrlicher an der Gottheit hieng. Ich empfand und war glücklich. Raphael hat mich denken gelehrt, und ich bin auf dem Wege meine Erschaffung zu beweinen.

Erschaffung? Nein, das ist ja nur ein Klang ohne Sinn, den meine Vernunft nicht gestatten darf. Es gab eine Zeit, wo ich von nichts wußte, wo von mir niemand wußte, also sagt man, ich war nicht. Jene Zeit ist nicht mehr, also sagt man, daß ich erschaffen sey. Aber auch von den Millionen, die vor Jahrhunderten da waren, weiß man nun nichts mehr, und doch sagt man, sie sind. Worauf gründen wir das Recht den Anfang zu bejahen und das Ende zu verneinen? Das Aufhören denkender Wesen, behauptet man, widerspricht der unendlichen Güte. Entstand denn diese unendliche Güte erst mit der Schöpfung der Welt? – Wenn es eine Periode gegeben hat, wo noch keine Geister waren, so war die unendliche Güte ja eine ganze vorhergehende Ewigkeit unwirksam? Wenn das Gebäude der Welt eine Vollkommenheit des Schöpfers ist, so fehlte ihm ja eine Vollkommenheit vor Erschaffung der Welt? Aber eine solche Voraussetzung widerspricht der Idee des vollendeten Gottes, also war keine Schöpfung – Wo bin ich hingerathen, mein Raphael? – Schrecklicher Irrgang meiner Schlüsse! Ich gebe den Schöpfer auf, sobald ich an einen Gott glaube. Wozu brauche ich einen Gott, wenn ich ohne den Schöpfer ausreiche?

Du hast mir den Glauben gestohlen, der mir Frieden gab. Du hast mich Verachten gelehrt, wo ich anbetete. Tausend Dinge waren mir so ehrwürdig, ehe deine traurige Weisheit sie mir entkleidete. Ich sah eine Volksmenge nach der Kirche strömen, ich hörte ihre begeisterte Andacht zu einem brüderlichen Gebet sich vereinigen – zweymal stand ich vor dem Bette des Todes, sahe zweymal – mächtiges Wunderwerk der Religion! – die Hoffnung des Himmels über die Schrecknisse der Vernichtung siegen und den frischen Lichtstrahl der Freude im gebrochenen Auge des Sterbenden sich entzünden.

Göttlich, ja göttlich muß die Lehre seyn, rief ich aus, die die besten unter den Menschen bekennen, die so mächtig siegt, und so wunderbar tröstet. Deine kalte Weisheit löschte meine Begeisterung. Eben so viele, sagtest du mir, drängten sich einst um die Irmensäule und zu Jupiters Tempel, eben so viele haben eben so freudig ihrem Brama zu Ehren den Holzstoß bestiegen. Was du am Heidenthum so abscheulich findest, soll das die Göttlichkeit deiner Lehre beweisen?

Glaube niemand als deiner eigenen Vernunft, sagtest du weiter. Es giebt nichts heiliges als die Wahrheit. Was die Vernunft erkennt, ist die Wahrheit. Ich habe dir gehorcht, habe alle Meinungen aufgeopfert, habe gleich jenem verzweifelten Eroberer alle meine Schiffe in Brand gesteckt, da ich an dieser Insel landete, und alle Hoffnung zur Rückkehr vernichtet. Ich kann mich nie mehr mit einer Meinung versöhnen, die ich einmal belachte. Meine Vernunft ist mir jetzt alles, meine einzige Gewährleistung für Gottheit, Tugend, Unsterblichkeit. Wehe mir von nun an, wenn ich diesem einzigen Bürgen auf einem Widerspruche begegne! wenn meine Achtung vor ihren Schlüssen sinkt! wenn ein zerrissener Faden in meinem Gehirn ihren Gang verrückt! – Meine Glückseligkeit ist von jetzt an dem harmonischen Takt meines Sensoriums anvertraut. Wehe mir, wenn die Saiten dieses Instruments in den bedenklichen Perioden meines Lebens falsch angeben – wenn meine Ueberzeugungen mit meinem Aderschlag wanken!

Julius an Raphael.

Deine Lehre hat meinem Stolze geschmeichelt. Ich war ein Gefangener. Du hast mich herausgeführt an den Tag, das goldne Licht und die unermeßliche Freye haben meine Augen entzückt. Vorhin genügte mir an dem bescheidenen Ruhme, ein guter Sohn meines Hauses, ein Freund meiner Freunde, ein nützliches Glied der Gesellschaft zu heißen, du hast mich in einen Bürger des Universums verwandelt. Meine Wünsche hatten noch keinen Eingriff in die Rechte der Großen gethan. Ich duldete diese Glücklichen, weil Bettler mich duldeten. Ich erröthete nicht, einen Theil des Menschengeschlechts zu beneiden, weil noch ein größerer übrig war, den ich beklagen mußte. Jetzt erfuhr ich zum erstenmal, daß meine Ansprüche auf Genuß so vollwichtig wären, als die meiner übrigen Brüder. Jetzt sah ich ein, daß eine Schichte über dieser Atmosphäre ich gerade so viel und so wenig gelte, als die Beherrscher der Erde. Raphael schnitt alle Bande der Uebereinkunft und der Meinung entzwey. Ich fühlte mich ganz frey – denn die Vernunft, sagte mir Raphael, ist die einzige Monarchie in der Geisterwelt, ich trug meinen Kaiserthron in meinem Gehirne. Alle Dinge im Himmel und auf Erden haben keinen Werth, keine Schätzung, als so viel meine Vernunft ihnen zugesteht. Die ganze Schöpfung ist mein, denn ich besitze eine unwidersprechliche Vollmacht sie ganz zu genießen. Alle Geister – eine Stufe tiefer unter dem vollkommensten Geist – sind meine Mitbrüder, weil wir alle einer Regel gehorchen, einem Oberherrn huldigen.

Wie erhaben und prächtig klingt diese Verkündigung! Welcher Vorrath für meinen Durst nach Erkenntniß! aber – unglückseliger Widerspruch der Natur – – dieser freye emporstrebende Geist ist in das starre unwandelbare Uhrwerk eines sterblichen Körpers geflochten, mit seinen kleinen Bedürfnissen vermengt, seinen kleinen Schicksalen angejocht – dieser Gott ist in eine Welt von Würmern verwiesen. Der ungeheure Raum der Natur ist seiner Thätigkeit aufgethan, aber er darf nur nicht zwey Ideen zugleich denken. Seine Augen tragen ihn bis zu dem Sonnenziele der Gottheit, aber er selbst muß erst träge und mühsam durch die Elemente der Zeit ihm entgegen kriechen. Einen Genuß zu erschöpfen, muß er jeden andern verloren geben, zwey unumschränkte Begierden sind seinem kleinen Herzen zu groß. Jede neu erworbene Freude kostet ihn die Summe aller vorigen. Der jetzige Augenblick ist das Grabmal aller vergangenen. Eine Schäferstunde der Liebe ist ein aussetzender Aderschlag in der Freundschaft.

Wohin ich nur sehe, Raphael, wie beschränkt ist der Mensch! Wie groß der Abstand zwischen seinen Ansprüchen und ihrer Erfüllung! – O, beneide ihm doch den wohlthätigen Schlaf. Wecke ihn nicht. Er war so glücklich, bis er anfieng zu fragen, wohin er gehen müsse, und woher er gekommen sey. Die Vernunft ist eine Fackel in einem Kerker. Der Gefangene wußte nichts von dem Lichte, aber ein Traum der Freyheit schien über ihm, wie ein Blitz in der Nacht, der sie finsterer zurück läßt. Unsere Philosophie ist die unglückselige Neugier des Oedipus, der nicht nachließ zu forschen, bis das entsetzliche Orakel sich auflöste.

Möchtest du nimmer erfahren, wer du bist! Ersetzt mir deine Weisheit, was sie mir genommen hat? Wenn du keinen Schlüssel zum Himmel hattest, warum mußtest du mich der Erde entführen? Wenn du voraus wußtest, daß der Weg zu der Weisheit durch den schrecklichen Abgrund der Zweifel führt, warum wagtest du die ruhige Unschuld deines Julius auf diesen bedenklichen Wurf?

> – Wenn an das Gute, das ich zu thun vermeine, allzu nah was gar zu schlimmes gränzt, so thue ich lieber das Gute nicht –

Du hast eine Hütte niedergerissen, die bewohnt war und einen prächtigen todten Pallast auf die Stelle gegründet.

Raphael, ich fordre meine Seele von dir. Ich bin nicht glücklich. Mein Muth ist dahin. Ich verzweifele an meinen eigenen Kräften. Schreibe mir bald. Nur deine heilende Hand kann Balsam in meine brennende Wunde gießen.

Raphael an Julius.

Ein Glück wie das unsrige, Julius, ohne Unterbrechung, wäre zu viel für ein menschliches Loos. Mich verfolgte schon oft dieser Gedanke im vollen Genuß unsrer Freundschaft. Was damals meine Seligkeit verbitterte, war heilsame Vorbereitung mir meinen jetzigen Zustand zu erleichtern. Abgehärtet in der strengen Schule der Resignation, bin ich noch empfänglicher für den Trost in unsrer Trennung ein leichtes Opfer zu sehen, um die Freuden der künftigen Vereinigung dem Schicksal abzuverdienen. Du wußtest bis jetzt noch nicht, was Entbehrung sey. Du leidest zum erstenmale. –

Und doch ists vielleicht Wohlthat für dich, daß ich gerade jetzt von deiner Seite gerissen bin. Du hast eine Krankheit zu überstehen, von der du nur allein durch dich selbst genesen kannst, um vor jedem Rückfall sicher zu seyn. Je verlaßner du dich fühlst, desto mehr wirst du alle Heilkräfte in dir selbst aufbieten, je weniger augenblickliche Linderung du von täuschenden Palliativen empfängst, desto sichrer wird es dir gelingen, das Uebel aus dem Grunde zu heben.

Daß ich aus deinem süßen Traume dich erweckt habe, reut mich noch nicht, wenn gleich dein jetziger Zustand peinlich ist. Ich habe nichts gethan, als eine Krisis beschleunigt, die solchen Seelen, wie die deinige, früher oder später unausbleiblich bevorsteht, und bey der alles darauf ankommt, in welcher Periode des Lebens sie ausgehalten wird. Es giebt Lagen, in denen es schrecklich ist, an Wahrheit und Tugend zu verzweifeln. Wehe dem, der im Sturme der Leidenschaft noch mit den Spitzfindigkeiten einer klügelnden Vernunft zu kämpfen hat. Was dieß heiße, habe ich in seinem ganzen Umfang empfunden, und dich vor einem solchen Schicksale zu bewahren, blieb mir nichts übrig, als diese unvermeidliche Seuche durch Einimpfung unschädlich zu machen.

Und welchen günstigeren Zeitpunkt konnte ich dazu wählen, mein Julius? In voller Jugendkraft standst du vor mir, Körper und Geist in der herrlichsten Blüthe, durch keine Sorgen gedrückt, durch keine Leidenschaften gefesselt, frey und stark den großen Kampf zu bestehen, wovon dir erhabene Ruhe der Ueberzeugung der Preis ist. Wahrheit und Irrthum waren noch nicht in dein Interesse verwebt. Deine Genüsse und deine Tugenden waren unabhängig von beyden. Du bedurftest keine Schreckbilder, dich von niedrigen Ausschweifungen zurück zu reißen. Gefühl für edlere Freuden hatte sie dir verekelt. Du warst gut aus Instinkt, aus unentweihter sittlicher Grazie. Ich hatte nichts zu fürchten für deine Moralität, wenn ein Gebäude einstürzte, auf welches sie nicht gegründet war. Und noch schreckten mich deine Besorgnisse nicht. Was dir auch immer eine melancholische Laune eingeben mag, ich kenne dich besser, Julius!

Undankbarer! du schmähst die Vernunft, du vergissest, was sie dir schon für Freuden geschenkt hat. Hättest du auch für dein ganzes Leben den Gefahren der Zweifelsucht entgehen können, so war es Pflicht für mich, dir Genüsse nicht vorzuenthalten, deren du fähig und würdig warest. Die Stufe, worauf du standest, war deiner nicht werth. Der Weg, auf dem du empor klimmtest, bot dir Ersatz für alles, was ich dir raubte. Ich weiß noch, mit welcher Entzückung du den Augenblick segnetest, da die Binde von deinen Augen fiel. Jene Wärme, mit der du die Wahrheit auffaßtest, hat deine alles verschlingende Phantasie vielleicht an Abgründe geführt, wovor du erschrocken zurück schauderst.

Ich muß dem Gang deiner Forschungen nachspüren, um die Quellen deiner Klagen zu entdecken; du hast sonst die Resultate deines Nachdenkens aufgeschrieben. Schicke mir dieses Papier, und dann will ich dir antworten. – –

Julius an Raphael.

Diesen Morgen durchstöre ich meine Papiere. Ich finde einen verlornen Aufsatz wieder, entworfen in jenen glücklichen Stunden meiner stolzen Begeisterung. Raphael, wie ganz anders finde ich itzt das alles! Es ist das hölzerne Gerüste der Schaubühne, wenn die Beleuchtung dahin ist. Mein Herz suchte sich eine Philosophie, und die Phantasie unterschob ihre Träume. Die wärmste war mir die wahre.

Ich forsche nach den Gesetzen der Geister – schwinge mich bis zu dem Unendlichen, aber ich vergesse zu erweisen, daß sie wirklich vorhanden sind. Ein kühner Angriff des Materialismus stürzt meine Schöpfung.

Du wirst dieses Fragment durchlesen, mein Raphael. Möchte es dir gelingen, den erstorbenen Funken meines Enthusiasmus wieder anzuflammen, mich wieder auszusöhnen mit meinem Genius – aber mein Stolz ist so tief gesunken, daß auch Raphaels Beyfall ihn kaum mehr emporraffen wird.

Theosophie des Julius.

Die Welt und das denkende Wesen.

Das Universum ist ein Gedanke Gottes. Nachdem dieses idealische Geistesbild in die Wirklichkeit hinübertrat, und die gebohrne Welt den Riß ihres Schöpfers erfüllte – erlaube mir diese menschliche Vorstellung – so ist der Beruf aller denkenden Wesen, in diesem vorhandenen Ganzen die erste Zeichnung wieder zu finden, die Regel in der Maschine, die Einheit in der Zusammensetzung, das Gesetz in dem Phänomen aufzusuchen, und das Gebäude rückwärts auf seinen Grundriß zu übertragen. Also giebt es für mich nur eine einzige Erscheinung in der Natur, das denkende Wesen. Die große Zusammensetzung, die wir Welt nennen, bleibt mir jetzt nur merkwürdig, weil sie vorhanden ist, mir die mannigfaltigen Aeußerungen jenes Wesens symbolisch zu bezeichnen. Alles in mir und außer mir ist nur Hieroglyphe einer Kraft, die mir ähnlich ist. Die Gesetze der Natur sind die Ziffern, welche das denkende Wesen zusammenfügt, sich dem denkenden Wesen verständlich zu machen – das Alphabet, vermittelst dessen alle Geister mit dem vollkommensten Geist und mit sich selbst unterhandeln. Harmonie, Wahrheit, Ordnung, Schönheit, Vortreflichkeit geben mir Freude, weil sie mich in den thätigen Zustand ihres Erfinders, ihres Besitzers versetzen, weil sie mir die Gegenwart eines vernünftig empfindenden Wesens verrathen, und meine Verwandtschaft mit diesem Wesen mich ahnden lassen. Eine neue Erfahrung in diesem Reiche der Wahrheit, die Gravitation, der entdeckte Umlauf des Blutes, das Natursystem des Linnäus heißen mir ursprünglich eben das, was eine Antike im Herkulanum hervorgegraben – beydes nur Widerschein eines Geistes, neue Bekanntschaft mit einem mir ähnlichen Wesen. Ich bespreche mich mit dem Unendlichen durch das Instrument der Natur, durch die Weltgeschichte – ich lese die Seele des Künstlers in seinem Apollo.

Willst du dich überzeugen, mein Raphael, so forsche rückwärts. Jeder Zustand der menschlichen Seele hat irgend eine Parabel in der physischen Schöpfung, wodurch er bezeichnet wird, und nicht allein Künstler und Dichter, auch selbst die abstraktesten Denker haben aus diesem reichen Magazine geschöpft, lebhafte Thätigkeit nennen wir Feuer; die Zeit ist ein Strom, der reissend von hinnen rollt; die Ewigkeit ist ein Zirkel; ein Geheimniß hüllt sich in Mitternacht, und die Wahrheit wohnt in der Sonne. Ja, ich fange an zu glauben, daß sogar das künftige Schicksal des menschlichen Geistes im dunkeln Orakel der körperlichen Schöpfung vorher verkündigt liegt. Jeder kommende Frühling, der die Sprößlinge der Pflanzen aus dem Schooße der Erde treibt, giebt mir Erläuterung über das bange Räthsel des Todes, und widerlegt meine ängstliche Besorgniß eines ewigen Schlafs. Die Schwalbe, die wir im Winter erstarret finden und im Lenze wieder aufleben sehen, die todte Raupe, die sich als Schmetterling neu verjüngt in die Luft erhebt, reichen uns ein treffendes Sinnbild unsrer Unsterblichkeit.

Wie merkwürdig wird mir nun alles! – Jetzt, Raphael, ist alles bevölkert um mich herum. Es giebt für mich keine Einöde in der ganzen Natur mehr. Wo ich einen Körper entdecke, da ahnde ich einen Geist – Wo ich Bewegung merke, da rathe ich auf einen Gedanken:

> Wo kein Todter begraben liegt, wo kein Auferstehen seyn wird, redet ja noch die Allmacht durch ihre Werke zu mir, und so verstehe ich die Lehre von einer Allgegenwart Gottes.

Idee.

Alle Geister werden angezogen von Vollkommenheit. Alle – es giebt hier Verirrungen, aber keine einzige Ausnahme – alle streben nach dem Zustand der höchsten freyen Aeußerung ihrer Kräfte, alle besitzen den gemeinschaftlichen Trieb, ihre Thätigkeit auszudehnen, alles an sich zu ziehen, in sich zu versammlen, sich eigen zu machen, was sie als gut, als vortreflich, als reizend erkennen. Anschauung des Schönen, des Wahren, des Vortreflichen, ist augenblickliche Besitznehmung dieser Eigenschaften. Welchen Zustand wir wahrnehmen, in diesen treten wir selbst. In dem Augenblicke, wo wir sie uns denken, sind wir Eigenthümer einer Tugend, Urheber einer Handlung, Erfinder einer Wahrheit, Inhaber einer Glückseligkeit. Wir selber werden das empfundene Objekt. Verwirre mich hier durch kein zweideutiges Lächeln, mein Raphael – diese Voraussetzung ist der Grund, worauf ich alles folgende gründe, und einig müssen wir seyn, ehe ich Muth habe, meinen Bau zu vollenden.

Etwas ähnliches sagt einem jeden schon das innere Gefühl. Wenn wir z. B. eine Handlung der Großmuth, der Tapferkeit, der Klugheit bewundern, regt sich da nicht ein geheimes Bewußtseyn in unserm Herzen, daß wir fähig wären ein gleiches zu thun? Verräth nicht schon die hohe Röthe die bey Anhörung einer solchen Geschichte unsre Wangen färbt, daß unsre Bescheidenheit vor der Bewunderung zittert? daß wir über dem Lobe verlegen sind, welches uns die Veredlung unsres Wesens erwerben muß? Ja, unser Körper selbst stimmt sich in diesem Augenblick in die Geberden des handelnden Menschen, und zeigt offenbar, daß unsre Seele in diesen Zustand übergegangen sey. Wenn du zugegen warst, Raphael, wo eine große Begebenheit vor einer zahlreichen Versammlung erzählt wurde, sahest du es da dem Erzähler nicht an, wie er selbst auf den Weihrauch wartete, er selbst den Beyfall aufzehrte, der seinem Helden geopfert wurde – und wenn du der Erzähler warst, überraschtest du dein Herz niemals auf dieser glücklichen Täuschung? Du hast Beyspiele, Raphael, wie lebhaft ich sogar mit meinem Herzensfreund um die Vorlesung einer schönen Anekdote, eines vortreflichen Gedichtes mich zanken kann, und mein Herz hat mir's leise gestanden, daß es dir dann nur den Lorbeer mißgönnte, der von dem Schöpfer auf den Vorleser übergeht. Schnelles und inniges Kunstgefühl für die Tugend, gilt darum allgemein für ein großes Talent zu der Tugend, wie man im Gegentheil kein Bedenken trägt, das Herz eines Mannes zu bezweifeln, dessen Kopf die moralische Schönheit schwer und langsam faßt.

Wende mir nicht ein, daß bey lebendiger Erkenntniß einer Vollkommenheit nicht selten das entgegenstehende Gebrechen sich finde, daß selbst den Bösewicht oft eine hohe Begeisterung für das Vortrefliche anwandele, selbst den Schwachen zuweilen ein Enthusiasmus hoher herkulischer Größe durchflamme. Ich weiß z. B. daß unser bewunderter Haller, der das geschätzte Nichts der eitlen Ehre so männlich entlarvte, dessen philosophischer Größe ich so viel Bewunderung zollte, daß eben dieser das noch eitlere Nichts eines Rittersternes, der seine Größe beleidigte, nicht zu verachten im Stande war. Ich bin überzeugt, daß in dem glücklichen Momente des Ideals, der Künstler, der Philosoph und der Dichter die großen und guten Menschen wirklich sind, deren Bild sie entwerfen – aber diese Veredlung des Geistes ist bey vielen nur ein unnatürlicher Zustand, durch eine lebhaftere Wallung des Bluts, einen rascheren Schwung der Phantasie gewaltsam hervorgebracht, der aber auch eben deswegen so flüchtig wie jede andere Bezauberung dahin schwindet, und das Herz der despotischen Willkühr niedriger Leidenschaften desto ermatteter überliefert. Desto ermatteter, sage ich – denn eine allgemeine Erfahrung lehrt, daß der rückfällige Verbrecher immer der wüthendere ist, daß die Renegaten der Tugend sich von dem lästigen Zwange der Reue in den Armen des Lasters nur desto süßer erholen.

Ich wollte erweisen, mein Raphael, daß es unser eigener Zustand ist, wenn wir einen fremden empfinden, daß die Vollkommenheit auf den Augenblick unser wird, worin wir uns eine Vorstellung von ihr erwecken, daß unser Wohlgefallen an Wahrheit, Schönheit und Tugend sich endlich in das Bewußtseyn eigner Veredlung, eigner Bereicherung auflöset, und ich glaube, ich habe es erwiesen.

Wir haben Begriffe von der Weisheit des höchsten Wesens, von seiner Güte, von seiner Gerechtigkeit – aber keinen von seiner Allmacht. Seine Allmacht zu bezeichnen, helfen wir uns mit der stückweisen Vorstellung dreyer Successionen: Nichts, sein Wille, und Etwas. Es ist wüste und finster – Gott ruft: Licht – und es wird Licht. Hätten wir eine Realidee seiner wirkenden Allmacht, so wären wir Schöpfer, wie Er.

Jede Vollkommenheit also, die ich wahrnehme, wird mein eigen, sie giebt mir Freude, weil sie mein eigen ist, ich begehre sie, weil ich mich selbst liebe. Vollkommenheit in der Natur ist keine Eigenschaft der Materie, sondern der Geister. Alle Geister sind glücklich durch ihre Vollkommenheit. Ich begehre das Glück aller Geister, weil ich mich selbst liebe. Die Glückseligkeit, die ich mir vorstelle, wird meine Glückseligkeit, also liegt mir daran, diese Vorstellungen zu erwecken, zu vervielfältigen, zu erhöhen – also liegt mir daran, Glückseligkeit um mich her zu verbreiten. Welche Schönheit, welche Vortreflichkeit, welchen Genuß ich außer mir hervorbringe, bringe ich in mir hervor, welchen ich vernachläßige, zerstöre, vernachläßige ich mir – Ich begehre fremde Glückseligkeit, weil ich meine eigne begehre. Begierde nach fremder Glückseligkeit nennen wir Wohlwollen.

Liebe.

Jetzt, bester Raphael, laß mich herumschauen. Die Höhe ist erstiegen, der Nebel ist gefallen, wie in einer blühenden Landschaft stehe ich mitten im Unermeßlichen. Ein reineres Sonnenlicht hat alle meine Begriffe geläutert.

Liebe also – das schönste Phänomen in der beseelten Schöpfung, der allmächtige Magnet in der Geisterwelt, die Quelle der Andacht und der erhabensten Tugend – Liebe ist nur der Widerschein dieser einzigen Kraft, eine Anziehung des Vortreflichen, gegründet auf einen augenblicklichen Tausch der Persönlichkeit, eine Verwechslung der Wesen.

Wenn ich hasse, so nehme ich mir etwas, wenn ich liebe, so werde ich um das reicher, was ich liebe. Verzeihung ist das Wiederfinden eines veräußerten Eigenthums – Menschenhaß ein verlängerter Selbstmord; Egoismus die höchste Armuth eines erschaffenen Wesens.

Als Raphael sich meiner letzten Umarmung entwand, da zerriß meine Seele, und ich weine um den Verlust meiner schöneren Hälfte. An jenem seligen Abend – du kennest ihn – da unsere Seelen sich zum erstenmal feurig berührten, wurden alle deine großen Empfindungen mein, machte ich nur mein ewiges Eigenthumsrecht auf deine Vortreflichkeit gelten – stolzer darauf, dich zu lieben als von dir geliebt zu seyn, denn das erste hatte mich zu Raphael gemacht.

»War's nicht dies allmächtige Getriebe
das zum ew'gen Jubelbund der Liebe
unsre Herzen an einander zwang?
Raphael an deinem Arm – o Wonne!
Wag auch ich zur großen Geister Sonne
freudig den Vollendungsgang.

Glücklich! Glücklich! dich hab ich gefunden,
hab aus Millionen dich umwunden,
und aus Millionen mein bist du.
Laß das wilde Chaos wiederkehren,
durch einander die Atomen stören,
ewig fliehn sich unsre Herzen zu.

Muß ich nicht aus deinen Flammenaugen
meiner Wollust Widerstrahlen saugen?
Nur in dir bestaun ich mich.
Schöner mahlt sich mir die schöne Erde,
heller spiegelt in des Freunds Geberde
reizender der Himmel sich.

Schwermuth wirft die bangen Thränenlasten,
Süßer von des Leidens Sturm zu rasten,
in der Liebe Busen ab.
Sucht nicht selbst das folternde Entzücken
Raphael in deinen Seelenblicken
ungeduldig ein wollüst'ges Grab?

Stünd' im All der Schöpfung ich alleine,
Seelen träumt' ich in die Felsensteine
und umarmend küßt ich sie.
Meine Klagen stöhnt' ich in die Lüfte,
freute mich, antworteten die Klüfte,
Thor genug, der süßen Sympathie.« –

Liebe findet nicht statt unter gleichtönenden Seelen, aber unter harmonischen. Mit Wohlgefallen erkenne ich meine Empfindungen wieder in dem Spiegel der deinigen, aber mit feuriger Sehnsucht verschlinge ich die höheren, die mir mangeln. Eine Regel leitet Freundschaft und Liebe. Die sanfte Desdemona liebt ihren Othello wegen der Gefahren, die er bestanden; der männliche Othello liebt sie um der Thräne willen, die sie ihm weinte.

Es giebt Augenblicke im Leben, wo wir aufgelegt sind, jede Blume und jedes entlegene Gestirn, jeden Wurm und jeden geahndeten höheren Geist an den Busen zu drücken – ein Umarmen der ganzen Natur gleich unsrer Geliebten. Du verstehst mich, mein Raphael, der Mensch, der es so weit gebracht hat, alle Schönheit, Größe, Vortreflichkeit im Kleinen und Großen der Natur aufzulesen, und zu dieser Mannigfaltigkeit die große Einheit zu finden, ist der Gottheit schon sehr viel näher gerückt. Die ganze Schöpfung zerfließt in seine Persönlichkeit. Wenn jeder Mensch alle Menschen liebte, so besäße jeder Einzelne die Welt.

Die Philosophie unsrer Zeiten – ich fürchte es – widerspricht dieser Lehre. Viele unsrer denkenden Köpfe haben es sich angelegen seyn lassen, diesen himmlischen Trieb aus der menschlichen Seele hinweg zu spotten, das Gepräge der Gottheit zu verwischen, und die Energie, diesen edlen Enthusiasmus im kalten tödtenden Hauch einer kleinmüthigen Indifferenz aufzulösen. Im Knechtsgefühle ihrer eignen Entwürdigung haben sie mit dem gefährlichen Feinde des Wohlwollens, dem Eigennutz sich abgefunden, ein Phänomen zu erklären, das ihren begränzten Herzen zu göttlich war. Aus einem dürftigen Egoismus haben sie ihre trostlose Lehre gesponnen, und ihre eigene Beschränkung zum Maaßstab des Schöpfers gemacht – Entartete Sklaven, die unter dem Klang ihrer Ketten die Freyheit verschreyen. Swift, der den Tadel der

Thorheit bis zur Infamie der Menschheit getrieben, und an den Schandpfahl, den er dem ganzen Geschlechte bauete, zuerst seinen eigenen Nahmen schrieb; Swift selbst konnte der menschlichen Natur keine so tödtliche Wunde schlagen als diese gefährlichen Denker, die mit allem Aufwande des Scharfsinns und des Genies den Eigennutz ausschmücken, und zu einem Systeme veredeln.

Warum soll es die ganze Gattung entgelten, wenn einige Glieder an ihrem Werthe verzagen?

Ich bekenne es freymüthig, ich glaube an die Wirklichkeit einer uneigennützigen Liebe. Ich bin verloren, wenn sie nicht ist, ich gebe die Gottheit auf, die Unsterblichkeit und die Tugend. Ich habe keinen Beweis für die Hoffnungen mehr übrig, wenn ich aufhöre an die Liebe zu glauben. Ein Geist, der sich allein liebt, ist ein schwimmender Atom im unermeßlichen leeren Raume.

Aufopferung.

Aber die Liebe hat Wirkungen hervorgebracht, die ihrer Natur zu widersprechen scheinen.

Es ist denkbar, daß ich meine eigene Glückseligkeit durch ein Opfer vermehre, das ich fremder Glückseligkeit bringe – aber auch noch dann, wenn dieses Opfer mein Leben ist? Und die Geschichte hat Beyspiele solcher Opfer – und ich fühle es lebhaft, daß es mich nichts kosten sollte, für Raphaels Rettung zu sterben. Wie ist es möglich, daß wir den Tod für ein Mittel halten, die Summe unsrer Genüsse zu vermehren? Wie kann das Aufhören meines Daseyns sich mit Bereicherung meines Wesens vertragen?

Die Voraussetzung von einer Unsterblichkeit hebt diesen Widerspruch – aber sie entstellt auch auf immer die hohe Grazie dieser Erscheinung. Rücksicht auf eine belohnende Zukunft schließt die Liebe aus. Es muß eine Tugend geben, die auch ohne den Glauben an Unsterblichkeit auslangt, die auch auf Gefahr der Vernichtung das nehmliche Opfer wirkt.

Zwar ist es schon Veredlung einer menschlichen Seele, den gegenwärtigen Vortheil dem ewigen aufzuopfern – es ist die edelste Stufe des Egoismus – aber Egoismus und Liebe scheiden die Menschheit in zwey höchst unähnliche Geschlechter, deren Gränzen nie in einander fließen. Egoismus errichtet seinen Mittelpunkt in sich selber; Liebe pflanzt ihn außerhalb ihrer in die Achse des ewigen Ganzen. Liebe zielt nach Einheit; Egoismus ist Einsamkeit: Liebe ist die mitherrschende Bürgerin eines blühenden Freystaats, Egoismus ein Despot in einer verwüstenden Schöpfung. Egoismus sä't für die Dankbarkeit, Liebe für den Undank. Liebe verschenkt, Egoismus leiht – Einerley vor dem Thron der richtenden Wahrheit, ob auf den Genuß des nächstfolgenden Augenblicks, oder die Aussicht einer Märtyrerkrone – einerley, ob die Zinsen in diesem Leben oder im andern fallen!

Denke dir eine Wahrheit, mein Raphael, die dem ganzen Menschengeschlecht auf entfernte Jahrhunderte wohl thut – setze hinzu, diese Wahrheit verdammt ihren Bekenner zum Tode, diese Wahrheit kann nur erwiesen haben, nur geglaubt werden, wenn er stirbt. Denke dir dann den Mann mit dem hellen umfassenden Sonnenblicke des Genies, mit dem Flammenrad der Begeisterung, mit der ganzen erhabenen Anlage zu der Liebe. Laß in seiner Seele das vollständige Ideal jener großen Wirkung emporsteigen – – laß in dunkler Ahndung vorübergehen an ihm alle Glückliche, die er schaffen soll – laß die Gegenwart und die Zukunft zugleich in seinem Geist sich zusammendrängen – und nun beantworte dir, bedarf dieser Mensch der Anweisung auf ein anderes Leben?

Die Summe aller dieser Empfindungen wird sich verwirren mit seiner Persönlichkeit, wird mit seinem Ich in eins zusammen fließen. Das Menschengeschlecht, das er jetzt sich denket, ist Er selbst. Es ist ein Körper, in welchem sein Leben, vergessen und entbehrlich, wie ein Blutstropfen schwimmt – wie schnell wird er ihn für seine Gesundheit versprützen!

Gott.

Alle Vollkommenheiten im Universum sind vereinigt in Gott. Gott und Natur sind zwey Größen, die sich vollkommen gleich sind.

Die ganze Summe von harmonischer Thätigkeit, die in der göttlichen Substanz beysammen existirt, ist in der Natur, dem Abbilde dieser Substanz, zu unzähligen Graden und Maaßen und Stufen vereinzelt. Die Natur, (erlaube mir diesen bildlichen Ausdruck) die Natur ist ein unendlich getheilter Gott.

Wie sich im prismatischen Glase ein weißer Lichtstreif in sieben dunklere Strahlen spaltet, hat sich das göttliche Ich in zahllose empfindende Substanzen gebrochen. Wie sieben dunklere Strahlen in einen hellen Lichtstreif wieder zusammenschmelzen, würde aus der Vereinigung aller dieser Substanzen ein göttliches Wesen hervorgehen. Die vorhandene Form des Naturgebäudes ist das optische Glas, und alle Thätigkeiten der Geister nur ein unendliches Farbenspiel jenes einfachen göttlichen Strahles. Gefiel es der Allmacht dereinst, dieses Prisma zu zerschlagen, so stürzte der Damm zwischen ihr und der Welt ein, alle Geister würden in einem unendlichen untergehen, alle Akkorde in einer Harmonie in einander fließen, alle Bäche in einem Ocean aufhören.

Die Anziehung der Elemente brachte die körperliche Form der Natur zu Stande. Die Anziehung der Geister in's Unendliche vervielfältigt und fortgesetzt, müßte endlich zu Aufhebung jener Trennung führen, oder (darf ich es aussprechen,

Raphael?) Gott hervorbringen. Eine solche Anziehung ist die Liebe.

Also Liebe, mein Raphael, ist die Leiter, worauf wir emporklimmen zur Gottähnlichkeit. Ohne Anspruch, und selbst unbewußt, zielen wir dahin.

»Todte Gruppen sind wir wann wir hassen,
Götter, wenn wir liebend uns umfassen,
lechzen nach dem süßen Fesselzwang.
Aufwärts durch die tausendfachen Stufen
zahlenloser Geister, die nicht schufen,
waltet göttlich dieser Drang.

Arm in Arme, höher stets und höher
Vom Barbaren bis zum griech'schen Seher,
der sich an den letzten Seraph reiht,
Wallen wir einmüth'gen Ringeltanzes,
bis sich dort im Meer des ew'gen Glanzes
Sterbend untertauchen Maaß und Zeit.

Freundlos war der große Weltenmeister,
fühlte Mangel, darum schuf er Geister,
sel'ge Spiegel seiner Seligkeit.
Fand das höchste Wesen schon kein Gleiches,
aus dem Kelch des ganzen Wesenreiches
schäumt ihm die Unendlichkeit.«

Liebe, mein Raphael, ist das wuchernde Arkan, den entadelten König des Goldes aus dem unscheinbaren Kalke wieder herzustellen, das Ewige aus dem Vergänglichen, und aus dem zerstörenden Brande der Zeit das große Orakel der Dauer zu retten.

Was ist die Summe von allem bisherigen?

Laßt uns Vortreflichkeit einsehen, so wird sie unser. Laßt uns vertraut werden mit der hohen idealischen Einheit, so werden wir uns mit Bruderliebe anschließen an einander. Laßt uns Schönheit und Freude pflanzen, so ärndten wir Schönheit und Freude. Laßt uns helle denken, so werden wir feurig lieben. Seyd vollkommen, wie euer Vater im Himmel vollkommen ist, sagt der Stifter unsers Glaubens. Die schwache Menschheit erblaßte bey diesem Gebote, darum erklärte er sich deutlicher: liebet euch unter einander.

»Weisheit mit dem Sonnenblick,
Große Göttin tritt zurück
weiche vor der Liebe.

Wer die steile Sternenbahn
gieng dir heldenkühn voran
zu der Gottheit Sitze?
Wer zerriß das Heiligthum
zeigte dir Elisium
durch des Grabes Ritze?

Lockte sie uns nicht hinein,
möchten wir unsterblich seyn?
Suchten auch die Geister
ohne sie den Meister?
Liebe, Liebe leitet nur
zu dem Vater der Natur,
Liebe nur die Geister.«

Hier, mein Raphael, hast du das Glaubensbekenntniß meiner Vernunft, einen flüchtigen Umriß meiner unternommenen Schöpfung. So wie du hier findest, gieng der Saamen auf, den du selber in meine Seele streutest. Spotte nun oder freue dich oder erröthe über deinen Schüler. Wie du willst – aber diese Philosophie hat mein Herz geadelt, und die Perspective meines Lebens verschönert. Möglich, mein Bester, daß das ganze Gerüste meiner Schlüsse ein bestandloses Traumbild gewesen. – Die Welt, wie ich sie hier mahlte, ist vielleicht nirgends, als im Gehirne deines Julius wirklich – – vielleicht, daß nach Ablauf der tausend tausend Jahre jenes Richters, wo der versprochene weisere Mann auf dem Stuhle sitzt, ich bey Erblickung des wahren Originales meine schülerhafte Zeichnung schamroth in Stücken reiße – Alles dieß mag eintreffen, ich erwarte es; dann aber, wenn die Wirklichkeit meinem Traume auch nicht einmal ähnelt, wird mich die Wirklichkeit um so entzückender, um so majestätischer überraschen. Sollten meine Ideen wohl schöner seyn, als die Ideen des ewigen Schöpfers? Wie? Sollte der es wohl dulden, daß sein erhabenes Kunstwerk hinter den Erwartungen eines sterblichen Kenners zurück bliebe? – Das eben ist die Feuerprobe seiner großen Vollendung, und der süßeste Triumpf für den höchsten Geist, daß auch Fehlschlüsse und Täuschung seiner Anerkennung nicht schaden, daß alle Schlangenkrümmungen der ausschweifenden Vernunft in die gerade Richtung der ewigen Wahrheit zuletzt einschlagen, zuletzt alle abtrünnigen Arme ihres Stromes nach der nehmlichen Mündung laufen. Raphael – welche Idee erweckt mir der Künstler, der in tausend Kopien anders entstellt, in allen tausenden dennoch sich ähnlich bleibt, dem selbst die verwüstende Hand eines Stümpers die Anbetung nicht entziehen kann!

Uebrigens könnte meine Darstellung durchaus verfehlt, durchaus unächt seyn – noch mehr, ich bin überzeugt, daß sie es nothwendig seyn muß, und dennoch ist es möglich, daß alle Resultate daraus eintreffen. Unser ganzes Wissen läuft endlich, wie alle Weltweisen übereinkommen, auf eine konventionelle Täuschung hinaus, mit welcher jedoch die strengste

Wahrheit bestehen kann. Unsre reinsten Begriffe sind keineswegs Bilder der Dinge, sondern bloß ihre nothwendig bestimmten und coexistirenden Zeichen. Weder Gott, noch die menschliche Seele, noch die Welt, sind das wirklich, was wir davon halten. Unsre Gedanken von diesen Dingen sind nur die endemischen Formen, worin sie uns der Planet überliefert, den wir bewohnen – Unser Gehirn gehört diesem Planeten, folglich auch die Idiome unsrer Begriffe, die darin aufbewahrt liegen. Aber die Kraft der Seele ist eigenthümlich, nothwendig und immer sich selbst gleich; das willkührliche der Materialien, woran sie sich äußert, ändert nichts an den ewigen Gesetzen, wornach sie sich äußert, so lang dieses willkührliche mit sich selbst nicht im Widerspruch steht, so lang das Zeichen dem Bezeichneten durchaus getreu bleibt. So wie die Denkkraft die Verhältnisse der Idiome entwickelt, müssen diese Verhältnisse in den Sachen auch wirklich vorhanden seyn. Wahrheit ist also keine Eigenschaft der Idiome, sondern der Schlüsse; nicht die Aehnlichkeit des Zeichens mit dem Bezeichneten, des Begriffs mit dem Gegenstand, sondern die Uebereinstimmung dieses Begriffs mit den Gesetzen der Denkkraft. Eben so bedient sich die Größenlehre der Chiffern, die nirgends als auf dem Papiere vorhanden sind, und findet damit, was vorhanden ist, in der wirklichen Welt. Was für eine Aehnlichkeit haben z.B. die Buchstaben A und B, die Zeichen: und =, + und – mit dem Faktum, das gewonnen werden soll? – Und doch steigt der vor Jahrhunderten verkündigte Komet am entlegenen Himmel auf, doch tritt der erwartete Planet vor die Scheibe der Sonne! Auf die Unfehlbarkeit seines Kalkuls geht der Weltentdecker Kolumbus die bedenkliche Wette mit einem unbefahrenen Meere ein, die fehlende zweyte Hälfte zu der bekannten Hemisphäre, die große Insel Atlantis zu suchen, welche die Lücke auf seiner geographischen Charte ausfüllen sollte. Er fand sie, diese Insel seines Papiers, und seine Rechnung war richtig. Wäre sie etwa minder gewesen, wenn ein feindlicher Sturm seine Schiffe zerschmettert oder rückwärts nach ihrer Heimath getrieben hätte? – Einen ähnlichen Kalkul macht die menschliche Vernunft, wenn sie das Unsinnliche mit Hülfe des Sinnlichen ausmißt, und die Mathematik ihrer Schlüsse auf die verborgene Physik des Uebermenschlichen anwendet. Aber noch fehlt die letzte Probe zu ihren Rechnungen, denn kein Reisender kam aus jenem Lande zurück, seine Entdeckung zu erzählen. Ihre eigne Schranken hat die menschliche Natur, seine eigene jedes Individuum. Ueber jene wollen wir uns wechselsweise trösten; diese wird Raphael dem Knabenalter seines Julius vergeben. Ich bin arm an Begriffen, ein Fremdling in manchen Kenntnissen, die man bey Untersuchungen dieser Art als unentbehrlich voraussetzt. Ich habe keine philosophische Schule gehört, und wenig gedruckte Schriften gelesen. Es mag seyn, daß ich dort und da meine Phantasien strengern Vernunftschlüssen unterschiebe, daß ich Wallungen meines Blutes, Ahndungen und Bedürfnisse meines Herzens für nüchterne Weisheit verkaufe, auch das, mein Guter, soll mich dennoch den verlornen Augenblick nicht bereuen lassen. Es ist wirklicher Gewinn für die allgemeine Vollkommenheit, es war die Vorhersehung des weisesten Geistes, daß die verirrende Vernunft auch selbst das chaotische Land der Träume bevölkern, und den kahlen Boden des Widerspruchs urbar machen sollte. Nicht der mechanische Künstler nur, der den rohen Demant zum Brillanten schleift – auch der andre ist schätzbar, der gemeinere Steine bis zur scheinbaren Würde des Demants veredelt. Der Fleiß in den Formen kann zuweilen die massive Wahrheit des Stoffes vergessen lassen. Ist nicht jede Uebung der Denkkraft, jede feine Schärfe des Geistes eine kleine Stufe zu seiner Vollkommenheit, und jede Vollkommenheit mußte Daseyn erlangen in der vollständigen Welt. Die Wirklichkeit schränkt sich nicht auf das absolut Nothwendige ein; sie umfaßt auch das bedingungsweise nothwendige; jede Geburt des Gehirnes, jedes Gewebe des Witzes hat ein unwidersprechliches Bürgerrecht in diesem größeren Sinne der Schöpfung. Im unendlichen Risse der Natur durfte keine Thätigkeit ausbleiben, zur allgemeinen Glückseligkeit kein Grad des Genusses fehlen. Derjenige große Haushalter seiner Welt, der ungenützt keinen Splitter fallen, keine Lücke unbevölkert läßt, wo noch irgend ein Lebensgenuß Raum hat, der mit dem Gifte, das den Menschen anfeindet, Nattern und Spinnen sättigt, der in das todte Gebiet der Verwesung noch Pflanzungen sendet, die kleine Blüthe von Wollust, die im Wahnwitze sprossen kann, noch wirthschaftlich ausspendet, der Laster und Thorheit zur Vortreflichkeit noch endlich verarbeitet, und die große Idee des Weltbeherrschenden Roms aus der Lüsternheit des Tarquinius Sextus zu spinnen wußte. – Dieser erfinderische Geist sollte nicht auch den Irrthum zu seinen großen Zwecken verbrauchen, und diese weitläuftige Weltstrecke in der Seele des Menschen verwildert und freudenleer liegen lassen? Jede Fertigkeit der Vernunft, auch im Irrthum, vermehrt ihre Fertigkeit zur Empfängniß der Wahrheit.

Laß, theurer Freund meiner Seele, laß mich immerhin zu dem weitläuftigen Spinngewebe der menschlichen Weisheit auch das meinige tragen. Anders mahlt sich das Sonnenbild in dem Thautropfen des Morgens, anders im majestätischen Spiegel des erdumgürtenden Oceans! Schande aber dem trüben wolkigten Sumpfe, der es niemals empfängt und niemals zurückgiebt. Millionen Gewächse trinken von den vier Elementen der Natur. Eine Vorrathskammer steht offen für alle; aber sie mischen ihren Saft millionenfach anders, geben ihn millionenfach anders wieder. Die schöne Mannigfaltigkeit verkündigt einen reichen Herrn dieses Hauses. Vier Elemente sind es, woraus alle Geister schöpfen: Ihr ich, die Natur, Gott und die Zukunft. Alle mischen sich millionenfach anders, geben sie millionenfach anders wieder, aber eine Wahrheit ist es, die gleich einer festen Achse gemeinschaftlich durch alle Religionen und alle Systeme geht. – »Nähert euch dem Gott, den ihr meinet.«

Raphael an Julius.

Das wäre nun freylich schlimm, wenn es kein andres Mittel gäbe, Dich zu beruhigen, Julius, als den Glauben an die Erstlinge Deines Nachdenkens bey Dir wieder herzustellen. Ich habe diese Ideen, die ich bey Dir aufkeimen sah, mit innigem Vergnügen in Deinen Papieren wieder gefunden. Sie sind einer Seele, wie die Deinige, werth, aber hier konntest und durftest Du nicht stehen bleiben. Es giebt Freuden für jedes Alter, und Genüsse für jede Stufe der Geister.

Schwer mußte es Dir wohl werden, Dich von einem Systeme zu trennen, das so ganz für die Bedürfnisse Deines Herzens geschaffen war. Kein andres, ich wette darauf, wird je wieder so tiefe Wurzeln bey Dir schlagen, und vielleicht dürftest Du nur ganz Dir selbst überlassen seyn, um früher oder später mit Deinen Lieblingsideen wieder ausgesöhnt zu werden. Die Schwächen der entgegengesetzten Systeme würdest Du bald bemerken, und alsdann bey gleicher Unerweislichkeit das Wünschenswertheste vorziehen, oder vielleicht neue Beweisgründe auffinden, um wenigstens das Wesentliche davon zu retten, wenn Du auch einige gewagtere Behauptungen Preis geben müßtest.

Aber dieß alles ist nicht in meinem Plan. Du sollst zu einer höhern *Freyheit des Geistes* gelangen, wo Du solcher Behelfe nicht mehr bedarfst. Freylich ist dieß nicht das Werk eines Augenblicks. Das gewöhnliche Ziel der frühesten Bildung ist Unterjochung des Geistes, und von allen Erziehungskunststücken gelingt dieß fast immer am ersten. Selbst Du, bey aller Elasticität Deines Charakters, schienst zu einer willigen Unterwerfung unter die Herrschaft der *Meinungen* vor tausend andern bestimmt, und dieser Zustand der Unmündigkeit konnte bey Dir desto länger dauern, je weniger Du das Drückende davon fühltest. Kopf und Herz stehen bey Dir in der engsten Verbindung. Die Lehre wurde Dir werth durch den Lehrer. Bald gelang es Dir, eine interessante Seite daran zu entdecken, sie nach den Bedürfnissen Deines Herzens zu veredeln, und über die Punkte, die Dir auffallen mußten, Dich durch Resignation zu beruhigen. Angriffe gegen solche Meinungen verachtetest Du, als bübische Rache einer Sklavenseele an der Ruthe ihres Zuchtmeisters. Du prangtest mit Deinen Fesseln, die Du aus freyer Wahl zu tragen glaubtest.

So fand ich Dich, und es war mir ein trauriger Anblick, wie Du so oft mitten im Genuß Deines blühendsten Lebens, und in Aeußerung Deiner edelsten Kräfte durch ängstliche Rücksichten gehemmt wurdest. Die Consequenz, mit der Du nach Deinen Ueberzeugungen handeltest, sind die Stärke der Seele, die Dir jedes Opfer erleichterte, waren doppelte Beschränkungen Deiner Thätigkeit und Deiner Freuden. Damals beschloß ich, jene stümperhaften Bemühungen zu vereiteln, wodurch man einen Geist, wie den Deinigen, in die Form alltäglicher Köpfe zu zwingen gesucht hatte. Alles kam darauf an, Dich auf den Werth des Selbstdenkens aufmerksam zu machen, und Dir Zutrauen zu Deinen eignen Kräften einzuflößen. Der Erfolg Deiner ersten Versuche begünstigte meine Absicht. Deine Phantasie war freylich mehr dabey beschäftigt, als Dein Scharfsinn. Ihre Ahndungen ersetzten Dir schneller den Verlust Deiner theuersten Ueberzeugungen, als Du es vom Schneckengange der kaltblütigen Forschung, die vom Bekannten zum Unbekannten stufenweise fortschreitet, erwarten konntest. Aber eben dieß begeisternde System gab Dir den ersten Genuß in diesem neuen Felde von Thätigkeit, und ich hütete mich sehr, einen willkommenen Enthusiasmus zu stören, der die Entwickelung Deiner treflichsten Anlagen beförderte. Jetzt hat sich die Scene geändert. Die Rückkehr unter die Vormundschaft Deiner Kindheit ist auf immer versperrt. Dein Weg geht vorwärts, und Du bedarfst keiner Schonung mehr.

Daß ein System, wie das Deinige, die Probe einer strengen Kritik nicht aushalten konnte, darf Dich nicht befremden. Alle Versuche dieser Art, die dem Deinigen an Kühnheit und Weite des Umfangs gleichen, hatten kein andres Schicksal. Auch war nichts natürlicher, als daß Deine philosophische Laufbahn bey Dir im Einzelnen eben so begann, als bey dem Menschengeschlechte im Ganzen. Der *erste Gegenstand*, an dem sich der menschliche Forschungsgeist versuchte, war von jeher – das Universum. Hypothesen über den Ursprung des Weltalls und den Zusammenhang seiner Theile hatten Jahrhunderte lang die größten Denker beschäftigt, als Sokrates die Philosophie seiner Zeiten vom Himmel zur Erde herabrief. Aber die Gränzen der Lebensweisheit waren für die stolze Wißbegierde seiner Nachfolger zu enge. Neue Systeme entstanden aus den Trümmern der alten. Der Scharfsinn späterer Zeitalter durchstreifte das unermeßliche Feld möglicher Antworten auf jene immer von neuem sich aufdringenden Fragen über das geheimnißvolle Innere der Natur, das durch keine menschliche Erfahrung enthüllt werden konnte. Einigen gelang es sogar, den Resultaten ihres Nachdenkens einen Anstrich von Bestimmtheit, Vollständigkeit und Evidenz zu geben. Es giebt mancherley Taschenspielerkünste, wodurch die eitle Vernunft der Beschämung zu entgehen sucht, in Erweiterung ihrer Kenntnisse die Gränzen der menschlichen Natur nicht überschreiten zu können. Bald glaubt man neue Wahrheiten entdeckt zu haben, wenn man einen Begriff in die einzelnen Bestandtheile zerlegt, aus denen er erst *willkührlich* zusammengesetzt war. Bald dient eine unmerkliche Voraussetzung zur Grundlage einer Kette von Schlüssen, deren Lücken man schlau zu verbergen weiß, und die erschlichenen Folgerungen werden als hohe Weisheit angestaunt. Bald häuft man einseitige Erfahrungen, um eine Hypothese zu begründen, und verschweigt die entgegengesetzten Phänomene, oder man verwechselt die Bedeutung der Worte nach den Bedürfnissen der Schlußfolge. Und dieß sind nicht etwa bloß Kunstgriffe für den philosophischen Charlatan, um sein Publikum zu täuschen. Auch der redlichste, unbefangenste Forscher gebraucht oft, ohne es sich bewußt zu seyn, ähnliche Mittel, um seinen Durst nach Kenntnissen zu stillen, sobald er einmal aus der Sphäre heraustritt, in welcher allein seine Vernunft sich mit Recht des Erfolgs ihrer Thätigkeit freuen kann.

Nach dem, was Du ehemals von mir gehört hast, Julius, müssen Dich diese Aeußerungen nicht wenig überraschen. Und gleichwohl sind sie nicht das Produkt einer zweifelsüchtigen Laune. Ich kann Dir Rechenschaft von den Gründen geben, worauf sie beruhen, aber hierzu müßte ich freylich eine etwas trockne Untersuchung über die Natur der menschlichen Erkenntniß vorausschicken, die ich lieber auf eine Zeit verspare, da sie für dich ein Bedürfniß seyn wird. Noch bist du nicht in derjenigen Stimmung, wo die demüthigenden Wahrheiten von den Gränzen des menschlichen Willens Dir interessant werden können. Mache zuerst einen Versuch an dem Systeme, welches bey Dir das Deinige verdrängte. Prüfe es mit gleicher Unpartheylichkeit und Strenge. Verfahre eben so mit andern Lehrgebäuden, die Dir neuerlich bekannt worden sind: und wenn keines von allen Deine Forderungen vollkommen befriedigt, dann wird sich Dir die Frage aufdringen: ob diese Forderungen auch wirklich *gerecht* waren?

»Ein leidiger Trost, wirst Du sagen, Resignation ist also meine ganze Aussicht nach so viel glänzenden Hoffnungen?

Was es da wohl der Mühe werth, mich zum vollen Gebrauche meiner Vernunft aufzufordern, um ihm gerade da Gränzen zu setzen, wo er mir am fruchtbarsten zu werden anfieng? Mußte ich einen höhern Genuß nur deswegen kennen lernen, um das Peinliche meiner Beschränkung doppelt zu fühlen?«

Und doch ist es eben dieß niederschlagende Gefühl, was ich bey Dir so gern' unterdrücken möchte. Alles zu entfernen, was Dich im vollen Genuß Deines Daseyns hindert, den Keim jeder höhern Begeisterung – das Bewußtseyn des Adels Deiner Seele – in Dir zu beleben, dieß ist mein Zweck. Du bist aus dem Schlummer erwacht, in den Dich die Knechtschaft unter fremden Meinungen wiegte. Aber das Maaß von Größe, wozu Du bestimmt bist, würdest Du nie erfüllen, wenn Du im Streben nach einem unerreichbaren Ziele Deine Kräfte verschwendetest. Bis jetzt mochte dieß hingehen, und war auch eine natürliche Folge Deiner neuerworbenen Freyheit. Die Ideen, welche Dich vorher am meisten beschäftigt hatten, mußten nothwendig der Thätigkeit Deines Geistes die erste Richtung geben. Ob dieß unter allen möglichen die fruchtbarste sey, würden Dich Deine eignen Erfahrungen früher oder später belehrt haben. Mein Geschäft war bloß, diesen Zeitpunkt, wo möglich, zu beschleunigen.

Es ist ein gewöhnliches Vorurtheil, die *Größe* des Menschen nach dem *Stoffe* zu schätzen, womit er sich beschäftigt, nicht nach der Art, wie er ihn *bearbeitet*. Aber ein höheres Wesen ehrt gewiß das *Gepräge der Vollendung* auch in der kleinsten Sphäre, wenn es dagegen auf die eitlen Versuche, mit Insektenblicken das Weltall zu überschauen, mitleidig herabsieht. Unter allen Ideen, die in Deinem Aufsatze enthalten sind, kann ich Dir daher am wenigsten den Satz einräumen, daß es die höchste Bestimmung des Menschen sey, den Geist des Weltschöpfers in seinem Kunstwerke zu ahnden. Zwar weiß auch ich für die Thätigkeit des vollkommensten Wesens kein erhabneres Bild als die *Kunst.* Aber eine wichtige Verschiedenheit scheinst Du übersehen zu haben. Das Universum ist kein *reiner* Abdruck eines Ideals, wie das vollendete Werk eines menschlichen Künstlers. Dieser herrscht despotisch über den todten Stoff, den er zu Versinnlichung seiner Ideen gebraucht. Aber in dem göttlichen Kunstwerke ist der eigenthümliche Werth jedes seiner Bestandtheile geschont, und dieser anhaltende Blick, dessen er jedem Keime von Energie auch in dem kleinsten Geschöpfe würdigt, verherrlicht den Meister eben so sehr, als die Harmonie des unermeßlichen Ganzen. *Leben* und *Freyheit* im größten möglichen Umfange ist das Gepräge der göttlichen Schöpfung. Sie ist nie erhabener, als da, wo ihr Ideal am meisten verfehlt zu seyn scheint. Aber eben diese höhere Vollkommenheit kann in unsrer jetzigen Beschränkung von uns nicht gefaßt werden. Wir übersehen einen zu kleinen Theil des Weltalls, und die Auflösung der größern Menge von Mißtönen ist unserm Ohre unerreichbar. Jede Stufe, die wir auf der Leiter der Wesen emporsteigen, wird uns für *diesen* Kunstgenuß empfänglicher machen, aber auch alsdann hat er gewiß seinen Werth nur als *Mittel*, nur insofern er uns zu ähnlicher Thätigkeit begeistert. Träges Anstaunen fremder Größe kann nie ein höheres Verdienst seyn. Dem edleren Menschen fehlt es weder an Stoffe zur Wirksamkeit noch an Kräften, um selbst in seiner Sphäre *Schöpfer* zu seyn. Und dieser Beruf ist auch der Deinige, Julius. Hast Du ihn einmal erkannt, so wird es Dir nie wieder einfallen, über die Schranken zu klagen, die Deine Wißbegierde nicht überschreiten kann.

Und dieß ist der Zeitpunkt, den ich erwarte, um Dich vollkommen mit mir ausgesöhnt zu sehen. Erst muß Dir der Umfang Deiner Kräfte völlig bekannt werden, ehe Du den Werth ihrer freyesten Aeußerung schätzen kannst. Bis dahin zürne immer mit mir, nur verzweifle nicht an Dir selbst.

IV.
BRIEFE ÜBER DON KARLOS.

Erster Brief.

Sie sagen mir, lieber Freund, daß Ihnen die bisherigen Beurtheilungen des Don Karlos noch wenig Befriedigung gegeben, und halten dafür, daß der größte Theil derselben den eigentlichen Gesichtspunkt des Verfassers fehlgegangen sey. Es däucht Ihnen noch wohl möglich, gewisse gewagte Stellen zu retten, welche die Kritik für unhaltbar erklärte; manche Zweifel, die dagegen rege gemacht worden, finden Sie in dem Zusammenhange des Stücks – wo nicht völlig beantwortet, doch vorhergesehen und in Anschlag gebracht. Bey den meisten Einwürfen fänden Sie weit weniger die Sagacität der Beurtheiler, als die Selbstzufriedenheit zu bewundern, mit der sie solche als hohe Entdeckungen vortragen, ohne sich durch den natürlichsten Gedanken stören zu lassen, daß Uebertretungen, die dem Blödsichtigsten sogleich ins Auge fallen, auch wohl dem Verfasser, der unter seinen Lesern selten der am wenigsten unterrichtete ist, dürften sichtbar gewesen seyn, und daß sie es also weniger mit der Sache selbst, als mit den Gründen zu thun haben, die ihn dabey bestimmten. Diese *Gründe* können allerdings unzulänglich seyn, können auf einer einseitigen Vorstellungsart beruhen: aber die Sache des Beurtheilers wäre es gewesen, diese Unzulänglichkeit, diese Einseitigkeit zu zeigen, wenn er anders in den Augen desjenigen, dem er sich zum Richter aufdringt oder zum Rathgeber anbietet, einen Werth erlangen will.

Aber, lieber Freund, was geht es am Ende den Autor an, ob sein Beurtheiler Beruf gehabt hat, oder nicht? Wie viel oder wenig Scharfsinn er bewiesen hat? Mag er das mit sich selbst ausmachen. Schlimm für den Autor und sein Werk, wenn er die Wirkung desselben auf die *Divinationsgabe* und *Billigkeit* seiner Kritiker ankommen ließ, wenn er den Eindruck desselben von Eigenschaften abhängig machte, die sich nur in sehr wenigen Köpfen vereinigen. Es ist einer der fehlerhaftesten Zustände, in welchen sich ein Kunstwerk befinden kann, wenn es in die Willkühr des Betrachters gestellt worden, welche Auslegung er davon machen will, und wenn es einer Nachhülfe bedarf, ihn in den rechten Standpunkt zu rücken. Wollten Sie mir andeuten, daß das meinige sich in diesem Falle befände, so haben Sie etwas sehr schlimmes davon gesagt, und Sie veranlassen mich, es aus diesem Gesichtspunkt noch einmal genauer zu prüfen. Es käme also, däucht mir, vorzüglich darauf an, zu untersuchen, ob in dem Stücke alles enthalten ist, was zum Verständniß desselben dienet, und ob es in so klaren Ausdrücken angegeben ist, daß es dem Leser leicht war, es zu erkennen. Lassen Sie sichs also gefallen, lieber Freund, daß ich Sie eine Zeitlang von diesem Gegenstand unterhalte. Das Stück ist mir fremder geworden, ich finde mich jetzt gleichsam in der Mitte zwischen dem Künstler und seinem Betrachter, wodurch es mir vielleicht möglich wird, des erstern vertraute Bekanntschaft mit seinem Gegenstand, mit der Unbefangenheit des letztern zu verbinden.

Es kann mir überhaupt – und ich finde nöthig, dieses voraus zu schicken – es kann mir begegnet seyn, daß ich in den ersten Akten andere Erwartungen erregt habe, als ich in den letzten erfüllte. S. Reals Novelle, vielleicht auch meine eigene Aeußerungen darüber im ersten Stück der Thalia, mögen dem Leser einen Standpunkt angewiesen haben, aus dem es jetzt nicht mehr betrachtet werden kann. Während der Zeit nämlich, daß ich es ausarbeitete, welches mancher Unterbrechungen wegen eine ziemlich lange Zeit war, hat sich – in mir selbst vieles verändert. An den verschiedenen Schicksalen, die während dieser Zeit über meine Art zu denken und zu empfinden ergangen sind, mußte nothwendig auch dieses Werk Theil nehmen. Was mich zu Anfange vorzüglich in demselben gefesselt hatte, that diese Wirkung in der Folge schon schwächer, und am Ende nur kaum noch. Neue Ideen, die indeß bey mir aufkamen, verdrängten die frühern; Karlos selbst war in meiner Gunst gefallen, vielleicht aus keinem andern Grunde, als weil ich ihm in Jahren zu weit voraus gesprungen war, und aus der entgegengesetzten Ursache hatte Marquis Posa seinen Platz eingenommen. So kam es denn, daß ich zu dem vierten und fünften Akte ein ganz anderes Herz mitbrachte. Aber die ersten drey Akte waren in den Händen des Publikums, die Anlage des Ganzen war nicht mehr umzustoßen – ich hätte also das Stück entweder ganz unterdrücken müssen, (und das hätte mir doch wohl der kleinste Theil meiner Leser gedankt) oder ich mußte die zweyte Hälfte der ersten so gut anpassen, als ich konnte. Wenn dieß nicht überall auf die glücklichste Art geschehen ist, so dient mir zu einiger Beruhigung, daß es einer geschicktern Hand, als der meinigen, nicht viel besser würde gelungen seyn. Der Hauptfehler war, ich hatte mich zu lang mit dem Stücke getragen, ein dramatisches Werk aber kann und soll nur die Blüthe eines einzigen Sommers seyn. Auch der Plan war für die Gränzen und Regeln eines dramatischen Werks zu weitläuftig angelegt. Dieser Plan z. B. foderte, daß Marquis Posa das uneingeschränkteste Vertrauen Philipps davon trug; aber zu dieser außerordentlichen Wirkung erlaubte mir die Oekonomie des Stücks nur eine einzige Scene.

Bey meinem Freunde werden mich diese Aufschlüsse vielleicht rechtfertigen, aber nicht bey der Kunst. Möchten sie indessen doch nur die vielen Deklamationen beschließen, womit von dieser Seite her von den Kritikern gegen mich ist Sturm gelaufen worden.

Zweyter Brief.

Der Karakter des Marquis Posa ist fast durchgängig für zu idealisch gehalten worden; in wie fern diese Behauptung Grund hat, wird sich dann am besten ergeben, wenn man die eigenthümliche Handlungsart dieses Menschen auf ihren wahren Gehalt zurückgeführt hat. Ich habe es hier, wie Sie sehen, mit zwey entgegengesetzten Partheyen zu thun. Denen, welche ihn aus der Klasse natürlicher Wesen schlechterdings verwiesen haben wollen, müßte also dargethan werden, in wie fern er mit der Menschennatur zusammenhangt, in wie fern seine Gesinnungen wie seine Handlungen aus sehr menschlichen Trieben fließen, und in der Verkettung äußerlicher Umstände gegründet sind; diejenigen welche ihm den Nahmen eines göttlichen Menschen geben, brauche ich nur auf einige Blößen an ihm aufmerksam zu machen, die gar sehr menschlich sind. Die Gesinnungen, die der Marquis äußert; die Philosophie, die ihn leitet, die Lieblingsgefühle, die ihn beseelen, so sehr sie sich auch über das tägliche Leben erheben, können, als bloße Vorstellungen betrachtet, es nicht wohl seyn, was ihn mit Recht aus der Klasse natürlicher Wesen verbannte. Denn was kann in einem menschlichen Kopf nicht Daseyn empfangen, und welche Geburt des Gehirnes kann in einem glühenden Herzen nicht zur Leidenschaft reifen? Auch seine Handlungen können es nicht seyn, die, so selten dieß auch geschehen mag, in der Geschichte selbst ihres Gleichen gefunden haben; denn die Aufopferung des Marquis für seinen Freund hat wenig oder nichts vor dem Heldentode eines Curtius, Regulus und anderer voraus. Das Unrichtige und Unmögliche müßte also entweder in dem Widerspruch dieser Gesinnungen mit dem damaligen Zeitalter, oder in ihrer Ohnmacht und ihrem Mangel an Lebendigkeit liegen, zu solchen Handlungen wirklich zu entzünden. Ich kann also die Einwendungen, welche gegen die Natürlichkeit dieses Karakters gemacht werden, nicht anders verstehen, als daß in Philipps des Zweyten Jahrhundert kein Mensch so wie Marquis Posa gedacht haben konnte, – daß Gedanken dieser Art nicht so leicht, wie hier geschieht, in den Willen und in die That übergehen, – und daß eine idealische Schwärmerey nicht mit solcher Consequenz realisirt, nicht von solcher Energie im Handel begleitet zu werden pflege.

Was man gegen diesen Karakter aus dem Zeitalter einwendet, in welchem ich ihn auftreten lasse, dünkt mir vielmehr *für* als *wider* ihn zu sprechen. Nach dem Beyspiel aller großen Köpfe entsteht er zwischen Finsterniß und Licht, eine hervorragende isolirte Erscheinung. Der Zeitpunkt, wo er sich bildet, ist allgemeine Gährung der Köpfe, Kampf der Vorurtheile mit der Vernunft, Anarchie der Meinungen, Morgendämmerung der Wahrheit – von jeher die Geburtsstunde außerordentlicher Menschen. Die Ideen von Freyheit und Menschenadel, die ein glücklicher Zufall, vielleicht eine günstige Erziehung in diese rein organisirte empfängliche Seele warf, machen sie durch ihre Neuheit erstaunen, und wirken mit aller Kraft des Ungewohnten und Ueberraschenden auf sie; selbst das Geheimniß, unter welchem sie ihr wahrscheinlich mitgetheilt wurden, mußte die Stärke ihres Eindrucks erhöhen. Sie haben durch einen langen abnützenden Gebrauch das Triviale noch nicht, das heut zu Tage ihren Eindruck so stumpf macht; ihren großen Stempel hat weder das Geschwätz der Schulen, noch der Witz der Weltleute abgerieben. Seine Seele fühlt sich in diesen Ideen gleichsam wie in einer neuen und schönen Region, die mit allem ihrem blendenden Licht auf sie wirkt, und sie in dem lieblichsten Traum entzückt. Das entgegengesetzte Elend der Sklaverey und des Aberglaubens zieht sie immer fester und fester an diese Lieblingswelt; die schönsten Träume von Freyheit werden ja im

Kerker geträumt. Sagen Sie selbst, mein Freund – das kühnste Ideal einer Menschenrepublik, allgemeine Duldung und Gewissensfreyheit, wo konnte es besser und wo natürlicher zur Welt gebohren werden, als in der Nähe Philipps II. und seiner Inquisition?

Alle Grundsätze und Lieblingsgefühle des Marquis drehen sich um *republikanische* Tugend. Selbst seine Aufopferung für seinen Freund beweist dieses, denn Aufopferungsfähigkeit ist der Inbegriff aller republikanischen Tugend.

Der Zeitpunkt, worin er auftrat, war gerade derjenige, worin stärker, als je, von Menschenrechten und Gewissensfreyheit die Rede war. Die vorhergehende Reformation hatte diese Ideen zuerst in Umlauf gebracht, und die Flandrischen Unruhen erhielten sie in Uebung. Seine Unabhängigkeit von außen, sein Stand als Maltheserritter selbst, schenkten ihm die glückliche Muße, diese spekulative Schwärmerey zur Reife zu brüten.

In dem Zeitalter und in dem Staat, worin der Marquis auftritt, und in den Außendingen, die ihn umgeben, liegt also der Grund nicht, warum er dieser Philosophie nicht hätte fähig seyn, nicht mit schwämerischer Anhänglichkeit ihr hätte ergeben seyn können.

Wenn die Geschichte reich an Beyspielen ist, daß man für *Meinungen* alles Irdische hintansetzen kann, wenn man dem grundlosesten Wahn die Kraft beylegt, die Gemüther der Menschen auf einen solchen Grad einzunehmen, daß sie aller Aufopferungen fähig gemacht werden: so wäre es sonderbar, der *Wahrheit* diese Kraft abzustreiten. In einem Zeitpunkt vollends, der so reich wie jener an Beyspielen ist, daß Menschen Gut und Leben um Lehrsätze wagen, die an sich so wenig begeisterndes haben, sollte, däucht mir, ein Karakter nicht auffallen, der für die erhabenste aller Ideen etwas ähnliches wagt; man müßte denn annehmen, daß Wahrheit minder fähig sey das Menschenherz zu rühren, als der Wahn. Der Marquis ist außerdem als Held angekündigt. Schon in früher Jugend hat er mit seinem Schwerdte Proben eines Muths abgelegt, den er nachher für eine ernsthaftere Angelegenheit äußern soll. Begeisternde Wahrheiten und eine seelenerhebende Philosophie müßten, däucht mir, in einer Heldenseele zu etwas ganz anderm werden, als in dem Gehirn eines Schulgelehrten, oder in dem abgenützten Herzen eines weichlichen Weltmannes.

Zwey Handlungen des Marquis sind es vorzüglich, an denen man, wie Sie mir sagen, Anstoß genommen hat. Sein Verhalten gegen den König in der 10ten Scene des dritten Aufzugs, und die Aufopferung für seinen Freund. Aber es könnte seyn, daß die Freymüthigkeit, mit der er dem Könige seine Gesinnungen vorträgt, weniger auf Rechnung seines Muths, als seiner genauen Kenntniß von Jenes Karakter käme, und mit aufgehobener Gefahr würde sonach auch der Haupteinwurf gegen diese Scene gehoben. Darüber ein andermal, wenn ich Sie von Philipp II. unterhalte; jetzt hatte ich es bloß mit Posas Aufopferung für den Prinzen zu thun, worüber ich Ihnen im nächsten Briefe einige Gedanken mittheilen will.

Dritter Brief.

Sie wollten neulich im Don Karlos den Beweis gefunden haben, daß *leidenschaftliche Freundschaft* ein eben so rührender Gegenstand für die Tragödie seyn könne, als *leidenschaftliche Liebe*, und meine Antwort, daß ich mir das Gemählde einer solchen Freundschaft für die Zukunft zurückgelegt hätte, befremdete Sie. Also auch Sie nehmen es, wie die meisten meiner Leser, als ausgemacht an, daß es *schwärmerische Freundschaft* gewesen, was ich mir in dem Verhältniß zwischen Karlos und Marquis Posa zum Ziel gesetzt habe? Und aus diesem Standpunkt haben Sie folglich diese beyden Karaktere und vielleicht das ganze Drama bisher betrachtet? Wie aber, lieber Freund, wenn Sie mir mit dieser *Freundschaft* wirklich zu viel gethan hätten? wenn es aus dem ganzen Zusammenhang deutlich erhellte, daß sie dieses Ziel *nicht* gewesen, und auch schlechterdings nicht seyn konnte? Wenn sich der Karakter des Marquis, so wie er aus dem Total seiner Handlungen hervorgeht, mit einer solchen Freundschaft durchaus nicht vertrüge, und wenn sich gerade aus seinen schönsten Handlungen, die man auf ihre Rechnung schreibt, der beste Beweis für das Gegentheil führen ließe?

Die erste Ankündigung des Verhältnisses zwischen diesen beyden könnte irre geführt haben; aber dieß auch nur scheinbar, und eine geringe Aufmerksamkeit auf das abstechende Benehmen beyder hätte hingereicht, den Irrthum zu heben. Dadurch daß der Dichter von ihrer Jugendfreundschaft ausgeht, hat er sich nichts von seinem höhern Plane vergeben, im Gegentheil konnte dieser aus keinen bessern Faden gesponnen werden. Das Verhältniß, in welchem beide zusammen auftreten, war Reminiscenz ihrer früheren akademischen Jahre. Harmonie der Gefühle, eine gleiche Liebhaberey für das Große und Schöne, ein gleicher Enthusiasmus für Wahrheit, Freyheit und Tugend hatte sie damals an einander geknüpft. Ein Karakter wie Posa's, der sich nachher so, wie es in dem Stücke geschieht, entfaltet, mußte frühe angefangen haben, diese lebhafte Empfindungskraft an einem fruchtbaren Gegenstande zu üben: ein Wohlwollen, das sich in der Folge über die ganze Menschheit erstrecken sollte, mußte von einem engern Bande ausgegangen seyn. Dieser schöpferische und feurige Geist mußte bald einen Stoff haben, auf den er wirkte; konnte sich ihm ein schönerer anbieten, als ein zart und lebendig fühlender, seiner Ergießungen empfänglicher, ihm freywillig entgegeneilender Fürstensohn? Aber auch schon in diesen früheren Zeiten ist der Ernst dieses Karakters in einigen Zügen sichtbar; schon hier ist Posa der kältere, der spätere Freund, und sein Herz, jetzt schon zu weit umfassend, um sich für ein einziges Wesen zusammen zu ziehen, muß durch ein schweres Opfer errungen werden.

»Da fieng ich an mit Zärtlichkeiten
Und inniger Bruderliebe dich zu quälen:
Du stolzes Herz gabst sie mir kalt zurück.
– Verschmähen konntest du mein Herz, doch nie
Von dir entfernen. Dreimal wiesest du
den Fürsten von dir, dreimal stand er wieder
als Bettler da, um Liebe dich zu flehn, u. s. f.
– – – – Mein königliches Blut
floß schändlich unter unbarmherzigen Streichen.
So hoch kam mir der Eigensinn zu stehen,
von Rodrigo geliebt zu seyn.«

Hier schon sind einige Winke gegeben, wie wenig die Anhänglichkeit des Marquis an den Prinzen auf *persönliche* Uebereinstimmung sich gründet. Frühe denkt er sich ihn als *Königssohn*, frühe drängt sich diese Idee zwischen sein Herz und seinen bittenden Freund. Karlos öffnet ihm seine Arme; der junge Weltbürger kniet vor ihm nieder. Gefühle für Freyheit und Menschenadel waren früher in seiner Seele reif als Freundschaft für Karlos; dieser Zweig wurde erst nachher auf diesen stärkern Stamm gepfropft. Selbst in dem Augenblick, wo sein Stolz durch das große Opfer seines Freundes bezwungen ist, verliert er den Fürstensohn nicht aus den Augen. »Ich will bezahlen«, sagt er, »wenn *Du – König* bist.« Ist es möglich, daß sich in einem so jungen Herzen bey diesem lebendigen und immer gegenwärtigen Gefühl der Ungleichheit ihres

Standes, *Freundschaft* erzeugen konnte, deren wesentliche Bedingung doch *Gleichheit* ist? Also auch damals schon war es weniger Liebe als Dankbarkeit, weniger Freundschaft als Mitleid, was den *Marquis* dem Prinzen gewann. Die Gefühle, Ahndungen, Träume, Entschlüsse, die sich dunkel und verworren in dieser Knabenseele drängten, mußten mitgetheilt, in einer andern Seele angeschaut werden, und Karlos war der einzige, der sie mit ahnden, mit träumen konnte, und der sie erwiederte. Ein Geist wie Posa's mußte seine Ueberlegenheit frühzeitig zu genießen streben, und der liebevolle Karl schmiegte sich so unterwürfig, so gelehrig an ihn an! Posa sah in diesem schönen Spiegel sich selbst, und freute sich seines Bildes. So entstand diese akademische Freundschaft.

Aber jetzt werden sie von einander getrennt, und alles wird anders. Karlos kommt an den Hof seines Vaters, und Posa wirft sich in die Welt. Jener, durch seine frühe Anhänglichkeit an den edelsten und feurigsten Jüngling verwöhnt, findet in dem ganzen Umkreis eines Despotenhofes nichts, was sein Herz befriedigte. Alles um ihn her ist leer und unfruchtbar. Mitten im Gewühl so vieler Höflinge einsam, von der Gegenwart gedrückt, labt er sich an süßen Rückerinnerungen der Vergangenheit. Bey ihm also dauern diese frühen Eindrücke warm und lebendig fort, und sein zum Wohlwollen gebildetes Herz, dem ein würdiger Gegenstand mangelt, verzehrt sich in nie befriedigten Träumen. So versinkt er allmählig in einen Zustand *müßiger Schwärmerey, unthätiger Betrachtung*. In dem fortwährenden Kampfe mit seiner Lage nützen sich seine Kräfte ab, die unfreundlichen Begegnungen eines ihm so ungleichen Vaters verbreiten eine düstere Schwermuth über sein Wesen – den zehrenden Wurm jeder Geistesblüthe, den Tod der Begeisterung. Zusammengedrückt, ohne Energie, geschäftlos, hinbrütend in sich selbst, von schweren fruchtlosen Kämpfen ermattet, zwischen schreckhaften Extremen herum gescheucht, keines eigenen Aufschwungs mehr mächtig – so findet ihn die *erste Liebe.* In diesem Zustand kann er ihr keine Kraft mehr entgegen setzen; alle jene früheren Ideen, die ihr allein das Gleichgewicht hätten halten können, sind seiner Seele fremder geworden; sie beherrscht ihn mit despotischer Gewalt; so versinkt er in einen schmerzhaft wollüstigen Zustand des *Leidens.* Auf einen einzigen Gegenstand sind jetzt alle seine Kräfte zusammen gezogen. Ein nie gestilltes Verlangen hält seine Seele innerhalb ihrer selbst gefesselt. – Wie sollte sie ins Universum ausströmen? Unfähig diesen Wunsch zu befriedigen, unfähiger noch, ihn durch innere Kraft zu besiegen, schwindet er halb lebend, halb sterbend in sichtbarer Zehrung hin, keine Zerstreuung für den brennenden Schmerz seines Busens, kein mitfühlendes, sich ihm öffnendes Herz, in das er ihn ausströmen könnte.

»Ich habe niemand – niemand
auf dieser großen weiten Erde, niemand.
So weit das Scepter meines Vaters reicht,
so weit die Schiffarth unsre Flaggen sendet,
ist keine Stelle, keine, keine, wo
ich meiner Thränen mich entlassen kann.«

Hülflosigkeit und Armuth des Herzens führen ihn jetzt auf eben den Punkt zurück, wo Fülle des Herzens ihn hatte ausgehen lassen. Heftiger fühlt er das Bedürfniß der Sympathie, weil er *allein* ist, und *unglücklich.* So findet ihn sein zurückkommender Freund.

Ganz anders ist es unterdessen diesem ergangen. Mit offnen Sinnen, mit allen Kräften der Jugend, allem Drange des Genies, aller Wärme des Herzens in das weite Universum geworfen, sieht er den Menschen im Großen, wie im Kleinen handeln; er findet Gelegenheit, sein mitgebrachtes Ideal an den wirkenden Kräften der ganzen Gattung zu prüfen. Alles, was er hört, was er sieht, wird mit lebendigem Enthusiasmus von ihm verschlungen, alles in *Beziehung* auf jenes Ideal empfunden, gedacht und verarbeitet. Der Mensch zeigt sich ihm in mehrern Varietäten; in mehrern Himmelsstrichen, Verfassungen, Graden der Bildung und Stuffen des Glückes, lernt er ihn kennen. So erzeugt sich in ihm allmählig eine zusammengesetzte und erhabene Vorstellung des Menschen im *Großen* und *Ganzen*, gegen welche jedes einengende kleinere Verhältniß verschwindet. Aus sich selbst tritt er jetzt heraus, im großen Weltraum dehnt sich seine Seele ins Weite. – Merkwürdige Menschen, die sich in seine Bahn werfen, zerstreuen seine Aufmerksamkeit, theilen sich in seine Achtung und Liebe. – An die Stelle eines Individuums tritt bey ihm jetzt das ganze Geschlecht; ein vorübergehender jugendlicher Affekt erweitert sich in eine allumfassende unendliche Philanthropie. Aus einem müßigen Enthusiasten ist ein thätiger handelnder Mensch geworden. Jene ehemaligen Träume und Ahndungen, die noch dunkel und unentwickelt in seiner Seele lagen, haben sich zu klaren Begriffen geläutert, müßige Entwürfe in Handlung gesetzt, ein allgemeiner unbestimmter Drang zu wirken ist in zweckmäßige Thätigkeit übergegangen. Der Geist der Völker wird von ihm studirt, ihre Kräfte, ihre Hülfsmittel abgewogen, ihre Verfassungen geprüft; im Umgange mit verwandten Geistern gewinnen seine Ideen Vielseitigkeit und Form; geprüfte Weltleute, wie ein Wilhelm von Oranien, Coligny u. a. nehmen ihnen das romantische, und stimmen sie allmählig zu pragmatischer Brauchbarkeit herunter.

Bereichert mit tausend neuen fruchtbaren Begriffen, voll strebender Kräfte, schöpferischer Triebe, kühner und weit umfassender Entwürfe, mit geschäftigem Kopf, glühendem Herzen, von den großen begeisternden Ideen allgemeiner menschlicher Kraft und menschlichen Adels durchdrungen, und feuriger für die Glückseligkeit dieses großen Ganzen entzündet, das ihm in so vielen Individuen vergegenwärtigt war,* so kommt er jetzt von der großen Aerndte zurück, brennend von Sehnsucht, einen Schauplatz zu finden, auf welchem er diese Ideale realisiren, diese gesammelten Schätze in Anwendung bringen könnte, Flanderns Zustand bietet sich ihm dar. Alles findet er hier zu einer Revolution zubereitet. Mit dem Geiste, den Kräften und Hülfsquellen dieses Volks bekannt, die er gegen die Macht seines Unterdrückers berechnet, sieht er das große Unternehmen schon als geendigt an. Sein Ideal republikanischer Freyheit kann kein günstigeres Moment und keinen empfänglichern Boden finden.

»So viele reiche blühende Provinzen!
Ein kräftiges und großes Volk und auch
ein gutes Volk, und *Vater dieses Volks*,
das, dacht ich, das muß göttlich seyn.«

* In seiner nachherigen Unterredung mit dem König kommen diese Lieblingsideen an den Tag. Ein Federzug von Ihrer Hand, sagt er ihm, und neuerschaffen wird die Erde. Geben Sie Gedankenfreyheit! Lassen Sie

»großmüthig wie der Starke, Menschenglück
aus Ihrem Füllhorn strömen, Geister reifen
in Ihrem Weltgebäude.
    Stellen Sie der Menschheit
verlornen Adel wieder her. Der Bürger
sey wiederum, was er zuvor gewesen,
der Krone Zweck, ihn binde keine Pflicht,
als seiner Brüder gleichehrwürdge Rechte.
Der Landmann rühme sich des Pflugs, und gönne
dem König, der nicht Landmann ist, die Krone.
In seiner Werkstatt träume sich der Künstler
zum Bildner einer schönern Welt. Den Flug
des Denkers hemme keine Schranke mehr,
als die Bedingung endlicher Naturen.«

Je elender er dieses Volk findet, desto näher drängt sich dieses Verlangen an sein Herz, desto mehr eilt er es in Erfüllung zu bringen. Hier, und *hier* erst, erinnert er sich lebhaft des Freundes, den er mit glühenden Gefühlen für Menschenglück in Alkala verließ. Ihn denkt er sich jetzt als Retter der unterdrückten Nation, als das Werkzeug seiner hohen Entwürfe. Voll unaussprechlicher Liebe, weil er ihn mit der Lieblingsangelegenheit seines Herzens zusammendenkt, eilt er nach Madrid in seine Arme, jene Saamenkörner von Humanität und heroischer Tugend, die er einst in seine Seele gestreut, jetzt in vollen Saaten zu finden, und in ihm den Befreyer der Niederlande, den künftigen Schöpfer seines *geträumten Staats* zu umarmen.

Leidenschaftlicher als jemals, mit fiebrischer Heftigkeit stürzt ihm dieser entgegen.

»Ich drück an meine Seele dich, ich fühle
die deinige allmächtig an mir schlagen
O, jetzt ist alles wieder gut. Ich liege
am Halse *meines* Rodrigo!«

Der Empfang ist der feurigste: aber wie beantwortet ihn Posa? Er, der seinen Freund in voller Blüthe der Jugend verließ, und ihn jetzt einer wandelnden Leiche gleich wieder findet, verweilt er bey dieser traurigen Veränderung? Forscht er lange und ängstlich nach ihren Quellen? Steigt er zu den kleinern Angelegenheiten seines Freundes herunter? Bestürzt und ernsthaft erwiedert er diesen unwillkommenen Empfang.

»So war es nicht, wie ich Don Philipps Sohn
erwartete – – Das ist
der löwenkühne Jüngling nicht, zu dem
ein unterdrücktes Heldenvolk mich sendet –

denn jetzt steh ich als Rodrigo nicht hier,
nicht als des Knaben Karlos Spielgeselle –
ein Abgeordneter der ganzen Menschheit
umarm ich Sie – es sind die flandrischen
Provinzen, die an Ihrem Halse weinen« u.s.f.

Unfreywillig entwischt ihm seine herrschende Idee gleich in den ersten Augenblicken des so lang entbehrten Wiedersehens, wo man sich doch sonst so viel wichtigere Kleinigkeiten zu sagen hat, und Karlos muß alles Rührende seiner Lage aufbieten, muß die entlegensten Scenen der Kindheit hervorrufen, um diese Lieblingsidee seines Freundes zu verdrängen, sein Mitgefühl zu wecken, und ihn auf seinen eigenen traurigen Zustand zu heften. Schrecklich sieht sich Posa in den Hoffnungen getäuscht, mit denen er seinem Freunde zueilte. Einen Heldenkarakter hatte er erwartet, der sich nach Thaten sehnte, wozu er ihm jetzt den Schauplatz eröffnen wollte. Er rechnete auf jenen Vorrath von erhabener Menschenliebe, auf das Gelübde, das er ihm in jenen schwärmerischen Tagen auf die entzweygebrochene Hostie gethan, und findet Leidenschaft für die Gemahlin seines Vaters. –

»Das ist der Karl nicht mehr,
der in Alkala von dir Abschied nahm.
Der Karl nicht mehr, der sich beherzt getraute,
das Paradies dem Schöpfer abzusehn
und dermaleinst als unumschränkter Fürst
in Spanien zu pflanzen. O! der Einfall
war kindisch, aber göttlich schön. Vorbey
sind diese Träume!« –

Eine hoffnungslose Leidenschaft, die alle seine Kräfte verzehrt, die sein Leben selbst in Gefahr setzt. Wie würde ein sorgsamer Freund des Prinzen, der aber ganz nur *Freund* allein, und *mehr nicht* gewesen wäre, in dieser Lage gehandelt haben? und wie hat Posa der Weltbürger gehandelt? Posa, des Prinzen Freund und Vertrauter, hätte viel zu sehr für die Sicherheit seines Karlos gezittert, als daß er es hätte wagen sollen, zu einer gefährlichen Zusammenkunft mit seiner Königin die Hand zu bieten. Des Freundes Pflicht wär es gewesen, auf Erstickung dieser Leidenschaft, und keineswegs auf ihre Befriedigung zu denken. Posa, der Sachwalter Flanderns, handelt ganz anders. Ihm ist nichts wichtiger, als diesen hoffnungslosen Zustand, in welchem die thätigen Kräfte seines Freundes versinken, auf das schnellste zu endigen, sollte es auch ein kleines Wagestück kosten. So lang sein Freund in unbefriedigten Wünschen verschmachtet, kann er fremdes Leiden nicht fühlen; so lang seine Kräfte von Schwermuth niedergedrückt sind, kann er sich zu keinem heroischen Entschlusse erheben. Von dem unglücklichen Karlos hat Flandern nichts zu hoffen, aber vielleicht von dem glücklichen. Er eilt also, seinen heißesten Wunsch zu befriedigen, er selbst führt ihn zu den Füßen seiner Königin; und dabey allein bleibt er nicht stehen. Er findet in des Prinzen Gemüth die Motive nicht mehr, die ihn sonst zu heroischen Entschlüssen erhoben hatten: was kann er anders thun, als diesen erloschnen Heldengeist an fremden Feuer entzünden, und die einzige Leidenschaft nutzen, die in der Seele des Prinzen vorhanden ist? An diese muß er die neuen Ideen anknüpfen, die er jetzt bey ihr herrschend machen will. Ein Blick in der Königin Herz überzeugt ihn, daß er von ihrer Mitwirkung alles erwarten darf. Nur der erste Enthusiasmus ist es, den er von dieser Leidenschaft entlehnen will. Hat sie dazu geholfen, seinem Freunde diesen heilsamen Schwung zu geben, so bedarf er ihrer nicht mehr, und er kann gewiß seyn, daß sie durch ihre eigne Wirkung zerstört werden wird. Also selbst dieses Hinderniß, das sich seiner großen Angelegenheit entgegen warf, selbst diese unglückliche Liebe wird jetzt in ein Werkzeug zu jenem wichtigeren Zwecke umgeschaffen, und Flanderns Schicksal muß durch den Mund der Liebe an das Herz seines Freundes reden.

»– In dieser hoffnungslosen Flamme
erkannt ich früh der Hoffnung goldnen Strahl.
Ich wollt ihn führen zum Vortreflichen;
die stolze königliche Frucht, woran
nur Menschenalter langsam pflanzen, sollte
ein schneller Lenz der wunderthät'gen Liebe
beschleunigen. Mir sollte seine Tugend
an diesem kräft'gen Sonnenblicke reifen.«

Aus den Händen der Königin empfängt jetzt Karlos die Briefe, welche Posa aus Flandern für ihn mitbrachte. Die Königin ruft seinen entflohenen Genius zurück.

Noch sichtbarer zeigt sich diese Unterordnung der Freundschaft unter das wichtigere Interesse bey der Zusammenkunft im Kloster. Ein Entwurf des Prinzen auf den König ist fehlgeschlagen; dieses und eine Entdeckung, welche er zum Vortheil seiner Leidenschaft glaubt gemacht zu haben, stürzen ihn heftiger in diese zurück, und Posa glaubt zu bemerken, daß sich Sinnlichkeit in diese Leidenschaft mische. Nichts konnte sich weniger mit seinem höhern Plane vertragen. Alle Hoffnungen, die er auf Karlos Liebe zur Königin für seine Niederlande gegründet hat, stürzten dahin, wenn diese Liebe von ihrer Höhe herunter sank. Der Unwille, den er darüber empfindet, bringt seine Gesinnungen an den Tag.

O, ich fühle,
wovon ich mich entwöhnen muß. Ja, einst,
einst wars ganz anders. Da warst du so reich,

so warm, so reich! ein ganzer Weltkreis hatte
in deinem weiten Busen Raum. Das alles
ist nun dahin, von Einer Leidenschaft,
von einem kleinen Eigennutz verschlungen.
Dein Herz ist ausgestorben. Keine Thräne
dem ungeheuern Schicksal der Provinzen
nicht einmal eine Thräne mehr! O, Karl,
wie arm bist du, wie bettelarm geworden,
seitdem du niemand liebst, als dich!«

Bang vor einem ähnlichen Rückfall glaubt er einen gewaltsamen Schritt wagen zu müssen. So lange Karl in der Nähe der Königin bleibt, ist er für die Angelegenheit Flanderns verloren. Seine Gegenwart in den Niederlanden kann dort den Dingen eine ganze andere Wendung geben; er steht also keinen Augenblick an, ihn auf die gewaltsamste Art dahin zu bringen.

»Er soll
dem König ungehorsam werden, soll
nach Brüssel heimlich sich begeben, wo
mit offnen Armen die Flamänder ihn
erwarten. Alle Niederlande stehen
auf seine Losung auf. Die gute Sache
wird stark durch einen Königssohn.«

Würde der *Freund* des Karlos es über sich vermocht haben, so verwegen mit dem guten Nahmen, ja selbst mit dem Leben seines Freundes zu spielen? Aber Posa, dem die Befreyung eines unterdrückten Volks eine weit dringendere Aufforderung war als die kleinen Angelegenheiten eines Freundes, Posa, der Weltbürger, mußte gerade so und nicht anders handeln. Alle Schritte, die im Verlauf des Stücks von ihm unternommen werden, verrathen eine *wagende Kühnheit*, die ein heroischer Zweck allein einzuflößen im Stand ist; Freundschaft ist oft verzagt, und immer besorglich. Wo ist bis jetzt im Karakter des Marquis auch nur eine Spur dieser ängstlichen Pflege eines isolirten Geschöpfs, dieser alles ausschließenden Neigung, worin doch allein der eigenthümliche Karakter der leidenschaftlichen Freundschaft bestehet? Wo ist bey ihm das Interesse für den Prinzen nicht dem höhern Interesse für die Menschheit untergeordnet? Fest und beharrlich geht der Marquis seinen großen kosmopolitischen Gang, und alles, was um ihn herum vorgeht, wird ihm nur durch die Verbindung wichtig, in der es mit diesem höhern Gegenstande steht.

Vierter Brief.

Um einen großen Theil seiner Bewunderer dürfte ihn dieses Geständniß bringen, aber er wird sich mit dem kleinen Theil der neuen Verehrer trösten, die es ihm zuwendet, und zum allgemeinen Beyfall überhaupt konnte sich ein Karakter, wie der seinige, niemals Hoffnung machen. Hohes wirkendes Wohlwollen gegen das Ganze schließt keineswegs die zärtliche Theilnahme an den Freuden und Leiden eines einzelnen Wesens aus. Daß er das Menschengeschlecht mehr liebt als Karln, thut seiner Freundschaft für ihn keinen Eintrag. Immer würde er ihn, hätte ihn auch das Schicksal auf keinen Thron gerufen, durch eine besondere zärtliche Bekümmerniß vor allen übrigen unterschieden haben; im Herzen seines Herzens würde er ihn getragen haben, wie Hamlet seinen Horatio. Man hält dafür, daß das Wohlwollen um so schwächer und laulichter werde, je mehr sich seine Gegenstände häufen; aber dieser Fall kann auf den Marquis nicht angewandt werden. Der Gegenstand seiner Liebe zeigt sich ihm im vollesten

Lichte der Begeisterung; herrlich und verklärt steht dieses Bild vor seiner Seele, wie die Gestalt einer Geliebten. Da es Karlos ist, der dieses Ideal von Menschenglück wirklich machen soll, so trägt er es auf ihn über, so faßt er zuletzt beydes in Einem Gefühl unzertrennlich zusammen. In Karlos allein schaut er seine feurig geliebte Menschheit izt an; sein Freund ist der Brennpunkt, in welchem alle seine Vorstellungen von jenem zusammengesetzten Ganzen sich sammeln. Es wirkt also doch nur in Einem Gegenstand auf ihn, den er mit allem Enthusiasmus und allen Kräften seiner Seele umfaßt:

»Mein Herz,
nur einem einzigen geweiht, umschloß
die ganze Welt. In meines Karlos Seele
schuf ich ein Paradies für Millionen.«

Hier ist also Liebe zu Einem Wesen, ohne Hintansetzung der allgemeinen – sorgsamen Pflege der Freundschaft, ohne das unbillige, das ausschließende dieser Leidenschaft. Hier allgemeine, alles umfassende Philanthropie, in einen einzigen Feuerstrahl zusammengedrängt.

Und sollte eben das dem Interesse geschadet haben, was es veredelt hat? Dieses Gemählde von Freundschaft sollte an Rührung und Anmuth verlieren, was es an Umfang gewann? Der Freund des Karlos sollte darum weniger Anspruch auf unsre Thränen und unsre Bewunderung haben, weil er mit der beschränktesten Aeußerung des wohlwollenden Affekts seine weiteste Ausdehnung verbindet; und das Göttliche der universellen Liebe durch ihre menschlichste Anwendung mildert?

Mit der neunten Scene des dritten Aufzugs öffnet sich ein ganz neuer Spielraum für diesen Karakter.

Fünfter Brief.

Leidenschaft für die Königin hat endlich den Prinzen bis an den Rand des Verderbens geführt. Beweise seiner Schuld sind in den Händen seines Vaters, und seine unbesonnene Hitze ließ ihn dem laurenden Argwohn seiner Feinde die gefährlichsten Blösen geben; er schwebt in augenscheinlicher Gefahr, ein Opfer seiner wahnsinnigen Liebe, der väterlichen Eifersucht, des Priesterhasses, der Rachgier eines beleidigten Feindes, und einer verschmähten Buhlerin zu werden. Seine Lage von außen fordert die dringendste Hülfe, noch mehr aber fordert sie der innere Zustand seines Gemüths, der alle Erwartungen und Entwürfe des Marquis zu vereiteln droht. Von jener Gefahr muß der Prinz befreyt, aus diesem Seelenzustand muß er gerissen werden, wenn jene Entwürfe zu Flanderns Befreyung in Erfüllung gehen sollen; und der Marquis ist es, von dem wir beydes erwarten, der uns auch selbst dazu Hoffnung macht.

Aber auf eben dem Wege, woher dem Prinzen Gefahr kommt, ist auch bey dem König ein Seelenzustand hervorgebracht worden, der ihn das Bedürfniß der Mittheilung zum erstenmal fühlen läßt. Die Schmerzen der Eifersucht haben ihn aus dem unnatürlichen Zwang seines Standes in den ursprünglichen Stand der Menschheit zurück versetzt, haben ihn das Leere und Gekünstelte seiner Despotengröße fühlen, und Wünsche in ihm aufsteigen lassen, die weder Macht noch Hoheit befriedigen kann.

»*König! König* nur,
und wieder *König!* – Keine beßre Antwort
als leeren hohlen Wiederhall! Ich schlage
an diesen Felsen und will Wasser, Wasser
für meinen heißen Fieberdurst. Er giebt
mir – glühend Gold –«

Gerade ein Gang der Begebenheiten, wie der bisherige, däucht mir, oder keiner, konnte bey einem Monarchen, wie Philipp II. war, einen solchen Zustand erzeugen; und gerade so ein Zustand mußte in ihm erzeugt werden, um die nachfolgende Handlung vorzubereiten und den Marquis ihm nahe bringen zu können. Vater und Sohn sind auf ganz verschiedenen Wegen auf den Punkt geführt worden, wo der Dichter sie haben muß; auf ganz verschiedenen Wegen wurden beyde zu dem Marquis von Posa hingezogen, in welchem Einzigen das bisher getrennte Interesse sich nunmehr zusammendrängt. Durch Karlos Leidenschaft für die Königin und deren unausbleibliche Folgen bey dem König wurde dem Marquis seine ganze Laufbahn geschaffen: darum war es nöthig, daß auch das ganze Stück mit jener eröffnet wurde. Gegen sie mußte der Marquis selbst so lange im Schatten gestellt werden, und sich, bis er von der ganzen Handlung Besitz nehmen konnte, mit einem untergeordneten Interesse begnügen, weil er von ihr allein alle Materialien zu seiner künftigen Thätigkeit empfangen konnte. Die Aufmerksamkeit des Zuschauers durfte also durchaus nicht vor der Zeit davon abgezogen werden, und darum war es nöthig, daß sie bis hieher als Haupthandlung beschäftigte, das Interesse hingegen, das nachher das herrschende werde sollte, nur durch Winke von ferne angekündigt wurde. Aber sobald das Gebäude steht, fällt das Gerüste. Die Geschichte von Karlos Liebe, als die bloß vorbereitende Handlung, weicht zurück, um derjenigen Platz zu machen, für welche allein sie gearbeitet hatte.

Nämlich jene verborgnen Motive des Marquis, welche keine andre sind, als Flanderns Befreyung und das künftige Schicksal der Nation, Motive, die man unter der Hülle seiner Freundschaft bloß geahndet hat, treten jetzt sichtbar hervor, und fangen an, sich der ganzen Aufmerksamkeit zu bemächtigen. Karlos, wie aus dem bisherigen zur Genüge erhellet, wurde von ihm nur als das *einzige unentbehrliche Werkzeug zu jenem* feurig und standhaft verfolgten Zwecke betrachtet, und als ein solches mit eben dem Enthusiasmus wie der Zweck selbst umfaßt. Aus diesem universelleren Motive mußte eben der ängstliche Antheil an dem Wohl und Weh seines Freundes, eben die zärtliche Sorgfalt für dieses Werkzeug seiner Liebe fließen, als nur immer die stärkste *persönliche* Sympathie hätte hervor bringen können. Karls Freundschaft gewährt ihm den vollständigsten Genuß seines Ideals. Sie ist der Vereinigungspunkt aller seiner Wünsche und Thätigkeiten. Noch kennt er keinen andern und kürzern Weg, sein hohes Ideal von Freyheit und Menschenglück wirklich zu machen, als der ihm in Karlos geöffnet wird. Es fiel ihm gar nicht ein, dieß auf einem andern Wege zu suchen; am allerwenigsten fiel es ihm ein, diesen Weg unmittelbar durch *den König zu nehmen.* Als er daher zu diesem geführt wird, zeigt er die höchste Gleichgültigkeit.

»Mich will er haben? – Mich? – Ich bin ihm nichts.
Ich warlich nichts? – Mich hier in diesen Zimmern!
Wie zwecklos und wie ungereimt! – Was kann
ihm viel dran liegen, ob ich bin? – Sie sehen,
es führt zu nichts.«

Aber nicht lange überläßt er sich dieser müßigen, dieser kindischen Verwunderung. Einem Geiste, gewohnt, wie es dieser ist, jedem Umstande seine Nutzbarkeit abzumerken, auch den Zufall mit bildender Hand zum Plan zu gestalten, jedes Ereigniß in Beziehung auf seinen herrschenden Lieblingszweck sich zu denken, bleibt der hohe Gebrauch nicht lange verborgen, der sich von dem jetzigen Augenblick machen läßt. Auch das kleinste Element der Zeit ist ihm ein heilig anvertrautes Pfund, womit gewuchert werden muß. Noch ist es nicht klarer zusammenhängender Plan, was er sich denkt; bloße dunkle Ahndung, und auch diese kaum, bloß flüchtig aufsteigender Einfall ist es, ob hier vielleicht gelegenheitlich etwas zu wirken seyn möchte? Er soll vor denjenigen treten, der das Schicksal so vieler Millionen in der Hand hat. Man muß den Augenblick nutzen, sagt er zu sich selbst, der nur einmal kommt. Wär's auch nur ein Feuerfunke Wahrheit, in die Seele dieses Menschen geworfen, der noch keine Wahrheit gehört hat! Wer weiß, wie wichtig ihn die Vorsicht bey ihm verarbeiten kann? – Mehr denkt er sich nicht dabey, als einen zufälligen Umstand auf die beste Art, die er kennet, zu benutzen. In dieser Stimmung erwartet er den König.

Sechster Brief.

Ich behalte mir auf eine andere Gelegenheit vor, mich über den *Ton*, auf welchen sich Posa gleich zu Anfang mit dem Könige stimmt, wie überhaupt über sein ganzes Verfahren in dieser Scene, und die Art, wie dieses von dem Könige aufgenommen wird, näher gegen Sie zu erklären, wenn Sie Lust haben mich zu hören. Jetzt begnüge ich mich bloß, bey demjenigen stehen zu bleiben, was mit dem Karakter des Marquis in der unmittelbarsten Verbindung steht.

Alles was der Marquis, nach seinem Begriffe von dem König, vernünftiger Weise hoffen konnte bey ihm hervorzubringen – war ein mit Demüthigung verbundenes Erstaunen, daß seine große Idee von sich selbst und seine geringe Meinung von Menschen, doch wohl einige Ausnahmen leiden dürfte; alsdann die natürliche unausbleibliche Verlegenheit eines kleinen Geistes vor einem großen Geist. Diese Wirkung konnte wohlthätig seyn, wenn sie auch bloß dazu diente, die Vorurtheile dieses Menschen auf einen Augenblick zu erschüttern; wenn sie ihn fühlen ließ, daß es noch jenseits seines gezogenen Kreises Wirkungen gebe, von denen er sich nichts hätte träumen lassen. Dieser einzige Laut konnte noch lange nachhallen in seinem Leben, und dieser Eindruck mußte desto länger bey ihm haften, je mehr er ohne Beyspiel war.

Aber Posa hatte den König wirklich zu flach, zu obenhin beurtheilt, oder wenn er ihn auch gekannt hätte, so war er doch von der *damaligen Gemüthslage* desselben zu wenig unterrichtet, um sie *mit* in Berechnung zu bringen. Diese Gemüthslage war äußerst günstig für ihn, und bereitete seinen hingeworfenen Reden eine Aufnahme, die er mit keinem Grund der Wahrscheinlichkeit hatte erwarten können. Diese unerwartete Entdeckung giebt ihm einen lebhaften Schwung, und dem Stücke selbst eine ganz neue Wendung. Kühn gemacht durch einen Erfolg, der all sein Hoffen übertraf, und durch einige Spuren von *Humanität*, die ihn an dem Könige überraschen, in Feuer gesetzt, verirrt er sich, auf einen Augenblick, bis zu der ausschweifenden Idee, sein herrschendes Ideal von Flanderns Glück u.s.w. unmittelbar an die Person des Königs anzuknüpfen, es unmittelbar durch diesen in Erfüllung zu bringen. Diese Voraussetzung setzt ihn in eine Leidenschaft, die den ganzen Grund seiner Seele eröffnet, alle Geburten seiner Phantasie, alle Resultate seines stillen Denkens ans Licht bringt, und deutlich zu erkennen giebt, wie sehr ihn diese Ideale beherrschen. Jetzt in diesem Zustand der Leidenschaft werden alle die Triebfedern sichtbar, die ihn bis jetzt in Handlung gesetzt haben, jetzt ergeht es ihm wie jedem Schwärmer, der von seiner herrschenden Idee überwältigt wird. Er kennt keine Grenzen mehr, im Feuer seiner Begeisterung *veredelt er sich den König*, der mit Erstaunen ihm zuhört, und vergißt sich so weit, Hoffnungen auf ihn zu gründen, worüber er in den nächsten ruhigen Augenblicken erröthen wird. An Karlos wird jetzt nicht mehr gedacht. Was für ein langer Umweg, erst auf diesen zu warten! Der König bietet ihm eine weit nähere und schnellere Befriedigung dar. Warum das Glück der Menschheit bis auf seinen Erben verschieben?

Würde sich Karlos Busenfreund so weit vergessen, würde eine andere Leidenschaft als die herrschende den Marquis so weit hingerissen haben? Ist das Interesse der Freundschaft so beweglich, daß man es mit so weniger Schwierigkeit auf einen andern Gegenstand übertragen kann? Aber alles ist erklärt, so bald man die Freundschaft jener herrschenden Leidenschaft *unterordnet*. Dann ist es natürlich, daß diese bey dem nächsten Anlaß ihre Rechte reclamirt, und sich nicht lange bedenkt, ihre Mittel und Werkzeuge umzutauschen.

Das Feuer und die Freymüthigkeit, womit Posa seine Lieblingsgefühle, die bis jetzt zwischen Karlos und ihm Geheimnisse waren, dem Könige vortrug; und der Wahn, daß dieser sie verstehen, ja gar in Erfüllung bringen könnte, war eine offenbare Untreue, deren er sich gegen seinen Freund Karl schuldig machte. Posa, der Weltbürger, durfte so handeln, und ihm allein kann es vergeben werden; an dem Busenfreunde Karls wäre es eben so verdammlich, als es unbegreiflich seyn würde.

Länger als Augenblicke freylich sollte diese Verblendung nicht dauern. Der ersten Ueberraschung, der Leidenschaft, vergiebt man sie leicht: aber wenn er auch noch nüchtern fortführe daran zu glauben, so würde er billig in unsern Augen zum Träumer herabsinken. Daß sie aber wirklich Eingang bey ihm gefunden, erhellt aus einigen Stellen, wo er darüber scherzt, oder sich ernsthaft davon reinigt. »Gesetzt«, sagt er der Königin »ich gienge damit um, meinen Glauben auf den Thron zu setzen?«

Königin.

»Nein, Marquis,
auch nicht einmal im Scherze möcht ich dieser
unreifen Einbildung Sie zeihen. Sie sind
der Träumer nicht, der etwas unternähme,
was nicht geendigt werden kann.«

Marquis.

»Das eben
wär noch die Frage, denk ich.«

Karlos selbst hat tief genug in die Seele seines Freundes gesehen, um einen solchen Entschluß in seiner Vorstellungsart gegründet zu finden, und das, was er selbst bey dieser Gelegenheit über ihn sagt, könnte allein hinreichen, den Gesichtspunkt des Verfassers außer Zweifel zu setzen. »Du selbst«, sagt er ihm, noch immer in Wahn, daß der Marquis ihn aufgeopfert.

»Du selbst wirst jetzt vollenden,
was ich gesollt und nicht gekonnt – Du wirst
den Spaniern die goldnen Tage schenken,
die sie von mir umsonst gehofft. Mit mir
ist es ja aus. Auf immer aus. Das hast
du eingesehn. O diese fürchterliche Liebe
hat alle frühen Blüthen meines Geists
unwiederbringlich hingeraft. Ich bin
für deine großen Hoffnungen gestorben.
Vorsehung oder Zufall führen dir
den König zu – Es kostet mein Geheimniß,
und er ist *dein*! Du kannst sein Engel werden,
für mich ist keine Rettung mehr. Vielleicht
für Spanien!« u.s.f.

Und an einem andern Orte sagt er zum Grafen von Lerma, um die vermeintliche Treulosigkeit seines Freundes zu entschuldigen.

»– Er hat
mich lieb gehabt. Sehr lieb. Ich war ihm theuer
wie seine eigne Seele. O, das weiß ich,
das haben tausend Proben mir erwiesen.
Doch sollen Millionen ihm, soll ihm
das Vaterland nicht theurer seyn, als Einer?
Sein Busen war für einen Freund zu groß,
und Karlos Glück zu klein für seine Liebe.
Er opferte mich seiner Tugend.«

Siebenter Brief.

Posa empfand es recht gut, wie viel seinem Freunde Karlos dadurch entzogen worden, daß er den König zum Vertrauten seiner Lieblingsgefühle gemacht, und einen Versuch auf dessen Herz gethan hatte. Eben weil er fühlte, daß diese Lieblingsgefühle das *eigentliche* Band ihrer Freundschaft waren, so wußte er auch nicht anders, als daß er diese in eben dem Augenblicke gebrochen hatte, wo er jene bey dem Könige profanirte. Das wußte Karlos nicht, aber Posa wußte es recht gut, daß diese Philosophie und diese Entwürfe für die Zukunft das heilige *Palladium ihrer Freundschaft* und der wichtige Titel waren, unter welchem Karlos sein Herz besaß; eben weil er das wußte, und im Herzen voraussetzte, daß es auch Karl nicht unbekannt seyn könnte – wie konnte er es wagen, ihm zu bekennen, daß er dieses Palladium veruntreut hätte? Ihm gestehen, was zwischen ihm und dem König vorgegangen war, mußte in seinen Gedanken eben so viel heißen, als ihm ankündigen, daß es eine Zeit gegeben, wo er ihm nichts mehr war. Hatte aber Karlos künftiger Beruf zum Thron, hatte der Königsohn keinen Antheil an dieser Freundschaft, war sie etwas vor sich bestehendes, und durchaus *nur* persönliches, so konnte sie durch jene Vertraulichkeit gegen den König zwar beleidigt, aber nicht verrathen, nicht zerrissen worden seyn; so konnte dieser zufällige Umstand ihrem Wesen nichts anhaben. Es war Delikatesse, es war Mitleid, daß Posa, der Weltbürger, dem *künftigen* Monarchen die Erwartungen verschwieg, die er auf den *Jetzigen* gegründet hatte; aber Posa, Karlos Freund, konnte sich durch nichts schwerer vergehen, als durch diese Zurückhaltung selbst.

Zwar sind die Gründe, welche Posa sowohl sich selbst, als nachher seinem Freunde, von dieser Zurückhaltung, der einzigen Quelle aller nachfolgenden Verwirrungen, angiebt, von ganz andrer Art, IV. Akt. P. 6. Auftritt.

»Der König glaubte dem Gefäß, dem er
sein heiliges Geheimniß übergeben,
und Glauben fodert Dankbarkeit. Was wäre
Geschwätzigkeit, wenn mein Verstummen dir
nicht Leiden bringt? vielleicht erspart? – Warum
dem Schlafenden die Wetterwolke zeigen,
die über seinen Scheitel hängt?«

Und in der dritten Scene des V. Akts.

»– – Doch ich von falscher Zärtlichkeit bestochen,
von stolzem Wahn geblendet, ohne dich
das Wagestück zu enden, unterschlage
der Freundschaft mein gefährliches Geheimniß.«

Aber jedem, der nur wenige Blicke in das Menschenherz gethan, wird es einleuchten, daß sich der Marquis mit diesen eben angeführten Gründen, (die an sich selbst bey weitem zu schwach sind, um einen so wichtigen Schritt zu motiviren,) nur selbst zu hintergehen sucht – weil er sich die eigentliche Ursache nicht zu gestehen wagt. Einen weit wahreren Aufschluß über den damaligen Zustand seines Gemüths giebt eine andre Stelle, woraus deutlich erhellt, daß es Augenblicke müsse gegeben haben, in denen er mit sich zu Rathe gieng, ob er seinen Freund nicht geradezu aufopfern sollte? Es stand bey mir, sagt er zu der Königin,

»– einen neuen Morgen
herauf zu führen über diese Reiche,
Der König schenkte mir sein Herz. Er nannte
mich seinen Sohn. Ich führe seine Siegel,
und seine Alba sind nicht mehr, u. s. f.

Doch geb ich
den König auf. In diesem starren Boden
blüht keine meiner Rosen mehr. Das waren
nur Gaukelspiele kindischer Vernunft,
vom reifen Manne schaamroth widerrufen.
Den nahen hoffnungsvollen Lenz sollt' ich
vertilgen, einen lauen Sonnenblick
im Norden zu erkünsteln? Eines müden
Tyrannen letzten Ruthenstreich zu mildern,
die große Freyheit des Jahrhunderts wagen?
Elender Ruhm! Ich mag ihn nicht. Europens
Verhängniß reift in meinem großen Freunde,
Auf ihn verweis' ich Spanien. Doch wehe!
Weh mir und ihm, wenn ich bereuen sollte!
Wenn ich das Schlimmere gewählt? Wenn ich
den großen Wink der Vorsicht mißverstanden,
der *mich*, nicht *ihn*, auf diesen Thron gewollt.« –

Also hat er doch *gewählt*, und um zu wählen, mußte er also ja den Gegensatz sich als möglich gedacht haben. Aus allen diesen angeführten Fällen erkennt man offenbar, daß das Interesse der Freundschaft einem höheren nachsteht, und daß ihr nur durch dieses letztere ihre Richtung bestimmt wird. Niemand im ganzen Stück hat dieses Verhältniß zwischen beyden Freunden richtiger beurtheilt, als Philipp selbst, von dem es auch am ersten zu erwarten war. Im Munde dieses Menschenkenners legte ich meine Apologie und mein eignes Urtheil von dem Helden des Stückes nieder, und mit seinen Worten möge denn auch diese Untersuchung beschlossen werden.

»Und *wem* bracht er dieß Opfer?
Dem *Knaben*, meinem Sohne? Nimmermehr.
Ich glaub' es nicht. Für einen Knaben stirbt
ein Posa nicht. Der Freundschaft arme Flamme
füllt eines Posa Herz nicht aus. Das schlug
der ganzen Menschheit. *Seine Neigung war*
die Welt, mit allen kommenden Geschlechtern.«

Achter Brief.

Aber, werden Sie sagen, wozu diese ganze Untersuchung? Gleichviel, ob es unfreywilliger Zug des Herzens, Harmonie der Charaktere, wechselseitige persönliche Nothwendigkeit für einander, oder von außen hinzu gekommene Verhältnisse und freye Wahl gewesen, was das Band der Freundschaft zwischen diesen Beyden geknüpft hat – die Wirkungen bleiben dieselben, und im Gange des Stückes selbst wird dadurch nichts verändert. Wozu daher diese weit ausgeholte Mühe, den Leser aus einem Irrthum zu reißen, der ihm vielleicht angenehmer als die Wahrheit ist? Wie würde es um den Reiz der meisten moralischen Erscheinungen stehen, wenn man jedesmal in die innerste Tiefe des Menschenherzens hinein leuchten, und sie gleichsam *werden* sehen müßte? Genug für uns, daß alles, was Marquis Posa liebt, in dem Prinzen versammelt ist, durch ihn *repräsentirt* wird, oder wenigstens durch ihn allein zu erhalten steht, daß er dieses zufällige, bedingte, seinem Freund nur geliehene Interesse mit dem Wesen desselben zuletzt unzertrennlich zusammenfaßt, und daß alles, was er für ihn empfindet, sich in einer persönlichen Neigung äußert. Wir genießen dann die reine Schönheit dieses Freundschaftsgemähldes, als ein einfaches moralisches Element, unbekümmert, in wie viel Theile es auch der Philosoph noch zergliedern mag.

Wie aber, wenn die Berichtigung dieses Unterschieds für das ganze Stück wichtig wäre? – Wird nämlich das letzte Ziel von Posa's Bestrebungen über den Prinzen *hinaus* gerückt, ist ihm dieser nur als Werkzeug zu einem höhern Zwecke so wichtig, befriedigt er durch seine Freundschaft für ihn einen andern Trieb als *nur* diese Freundschaft, so kann dem Stücke selbst nicht wohl eine engere Gränze gesteckt seyn – so muß der letzte Endzweck des Stückes mit dem Zwecke des Marquis wenigstens zusammenfallen. Das große Schicksal eines ganzen Staats, das Glück des menschlichen Geschlechts auf viele Generationen hinunter, worauf alle Bestrebungen des Marquis, wie wir gesehen haben, hinauslaufen, kann nicht *wohl Episode zu einer Handlung seyn, die den Ausgang einer Liebesgeschichte zum Zweck hat.* Haben wir einander also über Posa's Freundschaft mißverstanden, so fürchte ich, wir haben es auch über den letzten Zweck der ganzen Tragödie. Lassen Sie mich sie Ihnen aus diesem neuen Standpunkte zeigen, vielleicht, daß manche Mißverhältnisse, an denen Sie bisher Anstoß genommen, sich unter dieser neuen Ansicht verlieren.

Und was wäre also die sogenannte Einheit des Stückes, wenn es *Liebe* nicht seyn soll, und *Freundschaft* nie seyn konnte? Von Jener handeln die drey ersten Akte; von dieser die zwey übrigen, aber keine von beyden beschäftigt das Ganze. Die Freundschaft opfert sich auf, und die Liebe wird aufgeopfert, aber weder diese noch jene ist es, der dieses Opfer von der andern gebracht wird. Also muß noch etwas Drittes vorhanden seyn, das verschieden ist von Freundschaft und Liebe, für welches beyde gewirkt haben, und welchem beyde aufgeopfert worden – und wenn das Stück eine Einheit hat, wo anders als in diesem Dritten könnte sie liegen?

Rufen Sie sich, lieber Freund, eine gewisse Unterredung zurücke, die über einen Lieblingsgegenstand unsers Jahrzehends – über Verbreitung reinerer sanfterer Humanität, über die höchstmögliche Freyheit der *Individuen* bey des Staats höchster Blüthe, kurz, über den vollendetsten Zustand der Menschheit, wie er in ihrer Natur und ihren Kräften als erreichbar angegeben liegt – unter uns lebhaft wurde, und unsre Phantasie in einen der lieblichsten Träume entzückte, in denen das Herz so angenehm schwelgt. Wir schlossen damals mit dem romanhaften Wunsche, daß es dem Zufall, der wohl größere Wunder schon gethan, in dem nächsten Julianischen Cyclus, gefallen möchte, unsre Gedankenreihe, unsere Träume und Ueberzeugungen mit eben dieser Lebendigkeit, und mit eben so gutem Willen befruchtet, in dem erstgebohrnen Sohn eines künftigen Beherrschers von – oder von – auf dieser oder der andern Hemisphäre wieder zu erwecken. Was bey einem ernsthaften Gespräche bloßes Spielwerk war, dürfte sich, wie mir vorkam, bey einem solchen Spielwerk, als die Tragödie ist, zu der Würde des Ernstes und der Wahrheit erheben lassen. Was ist der Phantasie nicht möglich? Was ist einem Dichter nicht erlaubt? Unsere Unterredung war längst vergessen, als ich unterdessen die Bekanntschaft des Prinzen von Spanien machte; und bald merkte ich diesem geistvollen Jüngling an, daß er wohl gar derjenige seyn dürfte, mit dem wir unsern Entwurf zur Ausführung bringen könnten. Gedacht, gethan! Alles fand ich mir, wie durch einen dienstbaren Geist, dabey in die Hände gearbeitet; Freyheitssinn mit Despotismus im Kampfe, die Fesseln der Dummheit zerbrochen, tausendjährige Vorurtheile erschüttert, eine Nation, die ihre Menschenrechte wieder fordert, republikanische Tugenden in Ausübung gebracht, hellere Begriffe im Umlauf, die Köpfe in Gährung, die Gemüther von einem begeisterten Interesse gehoben – und nun, um die glückliche Constellation zu vollenden, eine schön organisirte Jünglingsseele am Thron, in einsamer unangefochtener Blüthe unter Druck und Leiden hervorgegangen. Unglücklich – so machten wir aus – müßte der Königssohn seyn, an dem wir unser Ideal in Erfüllung bringen wollten.

»Seyn Sie
ein Mensch auf König Philipps Thron! Sie haben
auch Leiden kennen lernen –«

Aus dem Schooße der Sinnlichkeit und des Glücks durfte er nicht genommen werden; die Kunst durfte noch nicht Hand an seine Bildung gelegt, die damalige Welt ihm ihren Stempel noch nicht aufgedrückt haben. Aber wie sollte ein königlicher Prinz aus dem sechszehnten Jahrhundert – Philipp des zweyten Sohn – ein Zögling des Mönchvolks, dessen kaum aufwachende Vernunft von so strengen und so scharfsichtigen Hütern bewacht wird, zu dieser liberalen Philosophie gelangen? Sehen Sie, auch dafür war gesorgt. Das Schicksal schenkte ihm einen Freund – einen Freund in den entscheidenden Jahren, wo des Geistes Blume sich entfaltet, Ideale empfangen werden, und die moralische Empfindung sich läutert – einen geistreichen gefühlvollen Jüngling, über dessen Bildung selbst, was hindert mich dieses anzunehmen? ein günstiger Stern gewacht, ungewöhnliche Glücksfälle sich ins Mittel geschlagen, und den irgend ein verborgner Weise seines Jahrhunderts diesem schönen Geschäfte zugebildet hat. Eine Geburt der Freundschaft also ist diese heitre menschliche Philosophie, die der Prinz auf dem Throne in Ausübung bringen will. Sie kleidet sich in alle Reize der Jugend, in die ganze Anmuth der Dichtung; mit Licht und Wärme wird sie in seinem Herzen niedergelegt, sie ist die erste Blüthe seines Wesens, sie ist seine *erste Liebe*. Dem Marquis liegt äußerst viel daran, ihr diese jugendliche Lebendigkeit zu erhalten, sie als einen Gegenstand der Leidenschaft bey ihm fortdauern zu lassen, weil nur Leidenschaft ihm die Schwierigkeiten besiegen helfen kann, die sich ihrer Ausübung entgegensetzen werden. Sagen Sie ihm, trägt er der Königin auf:

»Daß er für seine Träume seiner Jugend
soll Achtung tragen, wenn er Mann seyn wird,
nicht öffnen soll dem tödtenden Insekte
gerühmter besserer Vernunft das Herz
der zarten Götterblume; daß er nicht
soll irre werden, wenn des Staubes Weisheit
Begeisterung, die Himmelstochter, lästert.
Ich hab es ihm zuvor gesagt –«

Unter beyden Freunden bildet sich also ein *enthusiastischer Entwurf*, den *glücklichsten Zustand hervorzubringen, der der menschlichen Gesellschaft erreichbar ist*, und *von diesem enthusiastischen Entwurfe, wie er nämlich im Conflict mit der Leidenschaft erscheint*, handelt das gegenwärtige Drama. Die Rede war also davon, einen *Fürsten* aufzustellen, der das höchste mögliche Ideal bürgerlicher Glückseligkeit für sein Zeitalter wirklich machen sollte – nicht diesen Fürsten erst zu diesem Zwecke zu erziehen; denn dieses mußte längst vorher gegangen seyn, und konnte auch nicht wohl zum Gegenstand eines solchen Kunstwerks gemacht werden; noch weniger ihn zu diesem Werke wirklich Hand anlegen zu lassen, denn wie sehr würde dieses die engen Gränzen eines Trauerspiels überschritten haben? – Die Rede war davon, diesen Fürsten nur zu *zeigen*, den Gemüthszustand in ihm herrschend zu machen, der einer solchen Wirkung zum Grunde liegen muß, und ihre *subjektive* Möglichkeit auf einen hohen Grad der Wahrscheinlichkeit zu erheben, unbekümmert, ob Glück und Zufall sie wirklich machen wollen.

Neunter Brief.

Ich will mich über das vorige näher erklären.

Der Jüngling nämlich, zu dem wir uns dieser außerordentlichen Wirkung versehen sollen, mußte zuvor Begierden übermeistert haben, die einem solchen Unternehmen gefährlich werden können; gleich jenem Römer mußte er seine Hand über Flammen halten, um uns zu überführen, daß er Manns genug sey, über den Schmerz zu siegen; er mußte durch das Feuer einer fürchterlichen Prüfung gehen, und in diesem Feuer sich bewähren. Dann nur, wenn wir ihn glücklich mit einem *innerlichen* Feind haben ringen sehen, können wir ihm den Sieg über die äußerlichen Hindernisse zusagen, die sich ihm auf der kühnen Reformantenbahn entgegen werfen werden, dann nur, wenn wir ihn in den Jahren der Sinnlichkeit, bey dem heftigen Blut der Jugend, der Versuchung haben Trotz bieten sehen, können wir ganz sicher seyn, daß sie dem reifen Manne nicht gefährlich mehr seyn wird. Und welche Leidenschaft konnte mir diese Wirkung in größerem Maße leisten, als die mächtigste von allen, *die Liebe*?

Alle Leidenschaften, von denen für den großen Zweck, wozu ich ihn aufsparte, zu fürchten seyn könnte, diese einzige ausgenommen, sind aus seinem Herzen hinweggeräumt, oder haben nie darin gewohnt. An einem verderbten sittenlosen Hofe hat er die Reinigkeit der ersten Unschuld erhalten; nicht seine *Liebe*, auch nicht Anstrengung durch Grundsätze, ganz allein sein moralischer Instinkt hat ihn vor dieser Befleckung bewahrt.

»Der Wollust Pfeil zerbrach an dieser Brust
lang ehe noch Elisabeth hier herrschte.«

Der Prinzessin von Eboli gegenüber, die sich aus Leidenschaft und Plan so oft gegen ihn vergißt, zeigt er eine Unschuld, die der *Einfalt* sehr nahe kommt; wie viele, die diese Scene lesen, würden die Prinzessin weit schneller verstanden haben. Meine Absicht war, in seine Natur eine Reinigkeit zu legen, der keine Verführung etwas anhaben kann. Der Kuß, den er der Prinzessin giebt, war, wie er selbst sagt, der erste seines Lebens, und dieß war doch gewiß ein sehr tugendhafter Kuß! Aber auch über eine *feinere* Verführung sollte man ihn erhaben sehen; daher die ganze Episode der Prinzessin von Eboli, deren buhlerische Künste an seiner *besseren Liebe* scheitern. Mit dieser Liebe allein hätte er es also zu thun, und *ganz* wird ihn die Tugend haben, wenn es ihm gelungen seyn wird, auch noch diese Liebe zu besiegen; und davon handelt nun das Stück. Sie begreifen nun auch, warum der Prinz gerade *so* und nicht anders gezeichnet worden; warum ich es zugelassen habe, daß die edle Schönheit dieses Karakters durch so viel Heftigkeit, so viel unstäte Hitze, wie ein klares Wasser durch Wallungen getrübt wird. Ein weiches wohlwollendes Herz, Enthusiasmus für das Große und Schöne, Delikatesse, Muth, Standhaftigkeit, uneigennützige Großmuth, sollte er besitzen, schöne und helle Blicke des Geistes sollte er zeigen, aber *weise* sollte er nicht seyn. Der künftige große Mann sollte in ihm schlummern, aber ein feuriges Blut sollte ihm jetzt noch nicht erlauben, es wirklich zu seyn. Alles, was den treflichen Regenten macht, alles, was die Erwartungen seines Freundes und die Hoffnungen einer auf ihn harrenden Welt rechtfertigen kann, alles was sich vereinigen muß, sein vorgesetztes Ideal von einem künftigen Staat auszuführen, sollte sich in diesem Karakter beysammen finden: aber entwickelt sollte es noch nicht seyn, noch nicht von Leidenschaft geschieden, noch nicht zu reinem Golde geläutert. Darauf kam es ja eigentlich erst an, ihn dieser Vollkommenheit näher zu bringen, die ihm jetzt noch mangelt; ein mehr vollendeter Karakter des Prinzen hätte mich des ganzen Stücks überhoben. Eben so begreifen Sie nunmehr, warum es nöthig war, den Karakter Philipps und seiner Geistesverwandten einen so großen Spielraum zu geben – ein nicht zu entschuldigender Fehler, wenn diese Charaktere weiter nichts als die Maschinen hätten seyn sollen, eine Liebesgeschichte zu verwickeln und aufzulösen – und warum überhaupt dem *geistlichen, politischen* und *häuslichen* Despotismus ein so weites Feld gelassen worden. Da aber mein eigentlicher Vorwurf war, den künftigen *Schöpfer des Menschenglücks* aus dem Stücke gleichsam *hervorgehen* zu lassen; so war es sehr an seinem Orte, den *Schöpfer des Elends* neben ihm aufzuführen, und durch ein vollständiges schauderhaftes Gemählde des Despotismus sein reizendes Gegentheil destomehr zu erheben. Wir sehen den Despoten auf seinem traurigen Thron, sehen ihn mitten unter seinen Schätzen darben, wir erfahren aus seinem Munde, daß er unter allen seinen Millionen *allein* ist, daß die Furien des Argwohns seinen Schlaf anfallen, daß ihm seine Kreaturen geschmolzenes Gold statt eines Labetrunks bieten; wir folgen ihm in sein einsames Gemach, sehen da den Beherrscher einer halben Welt um ein – menschliches Wesen bitten, und ihn dann, wenn das Schicksal ihm diesen Wunsch gewährt hat, gleich einem Rasenden, selbst das Geschenk zerstören, dessen er nicht mehr würdig war. Wir sehen ihn unwissend den niedrigsten Leidenschaften seiner Sklaven dienen; sind Augenzeugen, wie sie die Seile drehen, woran sie den, der sich einbildet, der alleinige Urheber seiner Thaten zu seyn, einem Knaben gleich lenken. Ihn, vor welchem man in fernen Welttheilen zittert, sehen wir vor einem herrischen Priester eine erniedrigende Rechenschaft ablegen, und eine leichte Uebertretung mit einer schimpflichen Züchtigung büßen. Wir sehen ihn gegen Natur und Menschheit ankämpfen, die er nicht ganz besiegen kann, zu stolz ihre Macht zu erkennen, zu ohnmächtig sich ihr zu entziehen; von allen ihren Genüssen geflohen, aber von ihren Schwächen und Schrecknissen verfolgt; herausgetreten aus seiner Gattung, um als ein Mittelding von Geschöpf und Schöpfer – unser Mitleiden zu erregen. Wir verachten diese Größe, aber wir trauern über seinen Mißverstand, weil wir auch selbst aus dieser Verzerrung noch Züge von Menschheit herauslesen, die ihn zu einem der unsrigen machen, weil er auch bloß durch die übrig gebliebenen Reste der Menschheit elend ist. Jemehr uns aber dieses schreckhafte Gemählde zurück stößt, desto stärker werden wir von dem Bilde sanfter Humanität angezogen, die sich in Karlos, in seines Freundes, und in der Königin Gestalt vor unsern Augen verklärt.

Und nun, lieber Freund, übersehen Sie das Stück aus diesem neuen Standort noch einmal. Was Sie für *Ueberladung* gehalten, wird es jetzt vielleicht weniger seyn; in der *Einheit*, worüber wir uns jetzt verständigt haben, werden sich alle einzelnen Bestandtheile desselben auflösen lassen. Ich könnte den angefangenen Faden noch weiter fortführen, aber es sey mir genug, Ihnen durch einige Winke angedeutet zu haben, worüber in dem Stücke selbst die beste Auskunft enthalten ist.

Es ist möglich, daß, um die Hauptidee des Stückes heraus zu finden, mehr ruhiges Nachdenken erfordert wird, als sich mit der Eilfertigkeit verträgt, womit man gewohnt ist dergleichen Schriften zu durchlaufen; aber der Zweck, worauf der Künstler gearbeitet hat, muß sich ja am Ende des Kunstwerks erfüllt zeigen. Womit die Tragödie beschlossen wird, damit muß sie sich beschäftigt haben, und nun höre man, wie Karlos von uns und seiner Königin scheidet.

»– Ich habe
in einem langen schweren Traum gelegen.
Ich *liebte* – jetzt bin ich erwacht. Vergessen
sey das Vergangene. Endlich seh ich ein, es giebt
ein höher wünschenswerther Gut, als dich
besitzen – Hier sind Ihre Briefe
zurück. Vernichten Sie die Meinen. Fürchten
Sie keine Wallung mehr von mir. Es ist
vorbey. Ein reiner Feuer hat mein Wesen
geläutert – Einen Leichenstein will ich
ihm setzen, wie noch keinem König zu Theil
geworden – Ueber seine Asche blühe
ein Paradies!«

Königin.
»– – So hab ich Sie gewollt!
Das war die große Meinung seines Todes.«

Zehnter Brief.

Ich bin weder Illuminat noch Maurer, aber wenn beyde Verbrüderungen einen moralischen Zweck mit einander gemein haben, und wenn dieser Zweck für die menschliche Gesellschaft der wichtigste ist, so muß er mit demjenigen, den Marquis Posa sich vorsetzte, wenigstens sehr nahe verwandt seyn. Was jene durch eine geheime Verbindung mehrerer durch die Welt zerstreuter thätiger Glieder zu bewirken suchen, will der Letztere, vollständiger und kürzer, durch ein einziges Subjekt ausführen; durch einen Fürsten nämlich, der Anwartschaft hat, den größten Thron der Welt zu besteigen, und durch diesen erhabenen Standpunkt zu einem solchen Werke fähig gemacht wird. In diesem einzigen Subjekte macht er die Ideenreihe und Empfindungsart herrschen, woraus jene wohlthätige Wirkung als eine nothwendige Folge fließen muß. Vielen dürfte dieser Gegenstand für die dramatische Behandlung zu abstract und zu ernsthaft scheinen und wenn sie sich auf nichts als das Gemählde einer Leidenschaft gefaßt gemacht haben, so hätte ich freylich ihre Erwartungen getäuscht; aber es schien mir eines Versuchs nicht ganz unwerth. »Wahrheiten, die jedem, der es gut mit seiner Gattung meint, die *heiligsten* seyn müssen, und die bis jetzt nur das Eigenthum der Wissenschaften waren, in das Gebiet der schönen Künste herüber zu ziehen, mit Licht und Wärme zu beseelen, und, als lebendig wirkende Motive in das Menschenherz gepflanzt, in einem kraftvollen Kampfe mit der Leidenschaft zu zeigen.« Hat sich der Genius der Tragödie für diese Gränzenverletzung an mir gerochen, so sind deswegen einige nicht ganz unwichtige Ideen, die hier niedergelegt sind, für – den redlichen Finder nicht verloren, den es vielleicht nicht unangenehm überraschen wird, Bemerkungen, deren er sich aus seinem Montesquieu erinnert, in einem Trauerspiel angewandt und bestätigt zu sehen.

Eilfter Brief.

Ehe ich mich auf immer von unserm Freunde Posa verabschiede, noch ein paar Worte über sein räthselhaftes Benehmen gegen den Prinzen und über seinen Tod.

Viele nämlich haben ihm vorgeworfen, daß er, der von der Freyheit so hohe Begriffe hegt, und sie unaufhörlich im Munde führt, sich doch selbst einer despotischen Willkühr über seinen Freund anmaße, daß er ihn *blind*, wie einen Unmündigen leite, und ihn eben dadurch an den Rand des Untergangs führe. Womit, sagen Sie, läßt es sich entschuldigen, daß Marquis Posa, anstatt dem Prinzen gerade heraus das Verhältniß zu entdecken, worin er jetzt mit dem Könige steht, anstatt sich auf eine vernünftige Art mit ihm über die nöthigen Maaßregeln zu bereden, und, indem er ihn zum Mitwisser seines Planes macht, auf einmal allen Uebereilungen vorzubeugen, wozu Unwissenheit, Mißtrauen, Furcht und unbesonnene Hitze den Prinzen sonst hinreißen könnten, und auch wirklich nachher hingerissen haben, daß er, anstatt diesen so unschuldigen, so natürlichen Weg einzuschlagen, lieber die äußerste Gefahr läuft, lieber diese so leicht zu verhütenden Folgen erwartet, und sie alsdann, wenn sie wirklich eingetroffen, durch ein Mittel zu verbessern sucht, das eben so unglücklich ausschlagen kann, als es brutal und unnatürlich ist, nämlich durch die Verhaftnehmung des Prinzen? Er kannte das lenksame Herz seines Freundes. Noch kürzlich ließ ihn der Dichter eine Probe der Gewalt ablegen, mit der er solches beherrschte. Zwey Worte hätten ihm diesen widrigen Behelf erspart. Warum nimmt er seine Zuflucht zur *Intrigue*, wo er durch ein *gerades* Verfahren ungleich schneller und ungleich sicherer zum Ziele würde gekommen seyn?

Weil dieses gewaltthätige und fehlerhafte Betragen des Malthesers alle nachfolgende Situationen und vorzüglich seine

Aufopferung herbeygeführt hat, so setzte man, ein wenig rasch, voraus, daß sich der Dichter von diesem unbedeutenden Gewinn habe hinreißen lassen, der inneren Wahrheit dieses Karakters Gewalt anzuthun, und den natürlichen Lauf der Handlung zu verlenken. Da dieses allerdings der bequemste und kürzeste Weg war, sich in dieses seltsame Betragen des Malthesers zu finden, so suchte man in dem ganzen Zusammenhang dieses Karakters keinen *nähern* Aufschluß mehr; denn das wäre zu viel von einem Kritiker verlangt, mit seinem Urtheil bloß darum zurück zu halten, weil der Schriftsteller übel dabey fährt. Aber einiges Recht glaubte ich mir doch auf diese Billigkeit erworben zu haben, weil in dem Stücke mehr als einmal die *glänzendere Situation der Wahrheit* nachgesetzt worden ist.

Unstreitig! der Karakter des Marquis von Posa hätte an Schönheit und Reinigkeit gewonnen, wenn er durchaus *gerader* gehandelt hätte, und über die unedeln Hülfsmittel der Intrigue immer erhaben geblieben wäre. Auch gestehe ich, dieser Charakter gieng mir nahe, aber, was ich für Wahrheit hielt, gieng mir näher. Ich halte für Wahrheit, »daß *Liebe* zu einem *wirklichen Gegenstande* und Liebe zu einem Ideal sich in ihren Wirkungen eben so ungleich seyn müssen, als sie in ihrem Wesen von einander verschieden sind – daß der uneigennützigste, reinste und edelste Mensch aus enthusiastischer Anhänglichkeit an *seine Vorstellung* von Tugend und hervorzubringendem Glück sehr oft ausgesetzt ist, eben so willkührlich mit den Individuen zu schalten, als nur immer der selbstsüchtigste Despot, weil der Gegenstand von beyder Bestrebungen *in* ihnen, nicht *außer* ihnen wohnt, und weil Jener, der seine Handlungen nach einem innern Geistesbilde modelt, mit der Freyheit anderer beynahe eben so im Streit liegt, als dieser, dessen letztes Ziel *sein eigenes Ich* ist.« Wahre Größe des Gemüths führt oft nicht weniger zu Verletzungen fremder Freyheit, als der Egoismus, und die Herrschsucht, weil sie um der Handlung, nicht um des einzelnen Subjekts willen handelt. Eben weil sie in steter Hinsicht auf das ganze wirkt, verschwindet nur allzuleicht das kleinere Interesse des Individuums in diesem weiten Prospekte. Die Tugend handelt groß, um des Gesetzes willen; die Schwärmerey um ihres Ideales willen; die Liebe um des Gegenstandes willen. Aus der ersten Klasse wollen wir uns Gesetzgeber, Richter, Könige, aus der zweyten *Helden*, aber nur aus der dritten unsern Freund erwählen. Diese erste *verehren*, die zweyte *bewundern*, die dritte *lieben* wir. Karlos hat Ursache gefunden, es zu bereuen, daß er diesen Unterschied außer Acht ließ, und einen großen Mann zu seinem Busenfreund machte.

»Was geht die Königin dich an? Liebst du
die Königin? Soll deine strenge Tugend
die kleinen Sorgen meiner Liebe fragen?
– – – – Ach, hier ist nichts verdammlich,
nichts, nichts, als meine rasche Verblendung,
bis diesen Tag nicht eingesehen zu haben,
daß du so – groß als zärtlich bist.«

Geräuschlos, ohne Gehülfen, in stiller Größe zu wirken, ist des Marquis Schwärmerey. Still, wie die Vorsicht für einen Schlafenden sorgt, will er seines Freundes Schicksal auflösen, er will ihn retten, wie ein Gott – und eben dadurch richtet er ihn zu Grunde. Daß er zu sehr nach seinem Ideal von Tugend in die Höhe, und zu wenig auf seinen Freund herunter blickte, wurde beyder Verderben. Karlos verunglückte, weil sein Freund sich nicht begnügte, ihn auf eine gemeine Art zu erlösen.

Und hier, däucht mir, treffe ich mit einer nicht unmerkwürdigen Erfahrung aus der moralischen Welt zusammen, die keinen, der sich nur einigermaßen Zeit genommen hat, um sich herum zu schauen, oder dem Gang seiner eignen Empfindungen zuzusehen, ganz fremd seyn kann. Es ist diese: daß die moralischen Motive, welche von *einem zu erreichenden Ideale von Vortrefflichkeit* hergenommen sind, nicht natürlich im Menschenherzen liegen, und eben darum, weil sie erst durch Kunst in dasselbe hineingebracht worden, nicht immer wohlthätig wirken, gar oft aber, durch einen sehr menschlichen Uebergang, einem schädlichen Mißbrauch ausgesetzt sind. Durch praktische Gesetze, nicht durch gekünstelte Geburten der theoretischen Vernunft soll der Mensch bey seinem moralischen Handeln geleitet werden. Schon allein dieses, daß jedes solche moralische Ideal oder Kunstgebäude doch nie mehr ist als eine Idee, die, gleich allen andern Ideen, an dem eingeschränkten Gesichtspunkt des Individuums Theil nimmt, dem sie angehört, und in ihrer Anwendung also auch der Allgemeinheit nicht fähig seyn kann, in welcher der Mensch sie zu gebrauchen pflegt, schon dieses allein, sage ich, müßte sie zu einem äußerst gefährlichen Instrument in seinen Händen machen: aber noch weit gefährlicher wird sie durch die Verbindung, in die sie nur allzuschnell mit gewissen Leidenschaften tritt, die sich mehr oder weniger in allen Menschenherzen finden; Herrschsucht meine ich, Eigendünkel und Stolz, die sie augenblicklich ergreifen, und sich unzertrennbar mit ihr vermengen. Nennen Sie mir, lieber Freund – um aus unzähligen Beyspielen nur eins auszuwählen – nennen Sie mir den Ordensstifter, oder auch die Ordens-Verbrüderung selbst, die sich – bey den reinsten Zwecken und bey den edelsten Trieben – von Willkührlichkeit in der Anwendung, von *Gewaltthätigkeit* gegen fremde Freyheit, von dem Geiste der *Heimlichkeit* und der *Herrschsucht* immer rein erhalten hätte? Die bey Durchsetzung eines, von jeder unreinen Beymischung auch noch so freyen moralischen Zweckes, in so fern sie sich nämlich diesen Zweck als etwas für sich bestehendes denken und ihn in der

Lauterkeit erreichen wollten, wie er sich ihrer Vernunft dargestellt hatte, nicht unvermerkt wären fortgerissen worden, sich an fremder Freyheit zu vergreifen, die Achtung gegen Anderer Rechte, die ihnen sonst immer die heiligsten waren, hintan zu setzen, und nicht selten den willkürlichsten Despotismus zu üben, ohne den Zweck selbst umgetauscht, ohne in ihren Motiven ein Verderbniß erlitten zu haben. Ich erkläre mir diese Erscheinung aus dem Bedürfniß der beschränkten Vernunft, sich ihren Weg *abzukürzen*, ihr Geschäft zu vereinfachen, und Individualitäten, die sie zerstreuen und verwirren, in Allgemeinheit zu verwandeln. Aus der allgemeinen Hinneigung unsers Gemüthes zur Herrschbegierde, oder dem Bestreben; alles wegzudrängen, was das Spiel unsrer Kräfte hindert. Ich wählte deswegen einen ganz wohlwollenden, ganz über jede selbstsüchtige Begierde erhabenen Karakter, ich gab ihm die höchste Achtung für Anderer Rechte, ich gab ihm die Hervorbringung eines allgemeinen *Freyheitsgenusses* sogar zum Zwecke, und ich glaube mich auf keinem Widerspruch mit der allgemeinen Erfahrung zu befinden, wenn ich ihn, selbst auf dem Wege dahin, in Despotismus verirren ließ. Es lag in meinem Plan, daß er sich in dieser Schlinge verstricken sollte, die allen gelegt ist, die sich auf einerley Wege mit ihm befinden. Wie viel hätte mir es auch gekostet, ihn wohlbehalten davon vorbey zu bringen, und dem Leser, der ihn lieb gewann, den unvermischten Genuß aller übrigen Schönheiten seines Karakters zu geben, wenn ich es nicht für einen ungleich größern Gewinn gehalten hätte, der menschlichen Natur zur Seite zu bleiben, und eine nie genug zu beherzigende Erfahrung durch sein Beyspiel zu bestätigen. Diese meine ich, daß man sich in moralischen Dingen nicht ohne Gefahr von dem natürlichen praktischen Gefühl entfernt, um sich zu allgemeinen Abstraktionen zu erheben, daß sich der Mensch weit sicherer den Eingebungen seines Herzens oder dem schon gegenwärtigen und individuellen Gefühle von Recht und Unrecht vertraut, als der gefährlichen Leitung universeller Vernunftideen, die er sich künstlich erschaffen hat – denn nichts führt zum *Guten* was nicht *natürlich* ist.

Zwölfter Brief.

Es ist nur noch übrig, ein paar Worte über seine Aufopferung zu sagen.

Man hat nämlich getadelt, daß er sich muthwillig in einen gewaltsamen Tod stürze, den er hätte vermeiden können. Alles, sagt man, war ja noch nicht verloren. Warum hätte er nicht eben so gut fliehen können, als sein Freund? War er schärfer bewacht als dieser? Machte es ihm nicht selbst seine Freundschaft für Karlos zur Pflicht, sich diesem zu erhalten? und konnte er ihm mit seinem Leben nicht weit mehr nützen, als wahrscheinlicherweise mit seinem Tode, selbst wenn alles seinem Plane gemäß eingetroffen wäre? Konnte er nicht – freylich! Was hätte der ruhige Zuschauer nicht gekonnt, und wie viel weiser und klüger würde dieser mit seinem Leben gewirthschaftet haben! Schade nur, daß sich der Marquis weder dieser glücklichen Kaltblütigkeit, noch der Muße zu erfreuen hatte, die zu einer so vernünftigen Berechnung nothwendig war. Aber wird man sagen, das gezwungene, und sogar spitzfindige Mittel, zu welchem er seine Zuflucht nimmt, um zu sterben, konnte sich ihm doch unmöglich aus freyer Hand und im ersten Augenblicke anbieten, warum hätte er das Nachdenken und die Zeit, die es ihm kostete, nicht eben so gut anwenden können, einen vernünftigen Rettungsplan auszudenken, oder lieber gleich denjenigen zu ergreifen, der ihm so nahe lag, der auch dem kurzsichtigsten Leser sogleich ins Auge springt? Wenn er nicht sterben wollte, um gestorben zu seyn, oder (wie einer meiner Recensenten sich ausdrückt,) wenn er nicht *des Märtyrthums wegen sterben wollte*, so ist es kaum zu begreifen, wie sich ihm die so gesuchten Mittel zum Untergang früher, als die weit natürlichern Mittel zur Rettung haben darbieten können. Es ist viel Schein in diesem Vorwurf, und um so mehr ist es der Mühe werth, ihn auseinander zu setzen.

Die Auflösung ist diese:

Erstlich gründet sich dieser Einwurf auf die falsche und durch das vorhergehende genugsam widerlegte Voraussetzung, daß der Marquis *nur* für seinen Freund sterbe, welches nicht wohl mehr statt haben kann, nachdem bewiesen worden, daß er *nicht für ihn gelebt*, und daß es mit dieser Freundschaft eine ganz andere Bewandtniß habe. Er kann also nicht wohl sterben um den Prinzen zu retten; dazu dürften sich auch ihm selbst vermuthlich noch andre, und weniger gewaltthätige Auswege gezeigt haben als der Tod – »er stirbt, um für sein – in des Prinzen Seele niedergelegtes – Ideal alles zu thun und zu geben, was ein Mensch für etwas thun und geben kann, das ihm das Theuerste ist; um ihm auf die nachdrücklichste Art, die er in seiner Gewalt hat, zu zeigen, wie sehr er an die Wahrheit und Schönheit dieses Entwurfes glaube, und wie wichtig ihm die Erfüllung derselben sey;« er stirbt dafür warum mehrere große Menschen für eine Wahrheit starben, die sie von vielen befolgt und beherzigt haben wollten; um durch sein Beyspiel darzuthun, wie sehr sie es werth sey, daß man alles für sie leide. Als der Gesetzgeber von Sparta sein Werk vollendet sah, und das Orakel zu Delphi den Ausspruch gethan hatte, die Republik würde blühen und dauern, so lange sie Lykurgus Gesetze ehrte, rief er das Volk von Sparta zusammen und forderte einen Eid von ihm, die neue Verfassung so lange wenigstens unangefochten zu lassen, bis er von einer Reise, die er eben vorhabe, würde zurück gekehrt seyn. Als ihm dieses durch einen feyerlichen Eidschwur angelobt worden, verließ Lykurgus das Gebiet von Sparta, hörte, von diesem Augenblick an, auf, Speise zu nehmen, und die Republik harrte seiner Rückkehr vergebens. Vor seinem Tode verordnete er noch ausdrücklich, seine Asche selbst in das Meer zu streuen, damit auch kein Atom seines Wesens nach Sparta zurückkehren, und seine Mitbürger auch nur mit einem Schein von Recht ihres Eides entbinden möchte. Konnte Lykurgus im Ernste geglaubt haben, das Lacedämonische Volk durch diese Spitzfindigkeit zu binden, und seine Staatsverfassung durch ein solches Spielwerk zu sichern? Ist es auch nur denkbar, daß ein so weiser Mann für einen so romanhaften Einfall ein Leben sollte hingegeben haben, das seinem Vaterlande so wichtig war? Aber sehr denkbar und seiner würdig scheint es mir, daß er es hingab, um durch das Große und Außerordentliche dieses Todes einen unauslöschlichen Eindruck Seiner selbst in das Herz seiner Spartaner zu graben, und eine höhere Ehrwürdigkeit über das Werk auszugießen, indem er den Schöpfer desselben zu einem Gegenstand der Rührung und Bewunderung machte.

Zweytens kommt es hier, wie man leicht einsieht, nicht darauf an, wie *nothwendig*, wie *natürlich* und wie *nützlich* diese Auskunft *in der That* war, sondern wie sie demjenigen *vorkam*, der sie zu ergreifen hatte, und wie *leicht* oder *schwer* er darauf verfiel. Es ist also weit weniger die Lage der Dinge, als die Gemüthsverfassung dessen, auf den diese Dinge wirken, was hier in Betrachtung kommen muß. Sind die Ideen, welche den Marquis zu diesem Heldenentschluß führen, ihm *geläufig*, und bieten sie sich ihm leicht und mit Lebhaftigkeit dar, so ist der Entschluß auch weder gesucht noch gezwungen; sind diese Ideen in seiner Seele gar die vordringenden und herrschenden, und stehen diejenigen dagegen im Schatten, die ihn auf einen gelindern Ausweg führen konnten, so ist der Entschluß, den er faßt, *nothwendig*: haben diejenigen Empfindungen, welche diesen Entschluß bey jedem andern bekämpfen würden, wenig Macht über ihn, so kann ihm auch die Ausführung desselben so gar viel nicht kosten. Und dieß ist es, was wir nun untersuchen müssen.

Zu erst: Unter welchen Umständen schreitet er zu diesem Entschluß? – In der drangvollesten Lage, worin je ein Mensch sich befunden, wo Schrecken, Zweifel, Unwille über sich selbst, Schmerz und Verzweiflung zugleich seine Seele bestürmen. *Schrecken*; er sieht seinen Freund im Begriffe, derjenigen Person, die er als dessen fürchterlichste Feindin kennt, ein Geheimniß zu offenbaren, woran sein Leben hängt. *Zweifel*; er weiß nicht, ob dieses Geheimniß heraus ist oder nicht? Weiß es die Prinzessin, so muß er gegen sie als eine Mitwisserin verfahren; weiss sie es noch nicht, so kann ihn eine einzige Sylbe zum Verräther, zum Mörder seines Freundes machen. *Unwille über sich selbst*; Er allein hat durch seine unglückliche Zurückhaltung den Prinzen zu dieser Uebereilung hingerissen. *Schmerz und Verzweiflung*; er sieht seinen Freund verloren, er sieht in seinem Freund alle Hoffnungen verloren, die er auf denselben gegründet hat.

»Verlassen von dem Einzigen wirfst du
der Fürstin Eboli dich in die Arme –
Unglücklicher! in eines Teufels Arme,
denn *diese* wars, die dich verrieth – Ich sehe
dich dahin eilen. Eine schlimme Ahndung
fliegt durch mein Herz. Ich folge dir. Zu spät,
Du liegst zu ihren Füßen. Das Geständniß
floh über deine Lippen schon. Für dich
ist keine Rettung mehr – Da wird es Nacht vor meinen Sinnen!
Nichts! Nichts! Kein Ausweg! Keine Hülfe! Keine
im ganzen Umkreis der Natur! –«

In diesem Augenblicke nun, wo so verschiedene Gemüthsbewegungen in seiner Seele stürmen, soll er aus dem Stegreif ein Rettungsmittel für seinen Freund erdenken. Welches wird es seyn? Er hat den richtigen Gebrauch seiner Urtheilskraft verloren, und mit diesem den Faden der Dinge, den nur die ruhige Vernunft zu verfolgen im Stande ist. Er ist nicht mehr Meister seiner Gedankenreihe – er ist also in die Gewalt derjenigen Ideen gegeben, die das meiste Licht und die größte Geläufigkeit bey ihm erlangt haben.

Und von welcher Art sind nun diese? Wer entdeckt nicht in dem ganzen Zusammenhang seines Lebens, wie er es hier in dem Stücke vor unsern Augen lebt, daß seine ganze Phantasie von Bildern romantischer Größe angefüllt und durchdrungen ist, daß die Helden des Plutarch in seiner Seele leben, und daß sich also unter zwey Auswegen immer der *Heroische* zuerst und zunächst ihm darbieten muß? Zeigte uns nicht sein vorhergegangener Auftritt mit dem König, was und wie viel dieser Mensch für das, was ihm wahr, schön und vortreflich dünkt, zu wagen im Stande sey? – Was ist wiederum natürlicher, als daß der Unwille, den er in diesem Augenblick über sich selbst empfindet, ihn unter denjenigen Rettungsmitteln zuerst suchen läßt, die ihm etwas kosten; daß er es der Gerechtigkeit gewissermaßen schuldig zu seyn glaubt, die Rettung seines Freundes auf *seine* Unkosten zu bewirken, weil seine Unbesonnenheit es war, die jenen in diese Gefahr stürzte? Bringen Sie dabey in Betrachtung, daß er nicht genug eilen kann, sich aus diesem leidenden Zustand zu reißen, sich den freyen Genuß seines Wesens und die Herrschaft über seine Empfindungen wieder zu verschaffen. Ein Geist, wie dieser aber, werden Sie mir eingestehen, sucht *in* sich, nicht *außer* sich, Hülfe; und wenn der bloß *kluge* Mensch sein erstes hätte seyn lassen, die Lage, in der er sich befindet, von allen Seiten zu prüfen, bis er ihr endlich einen Vortheil abgewonnen: so ist es im Gegentheil ganz im Karakter des heldenmüthigen Schwärmers gegründet, sich diesen Weg zu verkürzen, sich durch irgend eine außerordentliche That, durch eine augenblickliche Erhöhung seines Wesens, bey sich selbst wieder in Achtung zu setzen. So wäre denn der Entschluß des Marquis gewissermaßen schon als ein heroisches Palliativ erklärbar, wodurch er sich einem augenblicklichen Gefühl von *Dumpfheit* und *Verzagung*, dem schrecklichsten Zustand für einen solchen Geist, zu entreißen sucht. Setzen Sie dann noch hinzu, daß schon seit seinem Knabenalter, schon von dem Tage an, da sich Karlos freywillig für ihn einer schmerzhaften Strafe darbot, das Verlangen, ihm diese großmüthige That zu erstatten, seine Seele beunruhigte, ihn gleich einer unbezahlten Schuld marterte, und das Gewicht der vorhergehenden Gründe in diesem Augenblick also nicht wenig verstärken muß. Daß ihm diese Erinnerung wirklich vorgeschwebt, beweist eine Stelle, wo sie ihm unwillkührlich entwischte. Karlos dringt darauf, daß er fliehen soll, ehe die Folgen seiner kecken That eintreffen. »War ich auch so gewissenhaft, Karlos, giebt er ihm zur Antwort, da du, ein Knabe, für mich geblutet hast?« Die Königin, von ihrem Schmerz hingerissen, beschuldigt ihn sogar, daß er diesen Entschluß längst schon mit sich herumgetragen –

> »Sie stürzen sich in diese That, die Sie
> erhaben nennen. Läugnen Sie nur nicht.
> Ich kenne Sie, Sie haben längst darnach
> gedürstet!«

Endlich will er ja den Marquis von Schwärmerey durchaus nicht frey gesprochen haben. Schwärmerey und Enthusiasmus berühren einander so nahe, ihre Unterscheidungslinie ist so fein, daß sie im Zustande leidenschaftlicher Erhitzung nur allzu leicht überschritten werden kann. Und der Marquis hat nur wenige Augenblicke zu dieser Wahl! Dieselbe Stellung des Gemüths, worin er die That beschließt, ist auch dieselbe, worin er den unwiderruflichen Schritt zu ihrer Ausführung thut. Es wird ihm nicht so gut, seinen Entschluß in einer andern Seelenlage noch einmal anzuschauen, ehe er ihn in Erfüllung bringt – wer weiß, ob er ihn dann nicht anders gefaßt hätte! Eine solche andere Seelenlage z. B. ist die, worin er von der Königin geht. O! ruft er aus, das Leben ist doch schön! – Aber diese Entdeckung macht er zu spät. Er hüllt sich in die Größe seiner That, um keine Reue darüber zu empfinden.

V.
SPIEL DES SCHICKSALS.

Ein Bruchstück
aus einer wahren Geschichte.

Aloysius von G*** war der Sohn eines Bürgerlichen von Stande in ***schen Diensten, und die Keime seines glücklichen Genies wurden durch eine liberale Erziehung frühzeitig entwickelt. Noch sehr jung, aber mit gründlichen Kenntnissen versehen, trat er in Militärdienste bey seinem Landesherrn, dem er als ein junger Mann von großen Verdiensten und noch größern Hoffnungen nicht lange verborgen blieb. G*** war in vollem Feuer der Jugend, der Fürst war es auch; G*** war rasch, unternehmend, der Fürst, der es auch war, liebte solche Karaktere. Durch eine reiche Ader von Witz und eine Fülle von Wissenschaft wußte G*** seinen Umgang zu beseelen, jeden Zirkel, in den er sich mischte, durch eine immer gleiche Jovialität aufzuheitern, und über alles, was sich ihm darbot, Reiz und Leben auszugießen; und der Fürst verstand sich darauf, Tugenden zu schätzen, die er in einem hohen Grade selbst besaß. Alles, was er unternahm, seine Spielereyen selbst, hatten einen Anstrich von Größe; Hindernisse schreckten ihn nicht, und kein Fehlschlag konnte seine Beharrlichkeit besiegen. Den Werth dieser Eigenschaften erhöhte eine empfehlende Gestalt, das volle Bild blühender Gesundheit und herkulischer Stärke, durch das beredte Spiel eines regen Geistes beseelt; im Blick, Gang und Wesen eine anerschaffene natürliche Majestät, durch eine edle Bescheidenheit gemildert. War der Prinz von dem Geiste seines jungen Gesellschafters bezaubert, so riß diese verführerische Außenseite seine Sinnlichkeit unwiderstehlich hin. Gleichheit des Alters, Harmonie der Neigungen und der Karaktere, stifteten in kurzem ein Verhältniß zwischen Beyden, das alle Stärke von der Freundschaft und von der leidenschaftlichen Liebe alles Feuer und alle Heftigkeit besaß. G*** flog von einer Beförderung zur andern: aber diese äußerlichen Zeichen schienen sehr weit hinter dem, was er dem Fürsten in der That war, zurück zu bleiben. Mit erstaunlicher Schnelligkeit blühte sein Glück empor, weil der Schöpfer desselben sein Anbeter, sein leidenschaftlicher Freund war. Noch nicht zwey und zwanzig Jahr alt, sah er sich auf einer Höhe, womit die Glücklichsten sonst ihre Laufbahn beschließen. Aber sein thätiger Geist konnte nicht lange im Schooß müßiger Eitelkeit rasten, noch sich mit dem schimmernden Gefolge einer Größe begnügen, zu deren gründlichem Gebrauch er sich Muth und Kräfte genug fühlte. Während daß der Fürst nach dem Ringe des Vergnügens flog, vergrub sich der junge Günstling unter Akten und Büchern, und widmete sich mit lasttragendem Fleiß den Geschäften, deren er sich endlich so geschickt und so vollkommen bemächtigte, daß jede Angelegenheit, die nur einigermaßen von Belange war, durch seine Hände ging. Aus einem Gespielen seiner Vergnügen wurde er bald erster Rath und Minister, und endlich Beherrscher seines Fürsten. Bald war kein Weg mehr zu diesem, als durch ihn. Er vergab alle Aemter und Würden; alle Belohnungen wurden aus seinen Händen empfangen.

G*** war in zu früher Jugend und mit zu raschen Schritten zu dieser Größe empor gestiegen, um ihrer mit Mäßigung zu genießen. Die Höhe, worauf er sich erblickte, machte seinen Ehrgeiz schwindeln; die Bescheidenheit verließ ihn, sobald das letzte Ziel seiner Wünsche erstiegen war. Die demuthsvolle Unterwürfigkeit, welche von den Ersten des Landes, von allen, die durch Geburt, Ansehen und Glücksgüter so weit über ihn erhoben waren, welche von Greisen selbst, ihm, einem Jünglinge, gezollt wurde, berauschte seinen Hochmuth, und die unumschränkte Gewalt, von der er Besitz genommen, machte bald eine gewisse *Härte* in seinem Wesen sichtbar, die von jeher als Karakterzug in ihm gelegen hatte und ihm auch durch alle Abwechselungen seines Glückes geblieben ist. Keine Dienstleistung war so mühevoll und groß, die ihm seine Freunde nicht zumuthen durften; aber seine Feinde mochten zittern: denn so sehr er auf der einen Seite sein Wohlwollen übertrieb, so wenig Maaß hielt et in seiner Rache. Er gebrauchte sein Ansehen weniger, sich selbst zu bereichern, als viele Glückliche zu machen, die ihm als dem Schöpfer ihres Wohlstandes huldigen sollten; aber Laune, nicht Gerechtigkeit, wählte die Subjekte. Durch ein hochfahrendes gebieterisches Wesen entfremdete er selbst die Herzen derjenigen von sich, die er am meisten verpflichtet hatte, indem er zugleich alle seine Nebenbuhler und heimlichen Neider in eben so viele unversöhnliche Feinde verwandelte.

Unter denen, welche jeden seiner Schritte mit Augen der Eifersucht und des Neides bewachten, und in der Stille schon die Werkzeuge zu seinem Untergange zurichteten, war ein Piemontesischer Graf, Joseph Martinengo, von der Suite des Fürsten, den G*** selbst als eine unschädliche und ihm ergebene Kreatur in diesen Posten eingeschoben hatte, um ihn bey den Vergnügungen seines Herrn den Platz ausfüllen zu lassen, dessen er selbst überdrüßig zu werden anfing, und den er lieber mit einer gründlichern Beschäftigung vertauschte. Da er diesen Menschen als ein Werk seiner Hände betrachtete, das er, so bald es ihm nur einfiele, in das Nichts wieder zurück werfen könnte, woraus er es gezogen: so hielt er sich desselben durch Furcht so wohl als durch Dankbarkeit versichert, und verfiel dadurch in eben den Fehler, den Richelieu begieng, da er Ludwig dem Dreyzehnten den jungen le Grand zum

Spielzeug überließ. Aber ohne diesen Fehler mit Richelieus Geiste verbessern zu können, hatte er es mit einem verschlageneren Feinde zu thun, als der Französische Minister zu bekämpfen gehabt hatte. Anstatt sich seines guten Glücks zu überheben, und seinen Wohlthäter fühlen zu lassen, daß man seiner nun entübrigt sey, war Martinengo vielmehr aufs sorgfältigste bemüht, den Schein dieser Abhängigkeit zu unterhalten, und sich mit verstellter Unterwürfigkeit immer mehr und mehr an den Schöpfer seines Glücks anzuschließen. Zu gleicher Zeit aber unterließ er nicht, die Gelegenheit, die sein Posten ihm verschafte, öfters um den Fürsten zu seyn, in ihrem ganzen Umfang zu benutzen, und sich diesem nach und nach nothwendig und unentbehrlich zu machen. In kurzer Zeit wußte er das Gemüth seines Herrn auswendig, alle Zugänge zu seinem Vertrauen hatte er ausgespäht, und sich unvermerkt in seine Gunst eingestohlen. Alle jene Künste, die ein edler Stolz und eine natürliche Erhabenheit der Seele den Minister verachten gelehrt hatte, wurden von dem Italiener in Anwendung gebracht, der zu Erreichung seines Zwecks auch das niedrigste Mittel nicht verschmähte. Da ihm sehr gut bewußt war, daß der Mensch nirgends mehr eines Führers und Gehülfen bedarf, als auf dem Wege des Lasters, und daß nichts zu kühneren Vertraulichkeiten berechtigt, als eine Mitwissenschaft geheimgehaltener Blößen: so weckte er Leidenschaften bey dem Prinzen, die bis jetzt noch in ihm geschlummert hatten, und dann drang er sich ihm selbst zum Vertrauten und Helfershelfer dabey auf. Er riß ihn zu solchen Ausschweifungen hin, die die wenigsten Zeugen und Mitwisser dulden; und dadurch gewöhnte er ihn unvermerkt, Geheimnisse bey ihm nieder zu legen, wovon jeder Dritte ausgeschlossen war. So gelang es ihm endlich, auf die Verschlimmerung des Fürsten seinen schändlichen Glücksplan zu gründen, und eben darum, weil das Geheimniß ein wesentliches

Mittel dazu war, so war das Herz des Fürsten sein, ehe sich G*** auch nur träumen ließ, daß er es mit einem andern theilte.

Man dürfte sich wundern, daß eine so wichtige Veränderung der Aufmerksamkeit des Letztern entgieng: aber G*** war seines eigenen Werthes zu gewiß, um sich einen Mann, wie Martinengo, als Nebenbuhler auch nur zu denken, und dieser, sich selbst zu gegenwärtig, zu sehr auf seiner Huth, um durch irgend eine Unbesonnenheit seinen Gegner aus dieser stolzen Sicherheit zu reißen. Was Tausende vor ihm auf dem glatten Grunde der Fürstengunst straucheln gemacht hat, brachte auch G*** zum Falle – zu große Zuversicht zu sich selbst. Die geheimen Vertraulichkeiten zwischen Martinengo und seinem Herrn beunruhigten ihn nicht. Gerne gönnte er einem Aufkömmling ein Glück, das er selbst im Herzen verachtete, und das nie das Ziel seiner Bestrebungen gewesen war. Nur weil sie allein ihm den Weg zu der höchsten Gewalt bahnen konnte, hatte die Freundschaft des Fürsten einen Reiz für ihn gehabt, und leichtsinnig ließ er die Leiter hinter sich fallen, so bald sie ihm auf die erwünschte Höhe geholfen hatte.

Martinengo war nicht der Mann, sich mit einer so untergeordneten Rolle zu begnügen. Mit jedem Schritte, den er in der Gunst seines Herrn vorwärts that, wurden seine Wünsche kühner, und sein Ehrgeiz fing an, nach einer gründlichern Befriedigung zu streben. Die künstliche Rolle von Unterwürfigkeit, die er bis jetzt noch immer gegen seinen Wohlthäter beybehalten hatte, wurde immer drückender für ihn, jemehr das Wachsthum seines Ansehens seinen Hochmuth weckte. Da das Betragen des Ministers gegen ihn sich nicht nach den schnellen Fortschritten verfeinerte, die er in der Gunst des Fürsten machte, im Gegentheil oft sichtbar genug darauf eingerichtet schien, seinen aufsteigenden Stolz durch eine heilsame Rückerinnerung an seinen Ursprung nieder zu schlagen: so wurde ihm dieses gezwungene und widersprechende Verhältniß endlich so lästig, daß er einen ernstlichen Plan entwarf, es durch den Untergang seines Nebenbuhlers auf einmal zu endigen. Unter dem undurchdringlichsten Schleyer der Verstellung brütete er diesen Plan zur Reife. Noch durfte er es nicht wagen, sich mit seinem Nebenbuhler in offenbarem Kampfe zu messen; denn obgleich die erste Blüthe von G***s Favoritschaft dahin war, so hatte sie doch zu frühzeitig angefangen, und zu tiefe Wurzeln im Gemüthe des jungen Fürsten geschlagen, um so schnell daraus verdrängt zu werden. Der kleinste Umstand konnte sie in ihrer ersten Stärke zurück bringen; darum begriff Martinengo wohl, daß der Streich, den er ihm beybringen wollte, ein tödtlicher Streich seyn müsse. Was G*** an des Fürsten *Liebe* vielleicht verloren haben mochte, hatte er an seiner *Ehrfurcht* gewonnen; jemehr sich Letzterer den Regierungsgeschäften entzog, desto weniger konnte er des Mannes entrathen, der, selbst auf Unkosten des Landes, mit der gewissenhaftesten Ergebenheit und Treue seinen Nutzen besorgte – und so theuer er ihm ehedem als Freund gewesen war, so wichtig war er ihm jetzt als Minister.

Was für Mittel es eigentlich gewesen, wodurch der Italiener zu seinem Zwecke gelangte, ist ein Geheimniß zwischen den Wenigen geblieben, die der Schlag traf, und die ihn führten. Man muthmaßt, daß er dem Fürsten die Originalien einer heimlichen und sehr verdächtigen Correspondenz vorgelegt, welche G*** mit einem benachbarten Hofe soll unterhalten haben; ob ächt oder unterschoben, darüber sind die Meinungen getheilt. Wie dem aber auch gewesen seyn möge, so erreichte er seine Absicht in einem fürchterlichen Grade. G*** erschien in den Augen des Fürsten als der undankbarste und schwärzeste Verräther, dessen Verbrechen so außer allen Zweifel gesetzt war, daß man ohne fernere Untersuchung sogleich gegen ihn verfahren zu dürfen glaubte. Das Ganze wurde unter dem tiefsten Geheimniß zwischen Martinengo und seinem Herrn verhandelt, daß G*** auch nicht einmal von ferne das Gewitter merkte, das über seinem Haupte sich zusammen zog. In dieser verderblichen Sicherheit verharrte er bis zu dem schrecklichen Augenblick, wo er von einem Gegenstande der allgemeinen Anbetung und des Neides zu einem Gegenstande der höchsten Erbarmung herunter sinken sollte.

Als dieser entscheidende Tag erschienen war, besuchte G*** nach seiner Gewohnheit die Wachparade. Vom Fähnrich war er in einem Zeitraum von wenigen Jahren bis zum Rang eines Obristen hinaufgerückt; und auch dieser Posten war nur ein bescheidener Name für die Ministerwürde, die er in der That bekleidete, und die ihn über die ersten im Lande hinaussetzte. Die Wachparade war der gewöhnliche Ort, wo sein Stolz die allgemeine Huldigung einnahm, wo er in einer kurzen Stunde einer Größe und Herrlichkeit genoß, für die er den ganzen Tag über Lasten getragen hatte. Die ersten vom Range nahten sich ihm hier nicht anders als mit ehrerbietiger Schüchternheit, und die sich seiner Wohlgewogenheit nicht ganz sicher wußten, mit Zittern. Der Fürst selbst, wenn er sich je zuweilen hier einfand, sahe sich neben seinem Vezier vernachläßigt, weil es weit gefährlicher war, diesem letztern zu mißfallen, als es Nutzen brachte, Jenen zum Freunde zu haben. Und eben dieser Ort, wo er sich sonst als einem Gott hatte huldigen lassen, war jetzt zu dem schrecklichen Schauplatz seiner Erniedrigung erkohren.

Sorglos trat er in den wohlbekannten Zirkel, der sich, eben so unwissend über das, was kommen sollte, als er selbst, heute wie immer ehrerbietig vor ihm aufthat, seine Befehle erwartend. Nicht lange, so erschien, in Begleitung einiger Adjutanten, Martinengo, nicht mehr der geschmeidige, tiefgebückte, lächelnde Höfling – frech und bauernstolz, wie ein zum Herrn gewordener Lakai, mit trotzigem festem Tritte schreitet er ihm entgegen, und mit bedecktem Haupte steht er vor ihm still, im Namen des Fürsten seinen Degen fordernd. Man reicht ihm diesen mit einem Blicke schweigender Bestürzung, er stemmt die entblößte Klinge gegen den Boden, sprengt sie durch einen Fußtritt entzwey und läßt die Splitter zu G***s Füßen fallen. Auf dieses gegebene Signal fallen beyde Adjutanten über ihn her, der Eine beschäftigt, ihm das Ordenkreuz von der Brust zu schneiden; der andre, beyde Achselbänder nebst den Aufschlägen der Uniform abzulösen, und Kordon und Federbusch von dem Hute zu reißen. Während dieser ganzen schrecklichen Operation, die mit unglaublicher Schnelligkeit von statten geht, hört man von mehr als fünfhundert Menschen, die dicht umher stehen, nicht einen einzigen Laut, nicht einen einzigen Athemzug in der ganzen Versammlung. Mit bleichen Gesichtern, mit klopfendem Herzen, und in todtenähnlicher Erstarrung steht die erschrockne Menge im Kreis um ihn herum, der in dieser sonderbaren Ausstaffirung – ein seltsamer Anblick von Lächerlichkeit und Entsetzen! – einen Augenblick durchlebt, den man ihm nur auf dem Hochgericht nachempfindet. Tausend andre an seinem Platze würde die Gewalt des ersten Schreckens sinnlos zu Boden gestreckt haben; sein robuster Nervenbau und seine starke Seele dauerten diesen fürchterlichen Zustand aus, und ließen ihn alles Gräßliche desselben erschöpfen.

Kaum ist diese Operation geendiget, so führt man ihn durch die Reihen zahlloser Zuschauer, bis ans äußerste Ende des Paradeplatzes, wo ein bedeckter Wagen ihn erwartet. Ein stummer Wink befiehlt ihm, in denselben zu steigen; eine Escorte von Husaren begleitet ihn. Das Gerücht dieses Vorgangs hat sich unterdessen durch die ganze Residenz verbreitet, alle Fenster öffnen sich, alle Straßen sind von Neugierigen erfüllt, die schreiend dem Zuge folgen, und unter abwechselnden Ausrufungen des Hohnes, der Schadenfreude, und einer noch weit kränkendern Bedauerniß, seinen Namen wiederholen. Endlich sieht er sich im Freien, aber ein neuer Schrecken wartet hier auf ihn. Seitab von der Heerstraße lenkt der Wagen, einen wenig befahrnen menschenleeren Weg – den Weg nach dem Hochgerichte, gegen welches man ihn, auf einen ausdrücklichen Befehl des Fürsten, langsam heranfährt. Hier, nachdem man ihm alle Qualen der Todesangst zu empfinden gegeben, lenkt man wieder nach einer Straße ein, die von Menschen besucht wird. In der sengenden Sonnenhitze ohne Labung, ohne menschlichen Zuspruch, bringt er sieben schreckliche Stunden in diesem Wagen zu, der endlich mit Sonnenuntergang an dem Ort seiner Bestimmung, der Vestung –, stille hält. Des Bewußtseyns beraubt, in einem mittlern Zustand zwischen Leben und Tod (ein zwölfstündiges Fasten und der brennende Durst hatten endlich seine Riesennatur überwältigt) zieht man ihn aus dem Wagen – und in einer scheuslichen Grube unter der Erde wacht er wieder auf. Das erste, was sich, als er die Augen zum neuen Leben wieder aufschlägt, ihm darbietet, ist eine grauenvolle Kerkerwand, durch einige Mondesstrahlen matt erleuchtet, die in einer Höhe von neunzehn Klaftern durch schmale Ritzen auf ihn herunter fallen. – An seiner Seite findet er ein dürftiges Brod nebst einem Wasserkrug, und daneben eine Schütte Stroh zu seinem Lager. In diesem Zustand verharrt er bis zum folgenden Mittag, wo endlich in der Mitte des Thurmes ein Laden sich aufthut und zwey Hände sichtbar werden, von welchen in einem hängenden Korbe dieselbe Kost, die er gestern hier gefunden, herunter gelassen wird. Jetzt, seit diesem ganzen fürchterlichen Glückswechsel zum erstenmale, entrissen ihm Schmerz und Sehnsucht einige Fragen, wie er hieher komme? und was er verbrochen habe? Aber keine Antwort von oben:

die Hände verschwinden, und der Laden geht wieder zu. Ohne das Gesicht eines Menschen zu sehen, ohne auch nur eines Menschen Stimme zu hören, ohne irgend einen Aufschluß über dieses entsetzliche Schicksal, über Künftiges und Vergangenes in gleich fürchterlichen Zweifeln, von keinem warmen Lichtstrahl erquickt, von keinem gesunden Lüftgen erfrischt, aller Hülfe unerreichbar und vom allgemeinen Mitleid vergessen, zählt er in diesem Ort der Verdammniß vierhundert und neunzig gräßliche Tage an den kümmerlichen Broden ab, die ihm von einer Mittagsstunde zur andern in trauriger Einförmigkeit hinuntergereicht werden. Aber eine Entdeckung, die er schon in den ersten Tagen seines Hierseyns macht, vollendet das Maas seines Elends. Er kennt diesen Ort – Er selbst war es, der ihn, von einer niedrigen Rachgier getrieben, wenige Monate vorher neu erbaute, um einen verdienten Offizier darin verschmachten zu lassen, der das Unglück gehabt hatte, seinen Unwillen auf sich zu laden. Mit erfinderischer Grausamkeit hatte er selbst die Mittel angegeben, den Aufenthalt in diesem Kerker grauenvoller zu machen. Er hatte vor nicht gar langer Zeit in eigner Person eine Reise hieher gethan, den Bau in Augenschein zu nehmen, und die Vollendung desselben zu beschleunigen. Um seine Marter aufs äußerste zu treiben, muß es sich fügen, daß derselbe Offizier, für den dieser Kerker zugerichtet worden, ein alter würdiger Oberster, dem eben verstorbenen Kommandanten der Vestung im Amte nachfolgt, und aus einem Schlachtopfer seiner Rache der Herr seines Schicksals wird. So floh ihn auch der letzte traurige Trost, sich selbst zu bemitleiden, und das Schicksal, so hart es ihn auch behandelte, einer Ungerechtigkeit zu zeihen. Zu dem sinnlichen Gefühl seines Elends gesellte sich noch eine wüthende Selbstverachtung, und der Schmerz, der für stolze Herzen der bitterste ist, von der Großmuth eines Feindes abzuhängen, dem *Er* keine gezeigt hatte.

Aber dieser rechtschaffene Mann war für eine niedre Rache zu edel. Unendlich viel kostete seinem menschenfreundlichen Herzen die Strenge, die seine Instruction ihm gegen den Gefangenen auflegte, aber, als ein alter Soldat gewöhnt, den Buchstaben seiner Ordre mit blinder Treue zu befolgen, konnte er weiter nichts als ihn bedauern. Einen thätigeren Helfer fand der Unglückliche an dem Garnisonprediger der Vestung, der von dem Elend des gefangenen Mannes gerührt, wovon er nur spät, und nur durch dunkle unzusammenhängende Gerüchte, Wissenschaft bekam, sogleich den festen Entschluß faßte, etwas zu seiner Erleichterung zu thun. Dieser achtungswürdige Geistliche, dessen Namen ich ungern unterdrücke, glaubte seinem Hirtenberufe nicht besser nachkommen zu können, als wenn er ihn jetzt zum Besten eines unglücklichen Mannes geltend machte, dem auf keinem andern Wege mehr zu helfen war.

Da er von dem Kommandanten der Vestung nicht erhalten konnte, zu dem Gefangenen gelassen zu werden, so machte er sich in eigner Person auf den Weg nach der Hauptstadt, sein Gesuch dort unmittelbar bey dem Fürsten zu betreiben. Er that einen Fußfall vor demselben und flehte seine Erbarmung für den unglücklichen Menschen an, der ohne die Wohlthaten des Christenthums, von denen auch das ungeheuerste Verbrechen nicht ausschließen könne, hülflos verschmachte, und der Verzweiflung vielleicht nahe sey. Mit aller Unerschrokkenheit und Würde, die das Bewußtseyn erfüllter Pflicht verleiht, forderte er einen freyen Zutritt zu dem Gefangenen, der ihm als Beichtkind angehöre, und für dessen Seele er dem Himmel verantwortlich sey. Die gute Sache, für die er sprach, machte ihn beredt, und den ersten Unwillen des Fürsten hatte die Zeit schon in etwas gebrochen. Er bewilligte ihm seine Bitte, den Gefangenen mit einem geistlichen Besuch erfreuen zu dürfen.

Das erste Menschenantliz, das der unglückliche G*** nach einem Zeitraum von sechszehn Monaten erblickte, war das Gesicht seines Helfers. Den einzigen Freund, der ihm in der Welt lebte, dankte er seinem Elend; sein Wohlstand hatte ihm keinen erworben. Der Besuch des Predigers war für ihn eine Engels Erscheinung. Ich beschreibe seine Empfindungen nicht. Aber von diesem Tage an flossen seine Thränen gelinder, weil er sich von einem menschlichen Wesen beweinet sah.

Entsetzen hatte den Geistlichen ergriffen, da er in die Mordgrube hineintrat. Seine Augen suchten einen Menschen – und ein Grauen erweckendes Scheusal kroch aus einem Winkel ihm entgegen, der mehr dem Lager eines wilden Thieres als dem Wohnort eines menschlichen Geschöpfes glich. Ein blasses todtenähnliches Gerippe, alle Farbe des Lebens aus einem Angesicht verschwunden, in welches Gram und Verzweiflung tiefe Furchen gerissen hatten, Bart und Nägel durch eine so lange Vernachläßigung bis zum Scheußlichen gewachsen, vom langen Gebrauche die Kleidung halb vermodert, und aus gänzlichem Mangel der Reinigung die Luft um ihn verpestet – so fand er diesen Liebling des Glücks, und diesem allem hatte seine eiserne Gesundheit widerstanden! Von diesem Anblick noch außer sich gesetzt, eilte der Prediger auf der Stelle zu dem Gouverneur, um auch noch die zweyte Wohlthat für den armen Unglücklichen auszuwirken, ohne welche die erste für keine zu rechnen war.

Da sich dieser abermals mit dem ausdrücklichen Buchstaben seiner Instruction entschuldigt, entschließt er sich großmüthig zu einer zweyten Reise nach der Residenz, die Gnade des Fürsten noch einmal in Anspruch zu nehmen. Er erklärt, daß er sich, ohne die Würde des Sakraments zu verletzen, nimmermehr entschließen könne, irgend eine heilige Handlung mit seinem Gefangenen vorzunehmen, wenn ihm nicht zuvor die Aehnlichkeit mit Menschen zurückgegeben würde. Auch dieses wird bewilligt, und erst von diesem Tage an lebte der Gefangene wieder.

Noch viele Jahre brachte G*** auf dieser Vestung zu, aber in einem weit leidlicheren Zustand, nachdem der kurze Sommer des neuen Günstlings verblüht war, und andre an seinem Posten wechselten, welche menschlicher dachten, oder doch keine Rache an ihm zu sättigen hatten. Endlich nach einer zehnjährigen Gefangenschaft erschien ihm der Tag der Erlösung – aber keine gerichtliche Untersuchung, keine förmliche Lossprechung. Er empfing seine Freyheit als ein Geschenk aus den Händen der Gnade; zugleich ward ihm auferlegt, das Land auf ewig zu räumen.

Hier verlassen mich die Nachrichten, die ich, bloß aus mündlichen Ueberlieferungen, über seine Geschichte habe sammeln können; und ich sehe mich gezwungen, über einen Zeitraum von zwanzig Jahren hinweg zu schreiten. Während desselben fieng G*** in fremden Kriegsdiensten von neuem seine Laufbahn an, die ihn endlich auch dort auf eben den glänzenden Gipfel führte, wovon er in seinem Vaterlande so schrecklich herunter gestürzt war. Die Zeit endlich, die Freundin der Unglücklichen, die eine langsame aber unausbleibliche Gerechtigkeit übet, nahm endlich auch diesen Rechtshandel über sich. Die Jahre der Leidenschaften waren bey dem Fürsten vorüber, und die Menschheit fing allgemach an, einen Werth bey ihm zu erlangen, wie seine Haare sich bleichten. Noch am Grabe erwachte in ihm eine Sehnsucht nach dem Lieblinge seiner Jugend. Um wo möglich dem Greis die Kränkungen zu vergüten, die er auf den Mann gehäuft hatte, lud er den Vertriebenen freundlich in seine Heimat zurück, nach welcher auch in G***s Herzen schon längst eine stille Sehnsucht zurückgekehrt war. Rührend war dieses Wiedersehen, warm und täuschend der Empfang, als hätte man sich gestern erst getrennet. Der Fürst ruhte mit einem nachdenkenden

Blick auf dem Gesichte, das ihm so wohl bekannt und doch wieder so fremd war; es war als zählte er die Furchen, die er selbst darein gegraben hatte. Forschend suchte er in des Greisen Gesicht die geliebten Züge des Jünglings wieder zusammen, aber was er suchte, fand er nicht mehr. Man zwang sich zu einer frostigen Vertraulichkeit. – Beyder Herzen hatten Schaam und Furcht auf immer und ewig getrennt. Ein Anblick, der ihm seine schwere Uebereilung wieder in seine Seele rief, konnte dem Fürsten nicht wohl thun; G*** konnte den Urheber seines Unglücks nicht mehr lieben. Doch getröstet und ruhig sah er in die Vergangenheit, wie man sich eines überstandenen schweren Traumes erfreuet.

Nicht lange, so erblickte man G*** wieder im vollkommensten Besitz aller seiner vorigen Würden, und der Fürst bezwang seine innere Abneigung, um ihm für das Vergangene einen glänzenden Ersatz zu geben. Aber konnte er ihm auch das Herz dazu wiedergeben, das er auf immer für den Genuß des Lebens verstümmelte? Konnte er ihm die Jahre der Hoffnungen wieder geben? oder für den abgelebten Greis ein Glück erdenken, das auch nur von weitem den Raub ersetzte, den er an dem Manne begangen hatte?

Noch 19 Jahre genoß G*** diesen heitern Abend seines Lebens. Nicht Schicksale, nicht die Jahre hatten das Feuer der Leidenschaft bey ihm aufzehren, noch die Jovialität seines Geistes ganz bewölken können. Noch in seinem siebenzigsten Jahre haschte er nach dem Schatten eines Guts, das er im zwanzigsten wirklich besessen hatte. Er starb endlich – als Befehlshaber von der Vestung ***, wo Staatsgefangene aufbewahrt wurden. Man wird erwarten, daß er gegen diese eine Menschlichkeit geübt, deren Werth er an sich selbst hatte schätzen lernen müssen. Aber er behandelte sie hart und launisch, und eine Aufwallung des Zorns gegen einen derselben streckte ihn auf den Sarg in seinem achtzigsten Jahre.

IV.

DER VERBRECHER AUS VERLORENER EHRE.

Eine wahre Geschichte.

In der ganzen Geschichte des Menschen ist kein Kapitel unterrichtender für Herz und Geist, als die Annalen seiner Verirrungen. Bey jedem großen Verbrechen war eine verhältnismäßig große Kraft in Bewegung. Wenn sich das geheime Spiel der Begehrungskraft bey dem matteren Licht gewöhnlicher Affekte versteckt, so wird es im Zustand gewaltsamer Leidenschaft desto hervorspringender, kolossalischer, lauter; der feinere Menschenforscher, welcher weiß, wie viel man auf die Mechanik der gewöhnlichen Willensfreyheit eigentlich rechnen darf, und wie weit es erlaubt ist, analogisch zu schließen, wird manche Erfahrung aus diesem Gebiete in seine Seelenlehre herübertragen, und für das sittliche Leben verarbeiten.

Es ist etwas so einförmiges, und doch wieder so zusammengesetztes, das menschliche Herz. Eine und eben dieselbe Fertigkeit oder Begierde kann in tausenderley Formen und Richtungen spielen, kann tausend widersprechende Phänomene bewirken, kann in tausend Karakteren anders gemischt erscheinen, und tausend ungleiche Karaktere und Handlungen können wieder aus einerley Neigung gesponnen seyn, wenn auch der Mensch, von welchem die Rede ist, nichts weniger denn eine solche Verwandtschaft ahndet. Stünde einmal, wie für die übrigen Reiche der Natur, auch für das Menschengeschlecht, ein Linnäus auf, welcher nach Trieben und Neigungen klassifizirte, wie sehr würde man erstaunen, wenn man so manchen, dessen Laster in einer engen bürgerlichen

Sphäre, und in der schmalen Umzäunung der Gesetze jetzt ersticken muß, mit dem Ungeheuer Borgia in einer Ordnung beysammen fände.

Von dieser Seite betrachtet, läßt sich manches gegen die gewöhnliche Behandlung der Geschichte einwenden, und hier, vermuthe ich, liegt auch die Schwierigkeit, warum das Studium derselben für das bürgerliche Leben noch immer so fruchtlos geblieben. Zwischen der heftigen Gemüthsbewegung des handelnden Menschen, und der ruhigen Stimmung des Lesers, welchem diese Handlung vorgelegt wird, herrscht ein so widriger Kontrast, liegt ein so breiter Zwischenraum, daß es dem letztern schwer, ja unmöglich wird, einen Zusammenhang nur zu ahnden. Es bleibt eine Lücke zwischen dem historischen Subjekt und dem Leser, die alle Möglichkeit einer Vergleichung oder Anwendung abschneidet, und statt jenes heilsamen Schreckens, der die stolze Gesundheit warnet, ein Kopfschütteln der Befremdung erweckt. Wir sehen den Unglücklichen, der doch in eben der Stunde, wo er die That beging, so wie in der, wo er dafür büßet, Mensch war wie wir, für ein Geschöpf fremder Gattung an, dessen Blut anders umläuft, als das unsrige, dessen Wille andern Regeln gehorcht, als der unsrige; seine Schicksale rühren uns wenig, denn Rührung gründet sich ja nur auf ein dunkles Bewußtseyn ähnlicher Gefahr, und wir sind weit entfernt, eine solche Aehnlichkeit auch nur zu träumen. Die Belehrung geht mit der Beziehung verloren, und die Geschichte, anstatt eine Schule der Bildung zu seyn, muß sich mit einem armseligen Verdienste um unsre Neugier begnügen. Soll sie uns mehr seyn und ihren großen Endzweck erreichen, so muß sie nothwendig unter diesen beyden Methoden wählen – Entweder der Leser muß warm werden wie der Held, oder der Held wie der Leser erkalten.

Ich weiß, daß von den besten Geschichtschreibern neuerer Zeit und des Alterthums manche sich an die erste Methode gehalten, und das Herz ihres Lesers durch hinreissenden Vortrag bestochen haben. Aber diese Manier ist eine Usurpation des Schriftstellers und beleidigt die republikanische Freyheit des lesenden Publikums, dem es zukömmt, selbst zu Gericht zu sitzen; sie ist zugleich eine Verletzung der Gränzengerechtigkeit, denn diese Methode gehört ausschließend und eigenthümlich dem Redner und Dichter. Dem Geschichtschreiber bleibt nur die letztere übrig.

Der Held muß kalt werden wie der Leser, oder, was hier eben so viel sagt, wir müssen mit ihm bekannt werden, eh' er handelt, wir müssen ihn seine Handlung nicht bloß vollbringen, sondern auch wollen sehen. An seinen Gedanken liegt uns unendlich mehr, als an seinen Thaten, und noch weit mehr an den Quellen seiner Gedanken, als an den Folgen jener Thaten. Man hat das Erdreich des Vesuvs untersucht, sich die Entstehung seines Brandes zu erklären, warum schenkt man einer moralischen Erscheinung weniger Aufmerksamkeit als einer physischen? Warum achtet man nicht in eben dem Grade auf die Beschaffenheit und Stellung der Dinge, welche einen solchen Menschen umgaben, bis der gesammelte Zunder in seinem inwendigen Feuer fing? Den Träumer, der das wunderbare liebt, reizt eben das seltsame und abentheuerliche einer solchen Erscheinung; der Freund der Wahrheit sucht eine Mutter zu diesen verlorenen Kindern. Er sucht sie in der unveränderlichen Struktur der menschlichen Seele, und in den veränderlichen Bedingungen, welche sie von außen bestimmten, und in diesen beyden findet er sie gewiß. Ihn überrascht es nun nicht mehr, in dem nämlichen Beete, wo sonst überall heilsame Kräuter blühen, auch den giftigen Schierling gedeihen zu sehen, Weisheit und Thorheit, Laster und Tugend in *einer* Wiege beysammen zu finden.

Wenn ich auch keinen der Vortheile hier in Anschlag bringe, welche die Seelenkunde aus einer solchen Behandlungsart der Geschichte zieht, so behält sie schon allein darum den Vorzug, weil sie den grausamen Hohn und die stolze Sicherheit ausrottet, womit gemeiniglich die ungeprüfte aufrechtstehende Tugend auf die gefallne herunterblickt, weil sie den sanften Geist der Duldung verbreitet, ohne welchen kein Flüchtling zurückkehrt, keine Aussöhnung des Gesetzes mit seinem Beleidiger statt findet, kein angestecktes Glied der Gesellschaft von dem gänzlichen Brande gerettet wird.

Ob der Verbrecher, von dem ich jetzt sprechen werde, aber noch ein Recht gehabt hätte, an jenen Geist der Duldung zu appelliren? ob er wirklich ohne Rettung für den Körper des Staats verloren war? – Ich will dem Ausspruch des Lesers nicht vorgreifen. Unsre Gelindigkeit fruchtet ihm nichts mehr, den er starb durch des Henkers Hand – aber die Leichenöffnung seines Lasters unterrichtet vielleicht die Menschheit, und – es ist möglich, auch die Gerechtigkeit.

Christian Wolf war der Sohn eines Gastwirths in einer ...schen Landstadt (deren Nahmen man, aus Gründen, die sich in der Folge aufklären, verschweigen muß) und half seiner Mutter, denn der Vater war todt, bis in sein zwanzigstes Jahr die Wirthschaft besorgen. Die Wirthschaft war schlecht, und Wolf hatte müßige Stunden. Schon von der Schule her war er für einen losen Buben bekannt. Erwachsene Mädchen führten Klagen über seine Frechheit, und die Jungen des Städtchens huldigten seinem erfinderischen Kopfe. Die Natur hatte seinen Körper verabsäumt. Eine kleine unscheinbare Figur, krauses Haar von einer unangenehmen Schwärze, eine plattgedrückte Nase und eine geschwollene Oberlippe, welche noch überdies durch den Schlag eines Pferdes aus ihrer Richtung gewichen war, gaben seinem Anblick ein Widrigkeit, welche alle Weiber von ihm zurückscheuchte, und dem Witz seiner Kameraden eine reichliche Nahrung darbot.

Er wollte ertrotzen, was ihm verweigert war; weil er mißfiel, setzte er sich vor, zu gefallen. Er war sinnlich, und beredete sich, daß er liebe. Das Mädchen, das er wählte, mißhandelte ihn, er hatte Ursache zu fürchten, daß seine Nebenbuhler glücklicher wären; doch das Mädchen war arm. Ein Herz, das seinen Betheuerungen verschlossen blieb, öffnete sich vielleicht seinen Geschenken, aber ihn selbst drückte Mangel, und der eitle Versuch, seine Außenseite geltend zu machen, verschlang noch das wenige, was er durch eine schlechte Wirthschaft erwarb. Zu bequem und zu unwissend, seinem zerrütteten Hauswesen durch Spekulation aufzuhelfen, zu stolz, auch zu weichlich, den Herrn, der er bisher gewesen war, mit dem Bauer zu vertauschen, und seiner angebeteten Freyheit zu entsagen, sah er nur einen Ausweg vor sich – den Tausende vor ihm und nach ihm mit besserem Glücke ergriffen haben – den Ausweg, honett zu stehlen. Seine Vaterstadt gränzte an eine landesherrliche Waldung, er wurde Wilddieb, und der Ertrag seines Raubes wanderte treulich in die Hände seiner Geliebten.

Unter den Liebhabern Hannchens war Robert, ein Jägerpursche des Försters. Frühzeitig merkte dieser den Vortheil, den die Freygebigkeit seines Nebenbuhlers über ihn gewonnen hatte, und mit Scheelsucht forschte er nach den Quellen dieser Veränderung. Er zeigte sich fleißiger in der Sonne – dieß war das Schild zu dem Wirthshaus – sein lauerndes Auge von Eifersucht und Neide geschärft, entdeckte ihm bald, woher dieses Geld floß. Nicht lange vorher war ein strenges Edikt gegen die Wildschützen erneuert worden, welches den Uebertreter zum Zuchthaus verdammte. Robert war unermüdet, die geheimen Gänge seines Feindes zu beschleichen, endlich gelang es ihm auch, den Unbesonnenen über der That zu ergreifen. Wolf wurde eingezogen, und nur mit Aufopferung seines ganzen kleinen Vermögens brachte er es mühsam dahin, die zuerkannte Strafe durch eine Geldbuße abzuwenden.

Robert triumphirte. Sein Nebenbuhler war aus dem Felde geschlagen, und Hannchens Gunst für den Bettler verloren. Wolf kannte seinen Feind, und dieser Feind war der glückliche Besitzer seiner Johanne. Drückendes Gefühl des Mangels gesellte sich zu beleidigtem Stolze, Noth und Eifersucht stürmen vereinigt auf seine Empfindlichkeit ein, der Hunger treibt ihn hinaus in die weite Welt, Rache und Leidenschaft halten ihn fest. Er wird zum zweytenmal Wilddieb, aber Roberts verdoppelte Wachsamkeit überlistet ihn zum zweytenmal wieder. Jetzt erfährt er die ganze Schärfe des Gesetzes: denn er hat nichts mehr zu geben, und in wenigen Wochen wird er in das Zuchthaus der Residenz abgeliefert.

Das Strafjahr war überstanden, seine Leidenschaft durch die Entfernung gewachsen, und sein Trotz unter dem Gewicht des Unglücks gestiegen. Kaum erlangt er die Freyheit, so eilt er nach seinem Geburtsort, sich seiner Johanne zu zeigen. Er erscheint: man flieht ihn. Die dringende Noth hat endlich seinen Hochmuth gebeugt, und seine Weichlichkeit überwunden – er bietet sich den Reichen des Orts an, und will für den Taglohn dienen. Der Bauer zuckt über den schwachen Zärtling die Achsel; der derbe Knochenbau seines handvesten Mitbewerbers sticht ihn bey diesem fühllosen Gönner aus. Er wagt einen letzten Versuch. Ein Amt ist noch ledig, der äußerste verlorne Posten des ehrlichen Nahmens – er meldet sich zum Hirten des Städtchens, aber der Bauer will seine Schweine keinem Taugenichts anvertrauen. In allen Entwürfen getäuscht, an allen Orten zurückgewiesen, wird er zum drittenmal Wilddieb, und zum drittenmal trift ihn das Unglück, seinem wachsamen Feind in die Hände zu fallen.

Der doppelte Rückfall hatte seine Verschuldung erschwert. Die Richter sahen in das Buch der Gesetze, aber nicht einer in die Gemüthsfassung des Beklagten. Das Mandat gegen die Wilddiebe bedurfte einer solennen und exemplarischen Genugthuung und Wolf wurde verurtheilt, das Zeichen des Galgens auf den Rücken gebrannt, drey Jahre auf der Vestung zu arbeiten.

Auch diese Periode verlief, und er ging von der Vestung – aber ganz anders, als er dahin gekommen war. Hier fängt eine neue Epoche in seinem Leben an; man höre ihn selbst, wie er nachher gegen seinen geistlichen Beystand, und vor Gerichte bekannt hat. »Ich betrat die Vestung«, sagte er, »als ein Verirrter, und verließ sie als ein Lotterbube. Ich hatte noch etwas in der Welt gehabt, das mir theuer war, und mein Stolz krümmte sich unter der Schande. Wie ich auf die Vestung gebracht war, sperrte man mich zu drey und zwanzig Gefangenen ein, unter denen zwey Mörder, und die übrigen alle berüchtige Diebe und Vagabunden waren. Man verhöhnte mich, wenn ich von Gott sprach, und sezte mir zu, schändliche Lästerungen gegen den Erlöser zu sagen. Man sang mir Hurenlieder vor, die ich, ein lüderlicher Bube, nicht ohne Ekel und Entsetzen hörte, aber was ich ausüben sah, empörte meine Schamhaftigkeit noch mehr. Kein Tag verging, wo nicht irgend ein schändlicher Lebenslauf wiederholt, irgend ein schlimmer Anschlag geschmiedet ward. Anfangs floh ich dieses Volk, und verkroch mich vor ihren Gesprächen, so gut mirs möglich war, aber ich brauchte ein Geschöpf, und die Barbarey meiner Wächter hatte mir auch meinen Hund abgeschlagen. Die Arbeit war hart und tyrannisch, mein Körper kränklich, ich brauchte Beystand, und wenn ichs aufrichtig sagen soll, ich brauchte Bedaurung, und diese mußte ich mit dem letzten Ueberrest meines Gewissens erkaufen. So gewöhnte ich mich endlich an das abscheulichste, und im letzten Vierteljahr hatte ich meine Lehrmeister übertroffen.

Von jetzt an lechzte ich nach dem Tag meiner Freyheit, wie ich nach Rache lechzte. Alle Menschen hatten mich beleidigt, denn alle waren besser und glücklicher, als ich. Ich betrachtete mich als den Märtirer des natürlichen Rechts, und als ein Schlachtopfer der Gesetze. Zähneknirschend rieb ich meine Ketten, wenn die Sonne hinter meinem Vestungsberg heraufkam; eine weite Aussicht ist zwiefache Hölle für einen Gefangenen. Der freye Zugwind, der durch die Luftlöcher meines Thurmes pfeifte, und die Schwalbe, die sich auf dem eisernen Stab meines Gitters niederließ, schienen mich mit ihrer Freyheit zu necken, und machten mir meine Gefangenschaft desto gräßlicher. Damals gelobte ich unversöhnlichen glühenden Haß allem was dem Menschen gleicht, und was ich gelobte, hab ich redlich gehalten.

Mein erster Gedanke, sobald ich mich frey sah, war meine Vaterstadt. So wenig auch für meinen künftigen Unterhalt da zu hoffen war, so viel versprach sich mein Hunger nach Rache. Mein Herz klopfte wilder, als der Kirchthum von weitem aus dem Gehölze stieg. Es war nicht mehr das herzliche Wohlbehagen, wie ichs bey meiner ersten Wallfahrt empfunden hatte. – Das Andenken alles Ungemachs, aller Verfolgungen, die ich dort einst erlitten hatte, erwachte mit einemmal aus einem schrecklichen Todesschlaf, alle Wunden bluteten wieder, alle Narben giengen auf. Ich verdoppelte meine Schritte, denn es erquickte mich im voraus, meine Feinde durch meinen plötzlichen Anblick in Schrecken zu setzen, und ich dürstete jetzt eben so sehr nach neuer Erniedrigung, als ich ehemals davor gezittert hatte.

Die Glocken läuteten zur Vesper, als ich mitten auf dem Markte stand. Die Gemeine wimmelte zur Kirche. Man erkannte mich schnell, jedermann, der mir aufstieß, trat scheu zurück. Ich hatte von jeher die kleinen Kinder sehr lieb gehabt, und auch jetzt übermannte michs unwillkürlich, daß ich einem Knaben, der neben mir vorbey hüpfte, einen Groschen bot. Der Knabe sah mich einen Augenblick starr an, und warf mir den Groschen ins Gesicht. Wäre mein Blut nur etwas ruhiger gewesen, so hätte ich mich erinnert, daß der Bart, den ich noch von der Vestung mitbrachte, meine Gesichtszüge bis zum gräßlichen entstellte – aber mein böses Herz hatte meine Vernunft angesteckt. Thränen, wie ich sie nie geweint hatte, liefen über meine Backen.

›Der Knabe weiß nicht wer ich bin, noch woher ich komme, sagte ich halb laut zu mir selbst, und doch meidet er mich, wie ein schädliches Thier. Bin ich denn irgendwo auf der Stirne gezeichnet, oder habe ich aufgehört, einem Menschen ähnlich zu sehen, weil ich fühle, daß ich keinen mehr lieben kann?‹ – Die Verachtung dieses Knaben schmerzte mich bitterer, als dreijähriger Galliottendienst, denn ich hatte ihm Gutes gethan, und konnte ihn keines persönlichen Hasses beschuldigen.

Ich setzte mich auf einen Zimmerplatz der Kirche gegenüber; was ich eigentlich wollte, weiß ich nicht; doch ich weiß noch, daß ich mit Erbitterung aufstand; als von allen meinen vorübergehenden Bekannten keiner mich nur eines Grußes gewürdigt hatte, auch nicht einer. Unwillig verließ ich meinen Standort, eine Herberge aufzusuchen; als ich an der Ecke einer Gasse umlenkte, rannte ich gegen meine Johanne. ›Sonnenwirth!‹ schrie sie laut auf, und machte eine Bewegung mich zu umarmen. ›Du wieder da, lieber Sonnenwirth! Gott sey Dank, daß du wieder kommst!‹ Hunger und Elend sprach aus ihrer Bedeckung, eine schändlich Krankheit aus ihrem Gesichte, ihr Anblick verkündigte die verworfenste Kreatur, zu der sie erniedrigt war. Ich ahndete schnell, was hier geschehen seyn mochte; einige fürstliche Dragoner, die mir eben begegnet waren, ließen mich errathen, daß Garnison in dem Städtchen lag. ›Soldatendirne!‹ rief ich, und drehte ihr lachend den Rücken zu. Es that mir wohl, daß noch ein Geschöpf unter mir war im Rang der Lebendigen. Ich hatte sie niemals geliebt.

Meine Mutter war todt. Mit meinem kleinen Hause hatten sich meine Kreditoren bezahlt gemacht. Ich hatte niemand und nichts mehr. Alle Welt floh mich wie einen Giftigen, aber ich hatte endlich verlernt, mich zu schämen. Vorher hatte ich mich dem Anblick der Menschen entzogen, weil Verachtung mir unerträglich war. Jetzt drang ich mich auf, und ergözte mich, sie zu verscheuchen. Es war mir wohl, weil ich nichts mehr zu verlieren, und nichts mehr zu hüten hatte. Ich brauchte keine gute Eigenschaft mehr, weil man keine mehr bey mir vermuthete.

Die ganze Welt stand mir offen, ich hätte vielleicht in einer fremden Provinz für einen ehrlichen Mann gegolten, aber ich hatte den Muth verloren, es auch nur zu scheinen. Verzweiflung und Schande hatten mir endlich diese Sinnesart aufgezwungen. Es war die letzte Ausflucht, die mir übrig war, die Ehre entbehren zu lernen, weil ich an keine mehr Anspruch machen durfte. Hätten meine Eitelkeit und mein Stolz meine Erniedrigung erlebt, so hätte ich mich selber entleiben müssen.

Was ich nunmehr eigentlich beschlossen hatte, war mir selber noch unbekannt. Ich wollte Böses thun, soviel erinnerte ich mich noch dunkel. Ich wollte mein Schicksal verdienen. Die Gesetze, meinte ich, wären Wohlthaten für die Welt, also faßte ich den Vorsatz, sie zu verletzen; ehemals hatte ich aus Nothwendigkeit und Leichtsinn gesündigt, jetzt that ichs aus freyer Wahl zu meinem Vergnügen.

Mein erstes war, daß ich mein Wildschießen fortsetzte. Die Jagd überhaupt war mir nach und nach zur Leidenschaft geworden, und außerdem mußte ich ja leben. Aber dieß war es nicht allein; es kitzelte mich, das fürstliche Edikt zu verhöhnen und meinem Landesherrn nach allen Kräften zu schaden. Ergriffen zu werden, besorgte ich nicht mehr, denn jetzt hatte ich eine Kugel für meinen Entdecker bereit, und das wußte ich, daß mein Schuß seinen Mann nicht fehlte. Ich erlegte alles Wild, das mir aufstieß, nur weniges machte ich auf der Gränze zu Gelde, das meiste ließ ich verwesen. Ich lebte kümmerlich, um nur den Aufwand an Bley und Pulver zu bestreiten. Meine Verheerungen in der großen Jagd wurden ruchtbar, aber mich drückte kein Verdacht mehr. Mein Anblick löschte ihn aus. Mein Nahme war vergessen.

Diese Lebensart trieb ich mehrere Monate. Eines Morgens hatte ich nach meiner Gewohnheit das Holz durchstrichen, die Fährte eines Hirsches zu verfolgen. Zwey Stunden hatte ich mich vergeblich ermüdet, und schon fing ich an, meine Beute verloren zu geben, als ich sie auf einmal in schußgerechter Entfernung entdecke. Ich will anschlagen und abdrücken – aber plötzlich erschreckt mich der Anblick eines Hutes, der wenige Schritte vor mir auf der Erde liegt. Ich forsche genauer, und erkenne den Jäger Robert, der hinter dem dicken Stamm einer Eiche auf eben das Wild anschlägt, dem ich den Schuß bestimmt hatte. Eine tödtliche Kälte fährt bey diesem Anblick durch meine Gebeine. Just das war der Mensch, den ich unter allen lebendigen Dingen am gräßlichsten haßte, und dieser Mensch war in die Gewalt meiner Kugel gegeben. In diesem Augenblick dünkte michs, als ob die ganze Welt in meinem Flintenschuß läge, und der Haß meines ganzen Lebens in die einzige Fingerspitze sich zusammendrängte, womit ich den mörderischen Druck thun sollte. Eine unsichtbare fürchterliche Hand schwebte über mir, der Stundenweiser meines Schicksals zeigte unwiderruflich auf diese schwarze Minute. Der Arm zitterte mir, da ich meiner Flinte die schreckliche Wahl erlaubte – meine Zähne schlugen zusammen, wie im Fieberfrost, und der Odem sperrte sich erstickend in meiner Lunge. Eine Minute lang blieb der Lauf meiner Flinte ungewiß zwischen dem Menschen und dem Hirsch mitten inne schwanken – eine Minute – und noch eine – und wieder eine. Rache und Gewissen rangen hartnäckig und zweifelhaft, aber die Rache gewanns, und der Jäger lag todt am Boden.

Mein Gewehr fiel mit dem Schusse ..... Mörder ..., stammelte ich langsam – der Wald war still wie ein Kirchhof – ich hörte deutlich, daß ich Mörder sagte. Als ich näher schlich, starb der Mann. Lange stand ich sprachlos vor dem Todten, ein helles Gelächter endlich machte mir Luft. ›Wirst du jetzt reinen Mund halten, guter Freund!‹ sagte ich, und trat keck hin, indem ich zugleich das Gesicht des Ermordeten auswärts kehrte. Die Augen standen ihm weit auf. Ich wurde ernsthaft, und schwieg plötzlich wieder stille. Es fing mir an, seltsam zu werden.

Bis hieher hatte ich auf Rechnung meiner Schande gefrevelt, jetzt war etwas geschehen, wofür ich noch nicht gebüßt hatte. Eine Stunde vorher, glaube ich, hätte mich kein Mensch überredet, daß es noch etwas schlechteres, als mich, unter dem Himmel gebe; jetzt fing ich an zu muthmaßen, daß ich vor einer Stunde wohl gar zu beneiden war.

Gottes Gerichte fielen mir nicht ein – wohl aber eine, ich weiß nicht welche? verwirrte Erinnerung an Strang und Schwerdt, und die Exekution einer Kindermörderin, die ich als Schuljunge mit angesehen hatte. Etwas ganz besonders schreckbares lag für mich in dem Gedanken, daß von jetzt an mein Leben verwirkt sey. Auf mehreres besinne ich mich nicht mehr. Ich wünschte gleich darauf, daß er noch lebte. Ich that mir Gewalt an, mich lebhaft an alles Böse zu erinnern, das mir der Todte im Leben zugefügt hatte, aber sonderbar! mein Gedächtniß war wie ausgestorben. Ich konnte nichts mehr von alle dem hervorrufen, was mich vor einer Viertelstunde zum Rasen gebracht hatte. Ich begriff gar nicht, wie ich zu dieser Mordthat gekommen war.

Noch stand ich vor der Leiche, noch immer. Das Knallen einiger Peitschen, und das Geknarre von Frachtwagen, die durchs Holz fuhren, brachte mich zu mir selbst. Es war kaum eine Viertelmeile abseits der Heerstraße, wo die That geschehen war. Ich mußte auf meine Sicherheit denken.

Unwillkürlich verlor ich mich tiefer in den Wald. Auf dem Wege fiel mir ein, daß der Entleibte sonst eine Taschenuhr besessen hatte. Ich brauchte Geld, um die Gränze zu erreichen – und doch fehlte mir der Muth, nach dem Platz umzuwenden, wo der Todte lag. Hier erschreckte mich ein Gedanke an den Teufel, und eine Allgegenwart Gottes. Ich raffte meine ganze Kühnheit zusammen; entschlossen, es mit der ganzen Hölle aufzunehmen, ging ich nach der Stelle zurück. Ich fand, was ich erwartet hatte, und in einer grünen Börse noch etwas weniges über einen Thaler am Gelde. Eben da ich beydes zu mir stecken wollte, hielt ich plötzlich ein, und überlegte. Es war keine Anwandlung von Scham, auch nicht Furcht, mein Verbrechen durch Plünderung zu vergrößern – Trotz, glaube ich, war es, daß ich die Uhr wieder von mir warf, und von dem Gelde nur die Hälfte behielt. Ich wollte für einen persönlichen Feind des Erschossenen, aber nicht für seinen Räuber gehalten seyn.

Jetzt floh ich waldeinwärts. Ich wußte, daß das Holz sich vier deutsche Meilen nordwärts erstreckte, und dort an die Gränzen des Landes stieß. Bis zum hohen Mittage lief ich athemlos. Die Eilfertigkeit meiner Flucht hatte meine Gewissensangst zerstreut, aber sie kam schrecklicher zurück, wie meine Kräfte mehr und mehr ermatteten. Tausend gräßliche Gestalten gingen an mir vorüber, und schlugen wie schneidende Messer in meine Brust. Zwischen einem Leben voll rastloser Todesfurcht, und einer gewaltsamen Entleibung war mir jetzt eine schreckliche Wahl gelassen, und ich mußte wählen. Ich hatte das Herz nicht, durch Selbstmord aus der Welt zu gehen, und entsetzte mich vor der Aussicht, darin zu bleiben. Geklemmt zwischen die gewissen

Qualen des Lebens, und die ungewissen Schrecken der Ewigkeit, gleich unfähig zu leben und zu sterben brachte ich die sechste Stunde meiner Flucht dahin, eine Stunde voll gepreßt von Qualen, wovon noch kein lebendiger Mensch zu erzählen weiß.

In mich gekehrt und langsam, ohne mein Wissen den Hut tief ins Gesichte gedrückt, als ob mich dieß vor dem Auge der leblosen Natur hätte unkenntlich machen können, hatte ich unvermerkt einen schmalen Fußsteig verfolgt, der mich durch das dunkelste Dickigt führte – als plötzlich eine rauhe befehlende Stimme vor mir her: Halt! rufte. Die Stimme war ganz nahe, meine Zerstreuung und der heruntergedrückte Hut hatte mich verhindert, um mich herum zu schauen. Ich schlug die Augen auf, und sah einen wilden Mann auf mich zukommen, der eine große knotige Keule trug. Seine Figur ging ins Riesenmäßige – meine erste Bestürzung wenigstens hatte mich dies glauben gemacht – und die Farbe seiner Haut war von einer gelben Mulattenschwärze, woraus das Weiße eines schielenden Auges bis zum Grassen hervortrat. Er hatte statt eines Gurts ein dickes Seil zwiefach um einen grünen wollenen Rock geschlagen, worin ein breites Schlachtmesser bey einer Pistole stack. Der Ruf wurde wiederholt, und ein kräftiger Arm hielt mich fest. Der Laut eines Menschen hatte mich in Schrecken gejagt, aber der Anblick eines Bösewichts gab mir Herz. In der Lage, worin ich jetzt war, hatte ich Ursache vor jedem redlichen Mann, aber keine mehr vor einem Räuber zu zittern.

›Wer da?‹ sagte diese Erscheinung.

›Deines gleichen,‹ war meine Antwort, ›wenn du der wirklich bist, dem du gleich siehst!‹

›Dahinaus geht der Weg nicht. Was hast du hier zu suchen?‹

›Was hast du hier zu fragen?‹ versetzte ich trotzig.

Der Mann betrachtete mich zweimal vom Fuß bis zum Wirbel. Es schien, als ob er meine Figur gegen die seinige, und meine Antwort gegen meine Figur halten wollte – ›Du sprichst brutal wie ein Bettler,‹ sagte er endlich.

›Das mag seyn. Ich bins noch gestern gewesen.‹

Der Mann lachte. ›Man sollte darauf schwören,‹ rief er, ›du wolltest auch noch jetzt für nichts besseres gelten.‹

›Für etwas schlechteres also‹ – Ich wollte weiter.

›Sachte, Freund! Was jagt dich denn so? Was hast du für Zeit zu verlieren?‹

Ich besann mich einen Augenblick. Ich weiß nicht, wie mir das Wort auf die Zunge kam, ›das Leben ist kurz,‹ sagte ich langsam, ›und die Hölle währt ewig.‹

Er sah mich stier an. ›Ich will verdammt seyn,‹ sagte er endlich, ›oder du bist irgend an einem Galgen hart vorbeygestreift.‹

›Das mag wohl noch kommen. Also auf Wiedersehen, Kamerad!‹

›Topp, Kamerade!‹ – schrie er, indem er eine zinnerne Flasche aus seiner Jagdtasche hervorlangte, einen kräftigen Schluck daraus that, und mir sie reichte. Flucht und Beängstigung hatten meine Kräfte aufgezehrt, und diesen ganzen entsetzlichen Tag war noch nichts über meine Lippen gekommen. Schon fürchtete ich in dieser Waldgegend zu verschmachten, wo auf drei Meilen in der Runde kein Labsal für mich zu hoffen war. Man urtheile wie froh ich auf diese angebotne Gesundheit Bescheid that. Neue Kraft floß mit diesem Erquicktrunk in meine Gebeine, und frischer Muth in mein Herz, und Hoffnung und Liebe zum Leben. Ich fing an zu glauben, daß ich doch wohl nicht ganz elend wäre, so viel konnte dieser willkommene Trank. Ja, ich bekenne es, mein Zustand gränzte wieder an einen glücklichen, denn endlich, nach tausend fehlgeschlagenen Hoffnungen, hatte ich eine

Kreatur gefunden, die mir ähnlich schien. In dem Zustande, worein ich versunken war, hätte ich mit dem höllischen Geiste Kameradschaft getrunken, um einen Vertrauten zu haben.

Der Mann hatte sich aufs Gras hingestreckt, ich that ein Gleiches.

›Dein Trunk hat mir wohl gethan,‹sagte ich. ›Wir müssen bekannter werden.‹

Er schlug Feuer, seine Pfeife zu zünden.

›Treibst du das Handwerk schon lange?«

Er sah mich fest an. ›Was willst du damit sagen?‹

›War das schon oft blutig?‹ Ich zog das Messer aus seinem Gürtel.

›Wer bist du?‹ sagte er schrecklich und legte die Pfeife von sich.

›Ein Mörder, wie du – aber nur erst ein Anfänger.‹

Der Mensch sah mich steif an, und nahm seine Pfeife wieder.

›Du bist nicht hier zu Hause?‹ sagte er endlich.

›Drey Meilen von hier. Der Sonnenwirth in L...., wenn du von mir gehöret hast.‹

Der Mann sprang auf wie ein Beseßner. ›Der Wildschütze Wolf?‹ schrie er hastig.

›Der nämliche.‹

›Willkommen, Kamerad! Willkommen!‹ rief er und schüttelte mir kräftig die Hände. ›Das ist brav, daß ich dich endlich habe, Sonnenwirth. Jahr und Tag schon sinn ich darauf, dich zu kriegen. Ich kenne dich recht gut. Ich weiß um alles. Ich habe lange auf dich gerechnet.‹

›Auf mich gerechnet? Wozu denn?‹

›Die ganze Gegend ist voll von dir. Du hast Feinde, ein Amtmann hat dich gedrückt, Wolf. Man hat dich zu Grunde gerichtet, himmelschreyend ist man mit dir umgegangen.‹

Der Mann wurde hitzig – ›Weil du ein paar Schweine geschossen hast, die der Fürst auf unsern Aeckern und Feldern füttert, haben sie dich Jahrelang im Zuchthaus und auf der Vestung herumgezogen, haben sie dich um Haus und Wirthschaft bestohlen, haben sie dich zum Bettler gemacht. Ist es dahin gekommen, Bruder, daß der Mensch nicht mehr gelten soll als ein Haase? Sind wir nicht besser, als das Vieh auf dem Felde? – Und ein Kerl, wie du, konnte das dulden?‹

›Konnt' ichs ändern?‹

›Das werden wir ja wohl sehen. Aber sage mir doch, woher kommst du denn jetzt, und was führst du im Schilde?‹

Ich erzählte ihm meine ganze Geschichte. Der Mann, ohne abzuwarten, bis ich zu Ende war, sprang mit froher Ungeduld auf, und mich zog er nach. ›Komm, Bruder Sonnenwirth,‹ sagte er, ›jetzt bist du reif, jetzt hab ich dich, wo ich dich brauchte. Ich werde Ehre mit dir einlegen. Folge mir.‹

›Wo willst du mich hinführen?‹

›Frage nicht lange. Folge!‹ – Er schleppte mich mit Gewalt fort.‹

Wir waren eine kleine Viertelmeile gegangen. Der Wald wurde immer abschüßiger, unwegsamer und wilder, keiner von uns sprach ein Wort, bis mich endlich die Pfeife meines Führers aus meinen Betrachtungen aufschreckte. Ich schlug die Augen auf, wir standen am schroffen Absturz eines Felsens, der sich in eine tiefe Kluft hinunterbückte. Eine zweyte Pfeife antwortete aus dem innersten Bauche des Felsens, und eine Leiter kam, wie von sich selbst, langsam aus der Tiefe gestiegen. Mein Führer kletterte zuerst hinunter, mich hieß er warten, bis er wieder käme. ›Erst muß ich den Hund an Ketten legen lassen, setzte er hinzu, du bist hier fremd, die Bestie würde dich zerreissen.‹ Damit gieng er.

Jetzt stand ich allein vor dem Abgrund und ich wußte recht gut, daß ich allein war. Die Unvorsichtigkeit meines Führers entging meiner Aufmerksamkeit nicht. Es hätte mich nur einen beherzten Entschluß gekostet, die Leiter herauf zu ziehen, so war ich frey, und meine Flucht war gesichert. Ich gestehe, daß ich das einsah. Ich sah in den Schlund hinab, der mich jetzt aufnehmen sollte, es erinnerte mich dunkel an den Abgrund der Hölle, woraus keine Erlösung mehr ist. Mir fing an vor der Laufbahn zu schaudern, die ich nunmehr betreten wollte, nur eine schnelle Flucht konnte mich retten. Ich beschließe diese Flucht – schon strecke ich den Arm nach der Leiter aus – aber auf einmal donnerts in meinen Ohren, es umhallt mich wie Hohngelächter der Hölle: ›Was hat ein Mörder zu wagen?‹ – und mein Arm fällt gelähmt zurück. Meine Rechnung war völlig, die Zeit der Reue war dahin, mein begangener Mord lag hinter mir aufgethürmt, wie ein Fels, und sperrte meine Rückkehr auf ewig. Zugleich erschien auch mein Führer wieder, und kündigte mir an, daß ich kommen solle. Jetzt war ohnehin keine Wahl mehr. Ich kletterte hinunter.

Wir waren wenige Schritte unter der Felsmauer weggegangen, so erweiterte sich der Grund, und einige Hütten wurden sichtbar. Mitten zwischen diesen öffnete sich ein runder Rasenplatz, auf welchem sich eine Anzahl von achtzehn bis zwanzig Menschen um ein Kohlfeuer gelagert hatte. ›Hier, Kameraden,‹ sagte mein Führer, und stellte mich mitten in den Kreis. ›Unser Sonnenwirth! heißt ihn willkommen!‹

›Sonnenwirth!‹ schrie alles zugleich, und alles fuhr auf, und drängte sich um mich her, Männer und Weiber. Soll ichs gestehn? Die Freude war ungeheuchelt und herzlich, Vertrauen, Achtung sogar erschien auf jedem Gesichte, dieser drückte mir die Hand, jener schüttelte mich vertraulich am Kleide, der ganze Auftritt war wie das Wiedersehen eines alten Bekannten, der einem werth ist. Meine Ankunft hatte den Schmaus unterbrochen, der eben anfangen sollte. Man setzte ihn sogleich fort, und nöthigte mich, den Willkomm zu trinken.

Wildpret aller Art war die Mahlzeit, und die Weinflasche wanderte unermüdet von Nachbar zu Nachbar. Wohlleben und Einigkeit schien die ganze Bande zu beseelen, und alles wetteiferte seine Freude über mich zügelloser an den Tag zu legen.

Man hatte mich zwischen zwey Weibspersonen sitzen lassen, welches der Ehrenplatz an der Tafel war. Ich erwartete den Auswurf ihres Geschlechts, aber wie groß war meine Verwunderung, als ich unter dieser schändlichen Rotte die schönsten weiblichen Gestalten entdeckte, die mir jemals vor Augen gekommen. Margarete, die älteste und schönste von beyden, ließ sich Jungfer nennen, und konnte kaum fünf und zwanzig seyn. Sie sprach sehr frech, und ihre Gebärden sagten noch mehr. Marie die jüngere war verheyrathet, aber einem Manne entlaufen, der sie mißhandelt hatte. Sie war feiner gebildet, sah aber blaß aus und schmächtig, und fiel weniger ins Auge als ihre feurige Nachbarin. Beyde Weiber eiferten auf einander, meine Begierden zu entzünden, die schöne Margarete kam meiner Blödigkeit durch freche Scherze zuvor, aber das ganze Weib war mir zuwider, und mein Herz hatte die schüchterne Marie auf immer gefangen.

›Du siehst, Bruder Sonnenwirth,‹ fing der Mann jetzt an, der mich hergebracht hatte, ›du siehst, wie wir unter einander leben, und jeder Tag ist dem heutigen gleich. Nicht wahr, Kameraden?‹

›Jeder Tag wie der heutige!‹ wiederholte die ganze Bande.

›Kannst du dich also entschließen, an unserer Lebensart Gefallen zu finden, so schlag ein und sey unser Anführer. Bis jetzt bin ich es gewesen, aber dir will ich weichen. Seyd ihrs zufrieden, Kameraden?‹

Ein fröhliches Ja! antwortete aus allen Kehlen.

Mein Kopf glühte, mein Gehirne war betäubt; von Wein und Begierden siedete mein Blut. Die Welt hatte mich ausgeworfen wie einen verpesteten – hier fand ich brüderliche

Aufnahme, Wohlleben und Ehre. Welche Wahl ich auch treffen wollte, so erwartete mich Tod; hier aber konnte ich wenigstens mein Leben für einen höheren Preis verkaufen. Wollust war meine wütendste Neigung, das andere Geschlecht hatte mir bis jetzt nur Verachtung bewiesen, hier erwartete mich Gunst und zügellose Vergnügungen. Mein Entschluß kostete mich wenig. ›Ich bleibe bey euch, Kameraden,‹ rief ich laut mit Entschlossenheit, und trat mitten unter die Bande, ›ich bleibe bey euch,‹ rief ich nochmals, ›wenn ihr mir meine schöne Nachbarin abtretet!‹ – Alle kamen überein, mein Verlangen zu bewilligen, ich war erklärter Eigenthümer einer H***, und das Haupt einer Diebesbande.«

Den folgenden Theil der Geschichte übergehe ich ganz, das bloß abscheuliche hat nichts unterrichtendes für den Leser. Ein Unglücklicher, der bis zu dieser Tiefe herunter sank, mußte sich endlich alles erlauben, was die Menschheit empört – aber einen zweyten Mord beging er nicht mehr, wie er selbst auf der Folter bezeugte.

Der Ruf dieses Menschen verbreitete sich in kurzem durch die ganze Provinz. Die Landstraßen wurden unsicher, nächtliche Einbrüche beunruhigten den Bürger, der Name des Sonnenwirths wurde der Schrecken des Landvolks, die Gerechtigkeit suchte ihn auf, und eine Prämie wurde auf seinen Kopf gesetzt. Er war so glücklich, jeden Anschlag auf seine Freyheit zu vereiteln, und verschlagen genug, den Aberglauben des wundersüchtigen Bauern zu seiner Sicherheit zu benutzen. Seine Gehülfen mußten aussprengen, er habe einen Bund mit dem Teufel gemacht, und könne hexen. Der Distrikt, auf welchem er die Rolle spielte, gehörte damals noch weniger als jetzt zu den aufgeklärten Deutschlands, man glaubte diesem Gerüchte und seine Person war gesichert. Niemand zeigte Lust, mit dem gefährlichen Kerl anzubinden, dem der Teufel zu Diensten stünde.

Ein Jahr schon hatte er das traurige Handwerk getrieben, als es anfieng ihm unerträglich zu werden. Die Rotte, an deren Spitze er sich gestellt hatte, erfüllte seine glänzenden Erwartungen nicht. Eine verführerische Außenseite hatte ihn damals im Taumel des Weines geblendet, jetzt wurde er mit Schrecken gewahr, wie abscheulich er hintergangen worden. Hunger und Mangel traten an die Stelle des Ueberflusses, womit man ihn eingewiegt hatte; sehr oft mußte er sein Leben an eine Mahlzeit wagen, die kaum hinreichte, ihn vor dem Verhungern zu schützen. Das Schattenbild jener *brüderlichen* Eintracht verschwand, Neid, Argwohn und Eifersucht wüteten im Innern dieser verworfenen Bande. Die Gerechtigkeit hatte demjenigen, der ihn lebendig ausliefern würde, Belohnung, und wenn es ein Mitschuldiger wäre, noch eine feyerliche Begnadigung zugesagt – eine mächtige Versuchung für den Auswurf der Erde! Der Unglückliche kannte seine Gefahr. Die Redlichkeit derjenigen, die Menschen und Gott verriethen, war ein schlechtes Unterpfand seines Lebens. Sein Schlaf war, von jetzt an, dahin, ewige Todesangst zerfraß seine Ruhe, das gräßliche Gespenst des Argwohns rasselte hinter ihm wo er hinfloh, peinigte ihn, wenn er wachte, bettete sich neben ihm, wenn er schlafen ging, und schreckte ihn in entsezlichen Träumen. Das verstummte Gewissen gewann zugleich seine Sprache wieder, und die schlafende Natter der Reue wachte bey diesem allgemeinen Sturm seines Busens auf. Sein ganzer Haß wandte sich jetzt von der Menschheit, und kehrte seine schreckliche Schneide gegen ihn selber. Er vergab jetzt der ganzen Natur, und fand niemand, als sich allein zu verfluchen.

Das Laster hatte seinen Unterricht an dem Unglücklichen vollendet, sein natürlich guter Verstand siegte endlich über die traurige Täuschung. Jetzt fühlte er, wie tief er gefallen war, ruhigere Schwermuth trat an die Stelle knirschender Verzweiflung. Er wünschte mit Thränen die Vergangenheit zurück, jetzt wußte er gewiß, daß er sie ganz anders wiederholen würde. Er fing an zu hoffen, daß er noch rechtschaffen werden dürfe, weil er bey sich empfand, daß er es könne. Auf dem höchsten Gipfel seiner Verschlimmerung war er dem Guten näher, als er vielleicht vor seinem ersten Fehltritt gewesen war.

Um eben diese Zeit war der siebenjährige Krieg ausgebrochen, und die Werbungen gingen stark. Der Unglückliche schöpfte Hoffnung von diesem Umstand, und schrieb einen Brief an seinen Landesherrn, den ich auszugsweise hier einrücke:

»Wenn Ihre fürstliche Huld sich nicht ekelt, bis zu mir herunter zu steigen, wenn Verbrecher meiner Art nicht außerhalb Ihrer Erbarmung liegen, so gönnen Sie mir Gehör, durchlauchtigster Oberherr. Ich bin Mörder und Dieb, das Gesetz verdammt mich zum Tode, die Gerichte suchen mich auf – und ich biete mich an, mich freywillig zu stellen. Aber ich bringe zugleich eine seltsame Bitte vor Ihren Thron. Ich verabscheue mein Leben, und fürchte den Tod nicht, aber schrecklich ist mirs zu sterben, ohne gelebt zu haben. Ich möchte leben, um einen Theil des Vergangenen gut zu machen; ich möchte leben, um den Staat zu versöhnen, den ich beleidigt habe. Meine Hinrichtung wird ein Beyspiel seyn für die Welt, aber kein Ersatz meiner Thaten. Ich hasse das Laster, und sehne mich feurig nach Rechtschaffenheit und Tugend. Ich habe Fähigkeiten gezeigt, meinem Vaterland furchtbar zu werden, ich hoffe, daß mir noch einige übrig geblieben sind, ihm zu nützen.

Ich weiß, daß ich etwas unerhörtes begehre. Mein Leben ist verwirkt, mir steht es nicht an, mit der Gerechtigkeit Unterhandlung zu pflegen. Aber ich erscheine nicht in Ketten und Banden vor Ihnen – noch bin ich frey – und meine Furcht hat den kleinsten Antheil an meiner Bitte.

Es ist Gnade um was ich flehe. Einen Anspruch auf Gerechtigkeit, wenn ich auch einen hätte, wage ich nicht mehr geltend zu machen. – Doch an etwas darf ich meinen Richter erinnern. Die Zeitrechnung meiner Verbrechen fängt mit dem Urtheilspruch an, der mich auf immer um meine Ehre brachte. Wäre mir damals die Billigkeit minder versagt worden, so würde ich jetzt vielleicht keiner Gnade bedürfen.

Lassen Sie Gnade für Recht ergehen, mein Fürst. Wenn es in Ihrer fürstlichen Macht steht, das Gesetz für mich zu erbitten, so schenken Sie mir das Leben. Es soll Ihrem Dienste von nun an gewidmet seyn. Wenn Sie es können, so lassen Sie mich Ihren gnädigen Willen aus öffentlichen Blättern vernehmen, und ich werde mich auf Ihr fürstliches Wort in der Hauptstadt stellen. Haben Sie es anders mit mir beschlossen, so thue die Gerechtigkeit dann das ihrige, ich muß das meinige thun.«

Diese Bittschrift blieb ohne Antwort, wie auch eine zweyte und dritte, worin der Supplikant um eine Reuterstelle im Dienste des Fürsten bat. Seine Hoffnung zu einem Pardon erlosch gänzlich, er faßte also den Entschluß, aus dem Land zu fliehen, und im Dienste des Königs von Preußen als ein braver Soldat zu sterben.

Er entwischte glücklich seiner Bande und trat diese Reise an. Der Weg führte ihn durch eine kleine Landstadt, wo er übernachten wollte. Kurze Zeit vorher waren durch das ganze Land geschärftere Mandate zu strenger Untersuchung der Reisenden ergangen, weil der Landesherr, ein Reichsfürst, im Kriege Parthei genommen hatte. Einen solchen Befehl hatte auch der Thorschreiber dieses Städtchens, der auf einer Bank vor dem Schlage saß, als der Sonnenwirth geritten kam. Der Aufzug dieses Mannes hatte etwas possierliches, und zugleich etwas schreckliches und wildes. Der hagre Klepper, den er ritt, und die burleske Wahl seiner Kleidungsstücke, wobey wahrscheinlich weniger sein Geschmack als die Chronologie seiner Entwendungen zu Rath gezogen war, kontrastirte seltsam genug mit einem Gesicht, worauf so viele wüthende Affekte, gleich den verstümmelten Leichen auf einem Wahlplatz, verbreitet lagen. Der Thorschreiber stutzte beym Anblick dieses seltsamen Wanderers. Er war am Schlagbaum grau geworden, und eine vierzigjährige Amtsführung hatte in ihm einen unfehlbaren Physiognomen aller Landstreicher erzogen. Der Falkenblick dieses Spürers verfehlte auch hier seinen Mann nicht. Er sperrte sogleich das Stadtthor, und forderte dem Reiter den Paß ab, indem er sich seines Zügels versicherte. Wolf war auf Fälle dieser Art vorbereitet, und führte auch wirklich einen Paß bey sich, den er ohnlängst von einem geplünderten Kaufmann erbeutet hatte. Aber dieses einzelne Zeugniß war nicht genug, eine vierzigjährige Observanz umzustoßen, und das Orakel am Schlagbaum zu einem Widerruf zu bewegen. Der Thorschreiber glaubte seinen Augen mehr als diesem Papiere, und Wolf war genöthigt, ihm nach dem Amthaus zu folgen.

Der Oberamtmann des Orts untersuchte den Paß, und erklärte ihn für richtig. Er war ein starker Anbeter der Neuigkeit, und liebte besonders bey einer Bouteille über die Zeitung zu plaudern. Der Paß sagte ihm, daß der Besitzer geradeswegs aus den feindlichen Ländern käme, wo der Schauplatz des Krieges war. Er hoffte Privatnachrichten aus dem Fremden heraus zu locken, und schickte einen Sekretair mit dem Paß zurück, ihn auf eine Flasche Wein einzuladen.

Unterdessen hält der Sonnenwirth vor dem Amthaus; das lächerliche Schauspiel hat den Janhagel des Städtchens schaarenweise um ihn her versammelt. Man murmelt sich in die Ohren, deutet wechselsweise auf das Roß und den Reiter; der Muthwille des Pöbels steigt endlich bis zu einem lauten Tumult. Unglücklicherweise war das Pferd, worauf jetzt alles mit

Fingern wies, ein geraubtes; er bildet sich ein, das Pferd sey in Steckbriefen beschrieben und erkannt. Die unerwartete Gastfreundlichkeit des Oberamtmanns vollendet seinen Verdacht. Jetzt hält er's für ausgemacht, daß die Betrügerey seines Passes verrathen, und diese Einladung nur die Schlinge sey, ihn lebendig und ohne Widersetzung zu fangen. Böses Gewissen macht ihn zum Dummkopf, er giebt seinem Pferde die Spornen und rennt davon, ohne Antwort zu geben.

Diese plötzliche Flucht ist die Losung zum Aufstand.

»Ein Spitzbube!« ruft alles, und alles stürzt hinter ihm her. Dem Reiter gilt es um Leben und Tod, er hat schon den Vorsprung, seine Verfolger keuchen athemlos nach, er ist seiner Rettung nahe – aber eine schwere Hand drückt unsichtbar gegen ihn, die Uhr seines Schicksals ist abgelaufen, die unerbittliche Nemesis hält ihren Schuldner an. Die Gasse, der er sich anvertraute, endigt in einen Sack, er muß rückwärts gegen seine Verfolger umwenden.

Der Lärm dieser Begebenheit hat unterdessen das ganze Städtchen in Aufruhr gebracht, Haufen sammeln sich zu Haufen, alle Gassen sind gesperrt, ein Heer von Feinden kommt in Anmarsch gegen ihn her. Er zeigt eine Pistole, das Volk weicht, er will sich mit Macht einen Weg durchs Gedränge bahnen. »Dieser Schuß,« ruft er, »soll den Tollkühnen, der mich halten will« – die Furcht gebietet eine allgemeine Pause – ein beherzter Schlossergeselle endlich fällt ihm von hinten her in den Arm, und faßt den Finger, womit der Rasende eben losdrücken will und drückt ihn aus dem Gelenke. Die Pistole fällt, der wehrlose Mann wird vom Pferde herabgerissen, und im Triumphe nach dem Amthaus zurück geschleppt.

»Wer seyd Ihr?« frägt der Richter mit ziemlich brutalem Ton.

»Ein Mann, der entschlossen ist, auf keine Frage zu antworten, bis man sie höflicher einrichtet.«

»Wer sind Sie?«

»Für was ich mich ausgab. Ich habe ganz Deutschland durchreist, und die Unverschämtheit nirgends, als hier zu Hause gefunden.«

»Ihre schnelle Flucht macht Sie sehr verdächtig. Warum flohen Sie?«

»Weil ich's müde war, der Spott Ihres Pöbels zu seyn.«

»Sie drohten, Feuer zu geben.«

»Meine Pistole war nicht geladen.« Man untersuchte das Gewehr, es war keine Kugel darin.

»Warum führen Sie heimliche Waffen bey sich?«

»Weil ich Sachen von Werth bey mir trage, und weil man mich vor einem gewissen Sonnenwirth gewarnt hat, der in diesen Gegenden streifen soll.«

»Ihre Antworten beweisen sehr viel für Ihre Dreistigkeit, aber nichts für ihre gute Sache. Ich gebe Ihnen Zeit bis morgen, ob Sie mir die Wahrheit entdecken wollen.«

»Ich werde bey meiner Aussage bleiben.«

»Man führe ihn nach dem Thurm.«

»Nach dem Thurm? – Herr Oberamtmann, ich hoffe, es giebt noch Gerechtigkeit in diesem Lande. Ich werde Genugthuung fordern.«

»Ich werde sie Ihnen geben, so bald Sie gerechtfertigt sind.«

Den Morgen darauf überlegte der Oberamtmann, der Fremde möchte doch wohl unschuldig seyn, die befehlshaberische Sprache würde nichts über seinen Starrsinn vermögen, es wäre vielleicht besser gethan, ihm mit Anstand und Mäßigung zu begegnen. Er versammelte die Geschwornen des Orts, und ließ den Gefangnen vorführen.

»Verzeihen Sie der ersten Aufwallung, mein Herr, wenn ich Sie gestern etwas hart anließ.«

»Sehr gern, wenn Sie mich so fassen.«

»Unsere Gesetze sind strenge, und ihre Begebenheit machte Lärm. Ich kann Sie nicht frey geben, ohne meine Pflicht zu verletzen. Der Schein ist gegen Sie. Ich wünschte, Sie sagten mir etwas, wodurch er widerlegt werden könnte.«

»Wenn ich nun nichts wüßte?«

»So muß ich den Vorfall an die Regierung berichten, und Sie bleiben so lang in fester Verwahrung.«

»Und dann?«

»Dann laufen Sie Gefahr, als ein Landstreicher über die Gränze gepeitscht zu werden, oder wenns gnädig geht, unter die Werber zu fallen.«

Er schwieg einige Minuten, und schien einen heftigen Kampf zu kämpfen; dann drehte er sich rasch zu dem Richter.

»Kann ich auf eine Viertelstunde mit Ihnen allein seyn?«

Die Geschwornen sahen sich zweydeutig an, entfernten sich aber auf einen gebietenden Wink ihres Herrn.

»Nun, was verlangen Sie?«

»Ihr gestriges Betragen, Herr Oberamtmann, hätte mich nimmermehr zu einem Geständniß gebracht, denn ich trotze der Gewalt. Die Bescheidenheit, womit Sie mich heute behandeln, hat mir Vertrauen und Achtung gegen Sie gegeben. Ich glaube, daß sie ein edler Mann sind.«

»Was haben Sie mir zu sagen?«

»Ich sehe, daß Sie ein edler Mann sind. Ich habe mir längst einen Mann gewünscht wie sie. Erlauben Sie mir Ihre rechte Hand.«

»Wo will das hinaus?«

»Dieser Kopf ist grau und ehrwürdig. Sie sind lang in der Welt gewesen – haben der Leiden wohl viele gehabt – Nicht wahr? und sind menschlicher worden?«

»Mein Herr – wozu soll das?«

»Sie stehen noch einen Schritt von der Ewigkeit, bald – bald brauchen Sie Barmherzigkeit bey Gott. Sie werden sie Menschen nicht versagen – – Ahnden sie nichts? Mit wem glauben Sie, daß Sie reden?«

»Was ist das? Sie erschrecken mich.«

»Ahnden sie noch nicht – Schreiben Sie es ihrem Fürsten, wie Sie mich fanden, und daß ich selbst aus freyer Wahl mein Verräther war – daß ihm Gott einmal gnädig seyn werde, wie er jetzt mir es seyn wird – bitten Sie für mich, alter Mann, und lassen Sie dann auf Ihren Bericht eine Thräne fallen: Ich bin der Sonnenwirth.«

VII.
ETWAS ÜBER DIE ERSTE MENSCHENGESELLSCHAFT NACH DEM LEITFADEN DER MOSAISCHEN URKUNDE.

I.
Uebergang des Menschen zur Freyheit und Humanität.

An dem Leitbande des Instinkts, woran sie noch jetzt das vernunftlose Thier leitet, mußte die Vorsehung den Menschen in das Leben einführen, und, da seine Vernunft noch unentwickelt war, gleich einer wachsamen Amme hinter ihm stehen. Durch Hunger und Durst zeigte sich ihm das Bedürfniß der Nahrung an, was er zu Befriedigung desselben brauchte hatte sie in reichlichem Vorrath um ihn herum gelegt, und durch Geruch und Geschmack leitete sie ihn im Wählen. Durch ein sanftes Clima hatte sie seine Naktheit geschont, und durch einen allgemeinen Frieden um ihn her sein wehrloses Leben gesichert. Für die Erhaltung seiner Gattung war durch Geschlechtstrieb gesorgt. Als Pflanze und Thier war der Mensch also vollendet. Auch seine Vernunft hatte schon von fern angefangen, sich zu entfalten. Weil nämlich die Natur noch für ihn dachte, sorgte und handelte, so konnten sich seine Kräfte desto leichter und ungehinderter auf die ruhige Anschauung richten, seine Vernunft noch von keiner Sorge zerstreut, konnte ungestört an ihrem Werkzeuge der Sprache bauen, und das zarte Gedankenspiel stimmen. Mit dem Auge eines Glücklichen sah er jetzt noch herum in der Schöpfung; sein frohes Gemüth faßte alle Erscheinungen uneigennützig und rein auf, und legte sie rein und lauter in einem regen Gedächtniß nieder. Sanft und lachend war also der Anfang der Menschen, und dies mußte seyn, wenn er sich zu dem Kampfe stärken sollte, der ihm bevorstand.

Setzen wir also, die Vorsehung wäre auf dieser Stufe mit ihm still gestanden, so wäre aus dem Menschen das glücklichste und geistreichste aller Thiere geworden, – aber aus der Vormundschaft des Naturtriebs wär er niemals getreten, frey und also moralisch wären seine Handlungen niemals geworden, über die Gränze der Thierheit wär er niemals gestiegen. In einer wollüstigen Ruhe hätte er eine ewige Kindheit verlebt – und der Kreis, in welchem er sich bewegt hätte, wäre der kleinstmöglichste gewesen, von der Begierde zum Genuß, vom Genuß zu der Ruhe, und von der Ruhe zur Begierde.

Aber der Mensch war zu ganz etwas anderm bestimmt, und die Kräfte, die in ihm lagen, riefen ihn zu einer ganz andern Glückseligkeit. Was die Natur in seiner Wiegenzeit für ihn übernommen hatte, sollte er jetzt selbst für sich übernehmen, sobald er mündig war. Er selbst sollte der Schöpfer seiner Glückseligkeit werden, und nur der Antheil, den er daran hätte, sollte den Grad dieser Glückseligkeit bestimmen. Er sollte den Stand der Unschuld, den er jetzt verlor, wieder aufsuchen lernen durch *seine Vernunft*, und als ein freyer vernünftiger Geist dahin zurück kommen, wovon er als *Pflanze* und als eine Kreatur des Instinkts ausgegangen war; aus einem Paradies der Unwissenheit und Knechtschaft sollte er sich, wär es auch nach späten Jahrtausenden, zu einem Paradies der Erkenntniß und der Freyheit hinauf arbeiten, einem solchen nämlich, wo er dem moralischen Gesetze in seiner Brust eben so unwandelbar gehorchen würde, als er Anfangs dem Instinkte gedient hatte, als die Pflanze und die Thiere diesem noch dienen. Was war also unvermeidlich? was mußte geschehen, wenn er diesem weitgesteckten Ziel entgegen rücken sollte? Sobald seine Vernunft ihre ersten Kräfte nur geprüft hatte, verstieß ihn die Natur aus ihren pflegenden Armen oder richtiger gesagt, er selbst, von einem Triebe gereizt, den er selbst noch nicht kannte, und unwissend, was er in diesem Augenblicke großes that, er selbst riß ab von dem leitenden Bande, und mit seiner noch schwachen Vernunft, von dem Instinkte nur von ferne begleitet, warf er sich in das wilde Spiel des Lebens, machte er sich auf den gefährlichen Weg zur moralischen Freyheit. Wenn wir also jene Stimme Gottes in Eden, die ihm den Baum der Erkenntniß verbot, in eine Stimme seines Instinktes verwandeln, der ihn von diesem Baume zurückzog, so ist sein vermeintlicher Ungehorsam gegen jenes göttliche Gebot nichts anders als – ein Abfall von seinem Instinkte – also, erste Aeußerung seiner Selbstthätigkeit, erstes Wagestück seiner Vernunft, erster Anfang, seines moralischen Daseyns. Dieser Abfall des Menschen vom Instinkte, der das moralische Uebel zwar in die Schöpfung brachte, aber nur um das moralische Gute darin möglich zu machen, ist ohne Widerspruch die glücklichste und größte Begebenheit in der Menschengeschichte, von diesem Augenblick her schreibt sich seine Freyheit, hier wurde zu seiner Moralität der erste entfernte Grundstein geleget. Der Volkslehrer hat ganz recht, wenn er diese Begebenheit als einen *Fall* des ersten Menschen behandelt, und wo es sich thun läßt, nützliche moralische Lehren daraus zieht, aber der Philosoph hat nicht weniger Recht, der menschlichen Natur im Großen zu diesem wichtigen Schritt zur Vollkommenheit Glück zu wünschen. Der erste hat Recht, es einen Fall zu nennen – denn der Mensch wurde aus einem unschuldigen Geschöpf ein schuldiges, aus einem vollkommenen Zögling der Natur ein unvollkommenes moralisches Wesen, aus einem glücklichen Instrumente ein unglücklicher Künstler.

Der Philosoph hat Recht, es einen Riesenschritt der Menschheit zu nennen, denn der Mensch wurde dadurch aus einem Sklaven des Naturtriebes ein freyhandelndes Geschöpf, aus einem Automat ein sittliches Wesen, und mit diesem Schritt trat er zuerst auf die Leiter, die ihn nach Verlauf von vielen Jahrtausenden zur Selbstherrschaft führen wird. Jetzt wurde der Weg länger, den er zum Genuß nehmen mußte. Anfangs durfte er nur die Hand ausstrecken, um die Befriedigung sogleich auf die Begierde folgen zu lassen; jetzt aber mußte er schon Nachdenken, Fleiß und Mühe zwischen die Begierde und ihre Befriedigung einschalten. Der Friede war aufgehoben zwischen ihm und den Thieren. Die Noth trieb sie jetzt gegen seine Pflanzungen, ja gegen ihn selbst an, und durch seine Vernunft mußte er sich Sicherheit, und eine Ueberlegenheit der Kräfte, die ihm die Natur versagt hatte, künstlich über sie verschaffen: er mußte Waffen erfinden, und seinen Schlaf durch feste Wohnungen vor diesem Feinde sicher stellen. Aber hier schon ersetzte ihm die Natur an Freuden des Geistes, was sie ihm an Pflanzengenüssen genommen hatte. Das selbst gepflanzte Kraut überraschte ihn mit einer Schmackhaftigkeit, die er vorher nicht kennen gelernt hatte, der Schlaf beschlich ihn nach der ermüdenden Arbeit und unter selbstgebautem Dache süßer, als in der trägen Ruhe seines Paradieses. Im Kampfe mit dem Tiger, der ihn anfiel, freute er sich seiner entdeckten Gliederkraft und List, und mit jeder überwundnen Gefahr konnte er sich selbst für das Geschenk seines Lebens danken.

Jetzt war er für das Paradies schon zu edel, und er kannte sich selbst nicht, wenn er im Drange der Noth und unter der Last der Sorgen sich in dasselbe zurückwünschte. Ein innerer ungeduldiger Trieb, der erwachte Trieb seiner Selbstthätigkeit hätte ihn bald in seiner müßigen Glückseligkeit verfolgt, und ihm die Freuden verekelt, die er sich nicht selbst geschaffen hätte. Er würde das Paradies in eine Wildniß verwandelt, und dann die Wildniß zum Paradies gemacht haben. Aber glücklich für das Menschengeschlecht, wenn es keinen schlimmern

Feind zu bekämpfen gehabt hätte, als die Trägheit des Ackers den Grimm wilder Thiere und eine stürmische Natur! – Die Noth drängte ihn, Leidenschaften wachten auf, und waffneten ihn bald gegen seines Gleichen. Mit dem Menschen mußte er um sein Daseyn kämpfen, einen langen, lasterreichen, noch jetzt nicht geendigten Kampf, aber in diesem Kampfe allein konnte er seine Vernunft und Sittlichkeit ausbilden.

Häusliches Leben.

Die ersten Söhne, welche die Mutter der Menschen gebar, hatten vor ihren Eltern einen sehr wichtigen Vortheil voraus: Sie wurden von Menschen erzogen. Alle Fortschritte, welche die letztern durch sich selbst, und also weit langsamer, hatten thun müssen, kamen ihren Kindern zu gut, und wurden diesen schon in ihrem zärtesten Alter, spielend und mit der Herzlichkeit elterlicher Liebe übergeben. Mit dem ersten Sohn also, der vom Weibe geboren war, fängt das große Werkzeug an, wirksam zu werden – das Werkzeug, durch welches das ganze Menschengeschlecht seine Bildung erhalten hat, und fortfahren wird zu erhalten – nämlich die Tradition, oder die Ueberlieferung der Begriffe.

Die mosaische Urkunde verläßt uns hier und überspringt einen Zeitraum von funfzehn und mehreren Jahren, um uns die beyden Brüder schon erwachsen aufzuführen. Aber diese Zwischenzeit ist für die Menschengeschichte wichtig, und wenn die Urkunde uns verläßt, so muß die Vernunft die Lücke ergänzen.

Die Geburt eines Sohnes, seine Ernährung, Wartung und Erziehung vermehrten die Kenntnisse, Erfahrungen und Pflichten der Ersten Menschen mit einem wichtigen Zuwachs, den wir sorgfältig aufzeichnen müssen.

Von den Thieren lernte die erste Mutter ohne Zweifel ihre nothwendigste Mutterpflicht, so wie sie die Hülfsmittel bey der Geburt wahrscheinlich von der Noth gelernt hatte. Die Sorgfalt für Kinder machte sie auf unzählige kleine Bequemlichkeiten aufmerksam, die ihr bis jetzt unbekannt gewesen; die Anzahl der Dinge, von denen sie Gebrauch machen lernte, vermehrte sich, und die Mutterliebe wurde sinnreich im Erfinden.

Bis jetzt hatten beyde nur *ein* gesellschaftliches Verhältniß, nur *eine* Gattung von Liebe erkannt, weil jedes in dem andern nur Einen Gegenstand vor sich hatte. Jetzt lernten sie mit einem neuen Gegenstand eine neue Gattung von Liebe, ein neues moralisches Verhältniß kennen – *elterliche* Liebe. Dieses neue Gefühl von Liebe war von reinerer Art, als das erste, es war ganz uneigennützig, da jenes erste bloß auf Vergnügen, auf wechselseitiges Bedürfniß des Umgangs gegründet gewesen war.

Sie betraten also mit dieser neuen Erfahrung schon eine höhere Stufe der Sittlichkeit – sie wurden veredelt.

Aber die elterliche Liebe, in welcher sich beyde für ihr Kind vereinigten, bewirkte nun auch eine nicht geringe Veränderung in dem Verhältniß, worin sie bisher zu einander selbst gestanden hatten. Die Sorge, die Freude, die zärtliche Theilnahme, worin sie sich für den gemeinschaftlichen Gegenstand ihrer Liebe begegneten, knüpfte unter ihnen selbst neue und schönere Bande an. Jedes entdeckte bey dieser Gelegenheit in dem andern neue sittlich schöne Züge, und eine jede solcher Entdeckungen erhöhte und verfeinerte ihr Verhältniß. Der Mann liebte in dem Weibe die Mutter, die Mutter seines geliebten Sohns. Das Weib ehrte und liebte in dem Mann den Vater, den Ernährer ihres Kindes. Das bloß sinnliche Wohlgefallen an einander erhob sich zur Hochachtung, aus der eigennützigen Geschlechtsliebe erwuchs die schöne Erscheinung der *ehelichen* Liebe.

Bald wurden diese moralischen Erfahrungen mit neuen bereichert. Die Kinder wuchsen heran, und auch unter ihnen knüpfte sich allmälig ein zärtliches Band an. Das Kind hielt sich am liebsten zum Kinde, weil jedes Geschöpf sich in seines Gleichen nur liebet. An zarten unmerklichen Fäden erwuchs die *Geschwister-Liebe*. Eine neue Erfahrung für die ersten Eltern. Sie sahen nun ein Bild der Geselligkeit, des Wohlwollens, zum erstenmal *außer* ihnen, sie erkannten ihre eigenen Gefühle, nur in einem jugendlichern Spiegel, wieder.

Bis jetzt hatten beyde, so lange sie allein waren, nur in der Gegenwart und in der Vergangenheit gelebt, aber nun fieng die ferne Zukunft an, ihnen Freuden zu zeigen. So wie sie ihre Kinder neben sich aufwachsen sahen, und jeder Tag eine neue Fähigkeit in diesen entwickelte, thaten sich ihnen lachende Aussichten für die Zukunft auf, wenn diese Kinder nun einmal Männer und ihnen gleich werden würden – in ihren Herzen erwachte ein neues Gefühl die *Hoffnung*. Welch ein unendliches Gebiet aber wird dem Menschen durch die Hoffnung geöffnet! Vorher hatten sie jedes Vergnügen nur einmal, nur in der Gegenwart genossen – in der Erwartung wurde jede künftige Freude mit zahlenloser Wiederholung voraus empfunden!

Als die Kinder nun wirklich heranreiften! welche Mannigfaltigkeit kam auf einmal in diese erste Menschengesellschaft! Jeder Begriff, den sie ihnen mitgetheilt hatten, hatte sich in jeder Seele anders gebildet, und überraschte sie jetzt durch Neuheit. Jetzt wurde der Umlauf der Gedanken lebendig, das moralische Gefühl in Uebung gesetzt, und durch Uebung entwickelt, die Sprache wurde schon reicher, und mahlte schon bestimmter, und wagte sich schon an feinere Gefühle, neue Erfahrungen in der Natur um sie her, neue Anwendungen der schon bekannten. Jetzt beschäftigte der Mensch ihre Aufmerksamkeit schon ganz. Jetzt war keine Gefahr mehr vorhanden, daß sie zur Nachahmung der Thiere herabsinken würden!

Verschiedenheit der Lebensweise.

Der Fortschritt der Kultur äußerte sich schon bey der ersten Generation. Adam baute den Acker; einen seiner Söhne sehen wir schon einen neuen Nahrungszweig, die Viehzucht, ergreifen. Das Menschengeschlecht scheidet sich also hier schon in zwey verschiedene Konditionen, in Feldbauer und Hirten.

Bey der Natur gieng der erste Mensch in die Schule, und ihr hat er alle nützliche Künste des Lebens abgelernt. Bey einer aufmerksamen Betrachtung konnte ihm die Ordnung nicht lange verborgen bleiben, nach welcher die Pflanzen sich wieder erzeugen. Er sah die Natur selbst säen und begießen, sein Nachahmungstrieb erwachte, und bald spornte ihn die Noth, der Natur seinen Arm zu leihen, und ihrer freywilligen Ergiebigkeit durch Kunst nachzuhelfen.

Man muß aber nicht glauben, daß der erste Anbau gleich Getraitebau gewesen, wozu schon sehr große Zurüstungen nöthig sind, und es ist dem Gange der Natur gemäß, stets von den einfachern zu den zusammengesetztern fortzuschreiten. Wahrscheinlich war der Reis eines der ersten Gewächse, die der Mensch bauete; die Natur lud ihn dazu ein, denn der Reis wächst in Indien wild, und die ältesten Geschichtschreiber sprechen von dem Reisbau als einer der ältesten Arten des Feldbaues. Der Mensch bemerkte, daß bey einer anhaltenden Dürre die Pflanzen ermatten, nach einem Regen aber sich schnell wieder erholten. Er bemerkte ferner, daß da, wo ein übertretender Strom einen Schlamm zurück gelassen, die Fruchtbarkeit größer war. Er benutzte diese beyden Entdeckungen, er gab seinen Pflanzungen einen künstlichen Regen und brachte Schlamm auf seinen Acker, wenn kein Fluß in der Nähe war, der ihm solchen geben konnte. Er lernte düngen und begießen.

Schwerer scheint der Schritt zu seyn, den er zum Gebrauch der Thiere machte, aber auch hier fieng er, wie überall, bey dem natürlichen und unschuldigen zuerst an, und er begnügte sich vielleicht viele Menschenalter lang mit der Milch des Thiers, ehe er Hand an dessen Leben legte. Ohne Zweifel war es die Muttermilch, die ihn zu dem Versuche einlud, sich der Thiermilch zu bedienen. Nicht sobald aber hatte er diese neue Nahrung kennen lernen, als er sich ihrer auf immer versicherte. Um diese Speise jederzeit bereit und im Vorrath zu haben, durfte es nicht den Zufall überlassen werden, ob ihm dieser gerade, wenn er hungerte, ein solches Thier entgegen führen wollte. Er verfiel also darauf, eine gewisse Anzahl solcher Thiere immer um sich zu versammeln, er verschaffte sich eine Heerde; diese mußte er aber unter denjenigen Thieren suchen, die gesellig leben, und er mußte sie aus dem Stande wilder Freyheit, in den Stand der Dienstbarkeit und friedlichen Ruhe versetzen, d.i. er mußte sie zähmen. Ehe er sich aber an diejenigen wagte, die von wilderer Natur und ihm an natürlichen Waffen und Kräften überlegen waren, versuchte er es zuerst mit denjenigen, denen er selbst an Kraft überlegen war, und welche von Natur weniger Wildheit besaßen. Er hütete also früher Schaafe, als er Schweine, Ochsen und Pferde hütete.

Sobald er seinen Thieren ihre Freyheit geraubt hatte, war er in die Nothwendigkeit gesetzt, sie selbst zu ernähren, und für sie zu sorgen. So wurde er also zum Hirten, und so lange die Gesellschaft noch klein war, konnte die Natur seiner kleinen Heerde Nahrung in Ueberfluß darbieten. Er hatte keine andre Mühe, als die Weide aufzusuchen, und sie, wenn sie abgeweidet war, mit einer andern zu vertauschen. Der reichste Ueberfluß lohnte ihm für diese leichte Beschäftigung, und der Ertrag seiner Arbeit war keinem Wechsel, weder der Jahreszeit noch der Witterung, unterworfen. Ein gleichförmiger Genuß war das Loos des Hirtenstandes. Freyheit und ein fröhlicher Müßigang sein Karakter.

Ganz anders verhielt es sich mit dem Feldbauer. Sklavisch war dieser an den Boden, den er gepflanzt hatte, gebunden, und mit der Lebensart, die er ergriff, hatte er jede Freyheit seines Aufenthalts aufgegeben. Sorgfältig mußte er sich nach der zärtlichen Natur des Gewächses richten, das er zog, und dem Wachsthum desselben durch Kunst und Arbeit zu Hülfe kommen, wenn der andre seine Heerde selbst für sich sorgen ließ. Mangel an Werkzeugen machte ihm anfänglich jede Arbeit schwerer, und doch war er ihr mit zwey Händen kaum gewachsen. Wie mühsam mußte seine Lebensart seyn, ehe die Pflugschaar sie ihm erleichterte, ehe er den gebändigten Stier zwang, die Arbeit mit ihm zu theilen!

Das Aufreißen des Erdreichs, Aussaat, und Wässerung, die Aernte selbst, wie viele Arbeiten erforderte dies alles! und welche Arbeit erst nach der Aernte, bis die Frucht seines Fleißes so weit gebracht war, von ihm genossen zu werden! Wie oft mußte er sich gegen wilde Thiere, die sie anfielen, für seine Pflanzungen wehren, sie hüten oder verzäunen, oft vielleicht gar mit Gefahr seines Lebens dafür kämpfen! Und wie unsicher war ihm dabey noch immer die Frucht seines Fleißes, in die Gewalt der Witterung und der Jahrszeit gegeben! Ein übertretender Strom, ein fallender Hagel war genug, sie ihm am Ziel noch zu rauben, und ihn dem härtesten Mangel auszusetzen. Hart also, ungleich und zweifelhaft war das Loos des Ackermanns gegen das gemächliche ruhige Loos des Hirten, und seine Seele mußte in einem durch so viele Arbeit gehärteten Körper verwildern.

Fiel es ihm nun ein, dieses harte Schicksal mit dem glücklichen Leben des Hirten zu vergleichen, so mußte ihm diese Ungleichheit auffallen, er mußte – nach seiner sinnlichen Vorstellungsart – jenen für einen vorgezogenen Günstling des Himmels halten.

Der Neid erwachte in seinem Busen, diese unglückliche Leidenschaft mußte, bey der ersten Ungleichheit unter Menschen, erwachen. Mit Scheelsucht blickte er jetzt den Segen des Hirten an, der ihm ruhig gegenüber im Schatten weidete, wenn ihn selbst die Sonnenhitze stach, und die Arbeit ihm den Schweiß aus der Stirne preßte. Die sorglose Fröhlichkeit des Hirten that ihm wehe. Er haßte ihn wegen seines Glücks und verachtete ihn seines Müßiggangs wegen. So bewahrte er einen stillen Unwillen gegen ihn in seinem Herzen, der bey dem nächsten Anlaß in Gewaltthätigkeit ausbrechen mußte. Dieser Anlaß aber konnte nicht lange ausbleiben. Die Gerechtsame eines jeden hatte zu dieser Zeit noch keine bestimmten Gränzen, und keine Gesetze waren noch vorhanden, die das Mein und Dein auseinander gesetzt hätten. Jeder glaubte, noch einen gleichen Anspruch auf die ganze Erde zu haben, denn die Vertheilung in Eigenthum sollte erst durch eintretende Collisionen herbey geführt werden. Gesetzt nun, der Hirte hatte alle Gegenden umher mit seiner Heerde abgeweidet, und fühlte doch auch keine Lust dazu, sich weit von der Familie in fernen Gegenden zu verlieren – was that er also? worauf mußte er natürlicherweise verfallen? er trieb seine Heerde in die Pflanzungen des Ackermanns, oder ließ es wenigstens geschehen, daß sie selbst diesen Weg nahm. Hier war reicher Vorrath für seine Schaafe, und kein Gesetz war noch da, es ihm zu wehren. Alles, wornach er greifen konnte, war sein – so raisonnirte die kindische Menschheit.

Jetzt also zum erstenmal kam der Mensch in Collision mit dem Menschen; an die Stelle der wilden Thiere, mit denen es der Ackermann bis jetzt zu thun gehabt hatte, trat nun der Mensch. Dieser erschien jetzt gegen ihn als ein feindseliges Raubthier, das seine Pflanzungen verwüsten wollte. Kein Wunder, daß er ihn auf eben die Art empfing, wie er das Raubthier empfangen hatte, dem der Mensch jetzt nachahmte. Der Haß, den er schon lange Jahre in seiner Brust herumgetragen, wirkte mit, ihn zu erbittern; und ein mörderischer Schlag mit der Keule rächte ihn auf einmal an dem langen Glück seines beneideten Nachbars.

So traurig endigte die erste Collision der Menschen.

Aufgehobene Standesgleichheit.

Einige Worte der Urkunde lassen uns schließen, daß die Polygamie in jenen frühen Zeiten etwas seltenes, und also damals schon Herkommen gewesen sey, sich in Ehen einzuschränken, und mit Einer Gattin zu begnügen. Ordentliche Ehen aber scheinen schon eine gewisse Sittlichkeit und Verfeinerung anzuzeigen, die man in jenen frühen Zeiten kaum erwarten sollte. Meistens gelangen die Menschen nur durch die Folgen der Unordnung zu Einführung der Ordnung, und Gesetzlosigkeit führt gewöhnlich erst zu Gesetzen.

Diese Einführung ordentlicher Ehen scheint also nicht sowohl auf Gesetzen, als auf dem Herkommen beruht zu haben. Der Mensch konnte nicht anders als in der Ehe leben, und das Beyspiel des ersten hatte für den zweyten schon einige Kraft des Gesetzes. Mit einem einzigen Paar hatte das Menschengeschlecht angefangen. Die Natur hatte also ihren Willen in diesem Beyspiel gleichsam verkündigt.

Nimmt man also an, daß in den allerersten Zeiten das Verhältniß der Anzahl zwischen beyden Geschlechtern gleich gewesen sey, so ordnete schon die Natur, was der Mensch nicht geordnet hätte. Jeder nahm nur eine Gattin, weil nur eine für ihn übrig war.

Wenn sich nun endlich in der Anzahl beyder Geschlechter auch ein merkliches Mißverhältniß zeigte, und Wahlen statt fanden, so war diese Ordnung durch Observanz einmal befestigt, und niemand wagte es so leicht, die Weise der Väter durch eine Neuerung zu verletzen.

Eben so, wie die Ordnung der Ehen, richtete sich auch ein gewisses natürliches Regiment in der Gesellschaft von selbst ein. Das väterliche Ansehen hatte die Natur gegründet, weil sie das hülflose Kind von dem Vater abhängig machte, und es vom zarten Alter an gewöhnte, seinen Willen zu ehren. Diese Empfindung mußte der Sohn sein ganzes Leben hindurch beybehalten. Wurde er nun auch selbst Vater, so konnte sein Sohn denjenigen nicht ohne Ehrfurcht ansehen, dem er von seinem Vater so ehrerbietig begegnet sah, und stillschweigend mußte er dem Vater seines Vaters ein höheres Ansehn zugestehen. Dieses Ansehn des Stammherrn mußte sich in gleichem Grade mit jeder Vermehrung der Familie, und mit jeder höhern Stuffe seines Alters vermehren, und die größere Erfahrenheit, die Frucht eines so langen Lebens, mußte ihm ohnehin über jeden, der jünger war, eine natürliche Ueberlegenheit geben. In jeder strittigen Sache war der Stammherr also die letzte Instanz, und durch die lange Beobachtung dieses Gebrauches gründete sich endlich eine natürliche sanfte Obergewalt, die Patriarchen-Regierung, welche aber die allgemeine Gleichheit darum nicht aufhob, sondern vielmehr befestigte.

Aber diese Gleichheit konnte nicht immer Bestand haben. Einige waren weniger arbeitsam, einige weniger von dem Glück und ihrem Erdreich begünstigt, einige schwächlicher geboren als die andern, es gab also Starke und Schwache, Herzhafte und Verzagte, Wohlhabende und Arme. Der Schwache und Arme mußte bitten, der Wohlhabende konnte geben und versagen. Die Abhängigkeit der Menschen von Menschen fieng an.

Die Natur der Dinge hatte es einführen müssen, daß das hohe Alter von der Arbeit befreyte, und der Jüngling für den Greis, der Sohn für den grauen Vater die Geschäfte übernahm. Bald wurde diese Pflicht der Natur von der Kunst nachgeahmt. Manchem mußte der Wunsch aufsteigen, die bequeme Ruhe des Greisen mit den Genüssen des Jünglings zu verbinden, und sich künftig jemand zu verschaffen, der für ihn die Dienste eines Sohnes übernähme. Sein Auge fiel auf den Armen oder Schwächern, der seinen Schutz aufforderte, oder seinen Ueberfluß in Anspruch nahm. Der Arme und Schwache bedurfte seines Beystandes, er hingegen brauchte den Fleiß des Armen. Das eine also wurde die Bedingung des andern. Der Arme und Schwache diente und empfieng, der Starke und Reiche gab und gieng müßig.

Der erste Unterschied der Stände. Der Reiche wurde reicher durch des Armen Fleiß; seinen Reichthum zu vermehren, vermehrte er also die Zahl seiner Knechte; viele also sah er um sich, die minder glücklich als er waren, viele hiengen von ihm ab. Der Reiche fühlte sich und wurde stolz. Er fieng an, die Werkzeuge seines Glückes mit Werkzeugen seines Willens zu verwechseln. Die Arbeit vieler kam ihm, dem Einzigen, zu gute; also schloß er, diese vielen seyen des Einzigen wegen da – Er hatte nur einen kleinen Schritt zum Despoten.

Der Sohn des Reichen fieng an, sich besser zu dünken, als die Söhne von seines Vaters Knechten. Der Himmel hatte ihn mehr begünstigt als diese; er war dem Himmel also lieber. Er nannte sich Sohn des Himmels, wie wir Günstlinge des Glücks, Söhne des Glücks nennen. Gegen ihn, den Sohn des Himmels, war der Knecht nur ein Menschensohn. Daher in der Genesis der Unterschied zwischen Kindern Elohims und Kindern der Menschen.

Das Glück führte den Reichen zum Müßiggang, der Müßiggang führte ihn zur Lüsternheit und endlich zum Laster. Sein Leben auszufüllen, mußte er die Zahl seiner Genüsse vermehren, schon reichte das gewöhnliche Maaß der Natur nicht mehr hin, den Schwelger zu befriedigen, der in seiner trägen Ruhe auf Ergötzungen sann.

Er mußte alles besser und alles in reicherm Maaße haben, als der Knecht. Der Knecht begnügte sich noch mit einer Gattin. Er erlaubte sich mehrere Weiber. Immerwährender Genuß stumpft aber ab, und ermüdet. Er mußte darauf denken, ihn durch künstliche Reize zu erheben. Ein neuer Schritt. Er nahm nicht mehr vorlieb mit dem, was den sinnlichen Trieb nur befriedigte: er wollte in einen Genuß mehrere und feinere Freuden gelegt haben. Erlaubte Vergnügungen sättigten ihn nicht mehr; seine Begierde verfiel nun auf heimliche. Das Weib allein reizte ihn nicht mehr. Er verlangte jetzt schon Schönheit von ihr.

Unter den Töchtern seiner Knechte entdeckte er schöne Weiber. Sein Glück hatte ihn stolz gemacht; Stolz und Sicherheit machten ihn trotzig. Er überredete sich leicht, daß alles sein sey, was seinen Knechten gehöre. Weil ihm alles hingieng, so erlaubte er sich alles. Die Tochter seines Knechts war ihm zur Gattin zu niedrig; aber zur Befriedigung seiner Lüste war sie doch zu gebrauchen. Ein neuer wichtiger Schritt der Verfeinerung zur Verschlimmerung.

Sobald aber nun das Beyspiel einmal gegeben war, so mußte die Sittenverderbniß bald allgemein werden. Je weniger Zwangsgesetze sie nämlich vorfand, die ihr hätten Einhalt thun können, je näher die Gesellschaft, in welcher diese Sittenlosigkeit aufkam, noch dem Stande der Unschuld war, desto reißender mußte sie sich verbreiten.

Das Recht des Stärkern kam auf, Macht berechtigte zur Unterdrückung, und zum erstenmal zeigen sich Tyrannen.

Die Urkunde giebt sie als Söhne der Freude an, als die unächten Kinder, die in gesetzwidriger Vermischung erzeugt wurden. Kann man dieses für buchstäblich wahr halten, so liegt eine große Feinheit in diesem Zug, die man meines Wissens noch nicht auseinander gesetzt hat. Diese Bastard Söhne erbten den Stolz des Vaters, aber nicht seine Güter. Vielleicht liebte sie der Vater, und zog sie bey seinen Lebzeiten vor, aber von seinen rechtmäßigen Erben wurden sie ausgeschlossen und vertrieben, so bald er todt war. Hinausgestoßen aus einer Familie, der sie durch einen unrechten Weg aufgedrungen worden, sahen sie sich verlassen und einsam in der weiten Welt, sie gehörten niemanden an, und nichts gehörte ihnen; damals aber war keine andre Lebensweise in der Welt, als man mußte entweder Herr, oder eines Herrn Knecht seyn.

Ohne das erste zu seyn, dünkten sie sich zu dem letztern zu stolz; auch waren sie zu bequem erzogen, um dienen zu lernen. Was sollten sie also thun? Der Dünkel auf ihre Geburt und feste Glieder war alles, was ihnen geblieben war; nur die Erinnerung an ehemaligen Wohlstand, und ein Herz, das auf die Gesellschaft erbittert war, begleitete sie ins Elend. Der Hunger machte sie zu Räubern, und Räuberglück zu Abentheurern, endlich gar zu Helden.

Bald wurden sie dem friedlichen Feldbauer, dem wehrlosen Hirten fürchterlich, und erpreßten von ihm, was sie wollten. Ihr Glück und ihre Siegesthaten machten sie weit umher berüchtigt, und der bequeme Ueberfluß dieser neuen Lebensweise mochte wohl mehrere zu ihrer Bande schlagen. So wurden sie gewaltig, wie die Schrift sagt, und berühmte Leute.

Diese überhandnehmende Unordnung in der ersten Gesellschaft würde sich endlich wahrscheinlich mit Ordnung geendigt, und die einmal aufgehobene Gleichheit unter den Menschen von dem patriarchalischen Regiment zu Monarchien geführt haben – Einer dieser Abentheurer, mächtiger und kühner als die andern, würde sich zu ihrem Herrn aufgeworfen, eine feste Stadt gebaut, und den ersten Staat gegründet haben – aber diese Erscheinung kam dem Wesen, das das Schicksal der Welt lenkt, noch zu frühe, und eine fürchterliche Naturbegebenheit hemmte plötzlich alle Schritte, welche das Menschengeschlecht zu seiner Verfeinerung zu thun im Begriff war.

Der erste König.

Asien, durch die Ueberschwemmung von seinen menschlichen Bewohnern verlassen, mußte bald wilden Thieren zum Raub werden, die sich auf einem so fruchtbaren Erdreich, als auf die Ueberschwemmung folgte, schnell und in großer Anzahl vermehrten, und ihre Herrschaft da ausbreiteten, wo der Mensch zu schwach war, ihr Einhalt zu thun. Jeder Strich Landes also, den das neue Menschengeschlecht bebauete, mußte den wilden Thieren erst abgerungen, und mit List und Gewalt ferner gegen sie vertheidigt werden. Unser Europa ist jetzt von diesen wilden Bewohnern gereinigt, und kaum können wir uns einen Begriff von dem Elend machen, das jene Zeiten gedrückt hat; aber wie fürchterlich diese Plage gewesen seyn müsse, lassen uns, außer mehreren Stellen der Schrift die Gewohnheiten der ältesten Völker und besonders der Griechen schließen, die den Bezwingern wilder Thiere Unsterblichkeit und die Götterwürde zuerkannt haben.

So wurde der Thebaner Oedipus König, weil er die verheerende Sphinx ausgerottet, so erwarben sich Perseus, Herkules, Theseus und viele andre ihren Nachruhm und ihre Apotheose. Wer also an Vertilgung dieser allgemeinen Feinde arbeitete, war der größte Wohlthäter der Menschen, und um glücklich darin zu seyn, mußte er auch wirklich seltene Gaben in sich vereinigen. Die Jagd gegen diese Thiere war, ehe der Krieg unter Menschen selbst zu wüthen begann, das eigentliche Werk der Helden. Wahrscheinlich wurde diese Jagd in großen Haufen angestellt, die immer der tapferste anführte, derjenige nämlich, dem sein Muth und sein Verstand eine *natürliche* Ueberlegenheit über die andern verschafften. Dieser gab dann zu den wichtigsten dieser Kriegsthaten seinen Namen, und dieser Name lud viele hunderte ein, sich zu seinem Gefolge zu schlagen, um unter ihm Thaten der Tapferkeit zu thun. Weil diese Jagden nach gewissen planmäßigen Dispositionen vorgenommen werden mußten, die der Anführer entwarf und dirigirte, so setzte er sich dadurch stillschweigend in den Besitz, den übrigen ihre Rollen zuzutheilen, und *seinen* Willen zu dem ihrigen zu machen. Man wurde unvermerkt gewohnt, ihm Folge zu leisten, und sich seinen bessern Einsichten zu unterwerfen. Hatte er sich durch Thaten persönlicher Tapferkeit, durch Kühnheit der Seele und Stärke des Arms hervorgethan, so wirkten Furcht und Bewunderung zu seinem Vortheil, daß man sich zuletzt blindlings seiner Führung unterwarf. Entstanden nun Zwistigkeiten unter seinen Jagdgenossen, die unter einem so zahlreichen rohen Jägerschwarm nicht lange ausbleiben konnten, so war Er, den alle fürchteten und ehrten, der natürlichste Richter des Streits, und die Ehrfurcht und Furcht vor seiner persönlichen Tapferkeit war genug, seinen Aussprüchen Kraft zu geben. So wurde aus einem Anführer der Jagden schon ein Befehlshaber und Richter.

Wurde der Raub nun getheilt, so mußte billigerweise die größre Portion ihm, dem Anführer, zufallen, und da er solche für sich selbst nicht verbrauchte, so hatte er etwas, womit er sich andre verbinden, und sich also Anhänger und Freunde erwerben konnte. Bald sammelte sich eine Anzahl der Tapfersten, die er immer durch neue Wohlthaten zu vermehren suchte, um seine Person, und unvermerkt hatte er sich eine Art von *Leibwache*, eine Schaar von Mameluken daraus gebildet, die seine Anmaßungen mit wildem Eifer unterstützte, und jeden, der sich ihm widersetzen mochte, durch ihre Anzahl in Schrecken setzte.

Da seine Jagden allen Gutsbesitzern und Hirten, deren Gränzen er dadurch von verwüstenden Feinden reinigte, nützlich wurden, so mochte ihm anfänglich ein freywilliges Geschenk in Früchten des Feldes und der Heerde für diese nützliche Mühe gereicht worden seyn, das er sich in der Folge als einen verdienten Tribut fortsetzen ließ, und endlich als eine Schuld und als eine pflichtmäßige Abgabe erpreßte. Auch diese Erwerbungen vertheilte er unter die Tüchtigsten seines Haufens, und vergrößerte dadurch immermehr die Zahl seiner Kreaturen. Weil ihn seine Jagden öfters durch Flur und Felder führten, die bey diesen Durchzügen Schaden litten, so fanden es viele Gutsbesitzer für gut, diese Last durch ein freywilliges Geschenk abzukaufen, welches er gleichfalls nachher von allen andern, denen er hätte schaden können, einforderte. Durch solche und ähnliche Mittel vermehrte er seinen Reichthum, und durch diesen – seinen Anhang, der endlich zu einer kleinen Armee anwuchs, die um so fürchterlicher war, weil sie sich im Kampf mit dem Löwen und Tiger, zu jeder Gefahr und Arbeit abgehärtet hatte, und durch ihr rauhes Handwerk verwildert war. Der Schrecken gieng jetzt vor seinem Namen her, und niemand durfte es mehr wagen, ihm eine Bitte zu verweigern. Fielen zwischen einem aus seiner Begleitung und einem Fremden Streitigkeiten vor, so appellirte der Jäger natürlicherweise an seinen Anführer und Beschützer, und so lernte dieser seine Gerichtsbarkeit auch über Dinge, die seine Jagd nichts angiengen, verbreiten. Nun fehlte ihm zum Könige nichts mehr, als eine feyerliche Anerkennung, und konnte man ihm diese wohl an der Spitze seiner gewaffneten und gebieterischen Schaaren versagen? Er war der tüchtigste zu herrschen, weil er der mächtigste war, seine Befehle durchzusetzen. Er war der allgemeine Wohlthäter aller, weil man ihm Ruhe und Sicherheit vor dem gemeinschaftlichen Feind verdankte. Er war schon im Besitz der Gewalt, weil ihm die Mächtigsten zu Gebote standen.

Auf eine ähnliche Art wurden die Vorfahren des Alarich, des Attila, des Meroveus, Könige ihrer Völker. Eben so ists mit den Griechischen Königen, die uns Homer in der Ilias aufführt. Alle waren zuerst Anführer eines kriegerischen

Haufens, Ueberwinder von Ungeheuern, Wohlthäter ihrer Nation. Aus kriegerischen Anführern wurden sie allmählig Schiedsmänner und Richter; mit dem gemachten Raube erkauften sie sich einen Anhang, der sie mächtig und fürchterlich machte. Durch Gewalt endlich stiegen sie auf den Thron.

Man führt das Beyspiel des Dejoces in Medien an, dem das Volk die königliche Würde freywillig übertrug, nachdem er sich demselben als Richter nützlich gemacht hatte. Aber man thut Unrecht, dieses Beyspiel auf die Entstehung des *Ersten* Königs anzuwenden. Als die Meder den Dejoces zu ihrem Könige machten, so waren sie schon ein *Volk*, schon eine formirte politische Gesellschaft; in dem vorliegenden Falle hingegen sollte durch den Ersten König die erste politische Gesellschaft entstehen. Die Meder hatten das drückende Joch der Assyrischen Monarchen getragen, der König, von dem jetzt die Rede ist, war der erste in der Welt, und das Volk, das sich ihm unterwarf, eine Gesellschaft freygebohrner Menschen, die noch keine Gewalt über sich gesehn hatten. Eine schon ehemals geduldete Gewalt läßt sich sehr gut auf diesem ruhigen Weg wieder *herstellen*, aber auf diesem ruhigen Weg läßt sich eine ganz neue und unbekannte nicht einsetzen.

Es scheint also dem Gang der Dinge gemäßer, daß der Erste *König* ein Usurpator war, den nicht ein freywilliger einstimmiger Ruf der Nation (denn damals war noch keine Nation) sondern Gewalt und Glück, und eine schlagfertige Miliz auf den Thron setzten.

VIII. UEBER VÖLKERWANDERUNG, KREUZZÜGE UND MITTELALTER.

Das neue System gesellschaftlicher Verfassung, welches im Norden von Europa und Asien erzeugt, mit dem neuen Völkergeschlechte auf den Trümmern des abendländischen Kaiserthums eingeführt wurde, hatte nun beynahe sieben Jahrhunderte lang Zeit gehabt, sich auf diesem neuen und größern Schauplatz und in neuen Verbindungen zu versuchen, sich in allen seinen Arten und Abarten zu entwikkeln, und alle seine verschiedenen Gestalten und Abwechslungen zu durchlaufen. Die Nachkommen der Vandalen, Sueven, Alanen, Gothen, Heruler, Longobarden, Franken, Burgundier u.a.m. waren endlich *eingewohnt* auf dem Boden, den ihre Vorfahren mit dem Schwert in der Hand betreten hatten, als der Geist der Wanderung und des Raubes, der sie in dieses neue Vaterland geführt, beym Ablauf des eilften Jahrhunderts in einer andern Gestalt und durch andre Anlässe wieder bey ihnen aufgewekt wurde. Europa gab jetzt dem südwestlichen Asien die Völkerschwärme und Verheerungen heim, die es siebenhundert Jahre vorher von dem Norden dieses Welttheils empfangen und erlitten hatte, aber mit sehr ungleichem Glücke, denn so viel Ströme Bluts es den Barbaren gekostet hatte, ewige Königreiche in Europa zu gründen, so viel kostete es jetzt ihren christlichen Nachkommen, einige Städte und Burgen in Syrien zu erobern, die sie zwey Jahrhunderte darauf auf immer verlieren sollten.

Die Thorheit und Raserey, welche den Entwurf der Kreuzzüge erzeugten, und die Gewaltthätigkeiten, welche die Ausführung desselben begleitet haben, können ein Auge, das die Gegenwart begrenzt, nicht wohl einladen, sich dabey zu verweilen. Betrachten wir aber diese Begebenheit im Zusammenhang mit den Jahrhunderten, die ihr vorher giengen, und mit denen, die darauf folgten, so erscheint sie uns in ihrer Entstehung zu natürlich, um unsere Verwunderung zu erregen, und zu wohlthätig in ihren Folgen, um unser Mißfallen nicht in ein ganz andres Gefühl aufzulösen. Sieht man auf ihre Ursachen, so ist diese Expedition der Christen nach dem heiligen Lande ein so ungekünsteltes, ja ein so nothwendiges Erzeugniß ihres Jahrhunderts, daß ein ganz Ununterrichteter, dem man die historischen Prämissen dieser Begebenheit ausführlich vor Augen gelegt hätte, von selbst darauf verfallen müßte. Sieht man auf ihre Wirkungen, so erkennet man in ihr den ersten merklichen Schritt, wodurch der Aberglaube selbst die Uebel anfieng zu verbessern, die er dem menschlichen Geschlecht Jahrhunderte lang zugefügt hatte, und es ist vielleicht kein historisches Problem, das die Zeit reiner aufgelöst hätte, als dieses, keines, worüber sich der Genius, der den Faden der Weltgeschichte spinnt, befriedigender gegen die Vernunft des Menschen gerechtfertigt hätte.

Aus der unnatürlichen und entnervenden Ruhe, in welche das alte Rom alle Völker, denen es sich zur Herrscherin aufdrang, versenkte, aus der weichlichen Sklaverey, worin es die thätigsten Kräfte einer zahlreichen Menschenwelt erstickte, sehen wir das menschliche Geschlecht durch die gesetzlose stürmische Freyheit des Mittelalters wandern, um endlich in der glücklichen Mitte zwischen beyden Aeußersten auszuruhen, und Freyheit mit Ordnung, Ruhe mit Thätigkeit, Mannigfaltigkeit mit Uebereinstimmung wohlthätig zu verbinden.

Die Frage kann wohl schwerlich seyn, ob der Glücksstand, dessen *wir* uns erfreuen, dessen Annäherung wir wenigstens mit Sicherheit erkennen, gegen den blühendsten Zustand, worin sich das Menschengeschlecht sonst jemals befunden, für einen Gewinn zu achten sey, und ob wir uns gegen die schönsten Zeiten Roms und Griechenlands auch wirklich verbessert haben. Griechenland und Rom konnten höchstens vortreffliche *Römer*, vortreffliche *Griechen* erzeugen – die Nation auch in ihrer schönsten Epoche, erhob sich nie zu *vortrefflichen Menschen*. Eine barbarische Wüste war dem Athenienser die übrige Welt außer Griechenland, und man weiß, daß er dieses bey seiner Glückseligkeit sehr mit in Anschlag brachte. Die Römer waren durch ihren eigenen Arm bestraft, da sie auf dem ganzen großen Schauplatz ihrer Herrschaft nichts mehr übrig gelassen hatten, als *römische Bürger* und *römische Sklaven*. Keiner von *unsern* Staaten hat ein römisches Bürgerrecht auszutheilen, dafür aber besitzen wir ein Gut, das, wenn er Römer bleiben wollte, kein Römer kennen durfte – und wir besitzen es von einer Hand, die keinem raubte, was sie Einem gab, und was sie Einmal gab, nie zurücknimmt, wir haben *Menschenfreyheit*; ein Gut, das – wie sehr verschieden von dem Bürgerrecht des Römers! – an Werthe zunimmt, je größer die Anzahl derer wird, die es mit uns theilen, das von keiner wandelbaren Form der Verfassung, von keiner Staatserschütterung abhängig, auf dem festen Grunde der Vernunft und Billigkeit ruhet.

Der *Gewinn* ist also offenbar und die Frage ist bloß diese: War kein näherer Weg zu diesem Ziele? Konnte sich diese heilsame Veränderung nicht weniger gewaltsam aus dem römischen Staat entwickeln, und mußte das Menschengeschlecht nothwendig die traurige Zeitstrecke vom vierten bis zum sechszehnten Jahrhundert durchlaufen?

Die Vernunft kann in einer anarchischen Welt nicht aushalten. Stets nach Uebereinstimmung strebend, läuft sie lieber Gefahr, die Ordnung unglücklich zu vertheidigen, als mit Gleichgültigkeit zu entbehren.

War die *Völkerwanderung* und das *Mittelalter*, das darauf folgte, eine *nothwendige* Bedingung unserer bessern Zeiten?

Asien kann uns einige Aufschlüsse darüber geben. Warum blühten hinter dem Heerzuge Alexanders keine griechische Freystaaten auf? Warum sehen wir *Sina*, zu einer traurigen Dauer verdammt, in ewiger Kindheit altern? Weil Alexander mit Menschlichkeit erobert hatte, weil die kleine Schaar seiner Griechen unter den Millionen des großen Königs verschwand, weil sich die Horden der Mantschu in dem ungeheuern Sina unmerkbar verloren. Nur die Menschen hatten sie unterjocht, die Gesetze und die Sitten, die Religion und der Staat waren Sieger geblieben. Für despotisch beherrschte Staaten ist keine Rettung als in dem Untergang. Schonende Eroberer führen ihnen nur Pflanzvölker zu, nähren den siechen Körper, und können nichts, als seine Krankheit verewigen. Sollte das verpestete Land nicht den gesunden Sieger vergiften, sollte sich der Deutsche in Gallien nicht zum Römer verschlimmern, wie der Grieche zu Babylon in einen Perser ausartete, so mußte die Form zerbrochen werden, die seinem Nachahmungsgeist gefährlich werden konnte, und er mußte auf dem neuen Schauplatz, den er jetzt betrat, in jedem Betracht der stärkere Theil bleiben.

Die scythische Wüste öffnet sich, und gießt ein rauhes Geschlecht über den Occident aus. Mit Blut ist seine Bahn bezeichnet, Städte sinken hinter ihm in Asche, mit gleicher Wuth zertritt es die Werke der Menschenhand und die Früchte des Ackers, Pest und Hunger holen nach, was Schwert und Feuer vergaßen; aber Leben geht nur unter, damit besseres Leben an seiner Stelle keime. Wir wollen ihm die Leichen nicht nachzählen, die es aufhäufte, die Städte nicht, die es in die Asche legte. Schöner werden sie hervorgehen unter den Händen der Freyheit, und ein besserer Stamm von Menschen wird sie bewohnen. Alle Künste der Schönheit und der Pracht, der Ueppigkeit und Verfeinerung gehen unter, kostbare Denkmähler, für die Ewigkeit gegründet, sinken in den Staub, und eine tolle Willkühr darf in dem feinen Räderwerk einer geistreichen Ordnung wühlen; aber auch in diesem wilden Tumult ist die Hand der Ordnung geschäftig, und was den kommenden Geschlechtern von den Schäzzen der Vorzeit beschieden ist, wird unbemerkt vor dem zerstörenden Grimm des jetzigen geflüchtet. Eine wüste Finsterniß breitet sich jetzt über dieser weiten Brandstätte aus, und der elende ermattete Ueberrest ihrer Bewohner hat für einen neuen Sieger gleich wenig Widerstand und Verführung.

Raum ist jetzt gemacht auf der Bühne – und ein neues Völkergeschlecht besetzt ihn, schon seit Jahrhunderten still, und ihm selbst unbewußt, in den nordischen Wäldern zu einer erfrischenden Kolonie des erschöpften Westen erzogen. Roh und wild sind seine Gesetze, seine Sitten; aber sie ehren in ihrer rohen Weise die menschliche Natur, die der Alleinherrscher in seinen verfeinerten Sklaven nicht ehret. Unverrückt, als wäre er noch auf *salischer* Erde, und unversucht von den Gaben, die der unterjochte Römer ihm anbietet, bleibt der *Franke* den Gesetzen getreu, die ihn zum Sieger machten; zu stolz und zu weise, aus den Händen der Unglücklichen Werkzeuge des Glücks anzunehmen. Auf dem Aschenhaufen römischer Pracht breitet er seine nomadischen Gezelte aus, bäumt den eisernen Speer, sein höchstes Gut, auf dem eroberten Boden, pflanzt ihn vor den Richterstühlen auf, und selbst das Christenthum, will es anders den Wilden fesseln, muß das schreckliche Schwert umgürten.

Und nun entfernen sich alle fremden Hände von dem Sohne der Natur. Zerbrochen werden die Brücken zwischen Byzanz und Massilien, zwischen Alexandria und Rom, der schüchterne Kaufmann eilt heim, und das Ländergattende Schiff liegt entmastet am Strande. Eine Wüste von Gewässern und Bergen. Eine Nacht wilder Sitten wälzt sich vor den Eingang Europens hin, der ganze Welttheil wird geschlossen.

Ein langwieriger, schwerer und merkwürdiger Kampf beginnt jetzt, der rohe germanische Geist ringt mit den Reizungen eines neuen Himmels, mit neuen Leidenschaften, mit des Beyspiels stiller Gewalt, mit dem Nachlaß des umgestürzten Roms, der in dem neuen Vaterland noch in tausend Netzen ihm nachstellt, und wehe dem Nachfolger eines Klodion, der auf der Herrscherbühne des Trajanus sich Trajanus dünkt! Tausend Klingen sind gezückt, ihm die scythische Wildniß ins Gedächtniß zu rufen. Hart stößt die Herrschsucht mit der Freyheit zusammen, der Trotz mit der Festigkeit, die List strebt die Kühnheit zu umstricken, das schreckliche Recht der Stärke kommt zurück, und Jahrhunderte lang sieht man den rauchenden Stahl nicht erkalten. Eine traurige Nacht, die alle Köpfe verfinstert, hängt über Europa herab, und nur wenige Lichtfunken stiegen auf, das nachgelaßne Dunkel desto schrecklicher zu zeigen. Die ewige Ordnung scheint von dem Steuer der Welt geflohen, oder, indem sie ein entlegenes Ziel verfolgt, das gegenwärtige Geschlecht aufgegeben zu haben. Aber, eine gleiche Mutter allen ihren Kindern, rettet sie einstweilen die erliegende Ohnmacht an den Fuß der Altäre, und gegen eine Noth, die sie ihm nicht erlassen kann, stärkt sie das Herz mit dem Glauben der Ergebung. Die Sitten vertraut sie dem Schutz eines verwilderten Christenthums, und vergönnt dem mittlern Geschlechte sich an diese wankende Krücke zu lehnen, die sie dem stärkern Enkel zerbrechen wird. Aber in diesem langen Kriege erwarmen zugleich die

Staaten und ihre Bürger, kräftig wehrt sich der deutsche Geist gegen den Herzumstrickenden Despotismus, der den zu früh ermattenden Römer erdrückte, der Quell der Freyheit springt in lebendigem Strom, und *unüberwunden*, und *wohlbehalten* langt das spätere Geschlecht bey dem schönen Jahrhundert an, wo sich endlich, herbeygeführt durch die vereinigte Arbeit des Glücks und der Menschen, das Licht des Gedankens mit der Kraft des Entschlusses, die Einsicht mit dem Heldenmuth gatten soll. Da Rom noch Scipionen und Fabier zeugte, fehlten ihm die Weisen, die ihrer Tugend das Ziel gezeigt hätten; als seine Weisen blühten, hatte der Despotismus sein Opfer gewürgt, und die Wohlthat ihrer Erscheinung war an dem entnervten Jahrhundert verloren. Auch die griechische Tugend erreichte die hellen Zeiten des Perikles und Alexanders nicht mehr, und als Harun seine Araber denken lehrte, war die Glut ihres Busens erkaltet. Ein besserer Genius war es, der über das neue Europa wachte. Die lange Waffenübung des Mittelalters hatte dem *sechszehnten* Jahrhundert ein gesundes, starkes Geschlecht zugeführt, und der Vernunft, die jetzt ihr Panier entfaltet, kraftvolle Streiter erzogen.

Auf welchem andern Strich der Erde hat der *Kopf* die *Herzen* in Glut gesetzt, und die Wahrheit* den Arm der Tapfern bewaffnet? Wo sonst, als hier, erlebte man die Wundererscheinung, daß Vernunftschlüsse des ruhigen Forschers das Feldgeschrey wurden in mördrischen Schlachten, daß die Stimme der Selbstliebe gegen den stärkeren Zwang der

* Oder was man dafür hielt. Es braucht wohl nicht erst gesagt zu werden, daß es hier nicht auf den *Werth der Materie* ankommt, die gewonnen wurde, sondern auf die unternommene *Mühe* der Arbeit; auf den *Fleiß* und nicht auf das Erzeugniß. Was es auch seyn mochte, wofür man kämpfte – es war immer ein Kampf für die Vernunft, denn durch die Vernunft allein hatte man das Recht dazu erfahren, und für dieses Recht wurde eigentlich ja nur gestritten.

Ueberzeugung schwieg, daß der Mensch endlich das *theuerste* an das *edelste* setzte? Die erhabenste Anstrengung griechischer und römischer Tugend hat sich nie über bürgerliche Pflichten geschwungen, nie oder nur in einem einzigen Weisen, dessen Name schon der größte Vorwurf seines Zeitalters ist: das höchste Opfer, das die Nation in ihrer Heldenzeit brachte, wurde dem *Vaterland* gebracht. Beym Ablauf des Mittelalters allein erblickt man in Europa einen Enthusiasmus, der einem höhern Vernunftidol auch das Vaterland opfert. Und warum nur *hier*, und hier auch nur *einmal* diese Erscheinung? Weil in Europa allein, und hier nur am Ausgang des Mittelalters die Energie des Willens mit dem Licht des Verstandes zusammen traf, hier allein ein noch männliches Geschlecht in die Arme der Weisheit geliefert wurde.

Durch das ganze Gebiet der Geschichte sehen wir die Entwicklung der *Staaten* mit der Entwicklung der *Köpfe* einen sehr ungleichen Schritt beobachten. Staaten sind jährige Pflanzen, die in einem kurzen Sommer verblühn, und von der Fülle des Saftes rasch in die Fäulniß hinübereilen; *Aufklärung* ist eine langsame Pflanze, die zu ihrer Zeitigung einen glücklichen Himmel, viele Pflege und eine lange Reihe von Frühlingen braucht. Und woher dieser Unterschied? Weil die Staaten der *Leidenschaft* anvertraut sind, die in jeder Menschenbrust ihren Zunder findet, die Aufklärung aber dem *Verstande*; der nur durch fremde Nachhülfe sich entwickelt, und dem Glück der Entdeckungen, welche Zeit und Zufälle nur langsam zusammentragen. Wie oft wird die *eine* Pflanze blühen und welken, ehe die andre einmal heran reift? Wie schwer ist es also, daß die *Staaten* die *Erleuchtung* abwarten, daß die *späte* Vernunft die *frühe* Freyheit noch findet? Einmal nur in der ganzen Weltgeschichte hat sich die Vorsehung dieses Problem aufgegeben, und wir haben gesehen, wie sie es löste. Durch den langen Krieg der mittlern Jahrhunderte hielt sie das *politische*

Leben in Europa frisch, bis der Stoff endlich zusammengetragen war, das *moralische* zur Entwicklung zu bringen.*

Nur Europa hat Staaten, die zugleich erleuchtet, gesittet und *ununterworfen* sind; sonst überall wohnt die Wildheit bey der Freyheit und die Knechtschaft bey der Kultur. Aber auch Europa allein hat sich durch ein kriegerisches Jahrtausend gerungen, und nur die Verwüstung im fünften und sechsten Jahrhundert konnte dieses kriegerische Jahrtausend herbey führen. Es ist nicht das Blut ihrer Ahnherren, nicht der Karakter ihres Stammes, der unsre Väter vor dem Joch der Unterdrückung bewahrte, denn ihre gleich frey gebornen Brüder, die Turkomannen und Mantschu, haben ihre Nacken unter den Despotismus gebeugt. Es ist nicht der europäische

* *Freyheit* und *Kultur*, so unzertrennlich beyde in ihrer höchsten Fülle mit einander vereinigt sind, und nur durch diese Vereinigung zu ihrer höchsten Fülle gelangen, so schwer sind sie in ihrem Werden zu verbinden. *Ruhe* ist die Bedingung der Kultur, aber nichts ist der Freyheit gefährlicher als Ruhe. Alle verfeinerte Nationen des Alterthums haben die Blüthe ihrer Kultur mit ihrer Freyheit erkauft, *weil sie ihre Ruhe von der Unterdrückung erhielten*. Und eben darum gereichte ihre Kultur ihnen zum Verderben, weil sie aus dem Verderblichen entstanden war. Sollte dem neuen Menschengeschlecht dieses Opfer erspart werden, d.i. sollten Freyheit und Kultur bey ihm sich vereinigen, so mußte es seine Ruhe auf einem ganz andern Weg als dem Despotismus empfangen. Kein andrer Weg war aber möglich, als die *Gesetze*, und diese kann der noch freye Mensch nur sich selber geben. Dazu aber wird er sich nur aus Einsicht und Erfahrung entweder ihres Nutzens, oder der schlimmen Folgen ihres Gegentheils entschließen. Jenes sezte schon voraus, was erst geschehen und erhalten werden soll; er kann also nur durch die schlimmen Folgen der Gesetzlosigkeit dazu gezwungen werden. Gesetzlosigkeit aber ist nur von sehr kurzer Dauer, und führt mit raschem Uebergange zur willkührlichen Gewalt. Ehe die Vernunft die Gesetze gefunden hätte, würde die Anarchie sich längst in Despotismus geendigt haben. Sollte die Vernunft also Zeit finden, die Gesetze sich zu geben, so mußte die Gesetzlosigkeit *verlängert* werden, welches in dem Mittelalter geschehen ist.

Boden und Himmel, der ihnen dieses Schicksal ersparte, denn auf eben diesem Boden und unter eben diesem Himmel haben Gallier und Britten, Hetrurier und Lusitanier, das Joch der Römer geduldet. Das Schwert der Vandalen und Hunnen, das ohne Schonung durch den Occident mähte, und das kraftvolle Völkergeschlecht, das den gereinigten Schauplatz besetzte, und aus einem tausendjährigen Kriege *unüberwunden* kam – diese sind die Schöpfer unsers jetzigen Glücks; und so finden wir den Geist der Ordnung in den zwey schrecklichsten Erscheinungen wieder, welche die Geschichte aufweiset.

Ich glaube dieser langen Ausschweifung wegen keiner Entschuldigung zu bedürfen. Die großen Epochen in der Geschichte verknüpfen sich zu genau mit einander, als daß die Eine ohne die Andre erklärt werden könnte; und die Begebenheit der Kreuzzüge ist nur der Anfang zur Auflösung eines Räthsels, das dem Philosophen der Geschichte in der Völkerwanderung aufgegeben worden.

Im dreyzehnten Jahrhundert ist es, wo der Genius der Welt, der schaffend in der Finsterniß gesponnen, die Decke hinweg zieht, um einen Theil seines Werks zu zeigen. Die trübe Nebelhülle, welche tausend Jahre den Horizont von Europa umzogen, scheidet sich in diesem Zeitpunkt und heller Himmel sieht hervor. Das vereinigte Elend der *geistlichen* Einförmigkeit und der *politischen* Zwietracht, der Hierarchie und der Lehenverfassung, vollzählig und erschöpft beym Ablauf des eilften Jahrhunderts, muß sich in seiner ungeheuersten Geburt, in dem Taumel der heiligen Kriege selbst ein Ende bereiten.

Ein fanatischer Eifer sprengt den verschloßnen Westen wieder auf, und der erwachsene Sohn tritt aus dem väterlichen Hause. Erstaunt sieht er in neuen Völkern sich an, freut sich am thrazischen Bosphorus seiner Freyheit und seines Muths, erröthet in Byzanz über seinen rohen Geschmack, seine Unwissenheit, seine Wildheit, und erschrickt in Asien über seine Armuth. Was er sich dort nahm und heimbrachte, bezeugen Europens Annalen; die Geschichte des Orients, wenn wir eine hätten, würde uns sagen, was er dafür gab und zurück ließ. Aber scheint es nicht, als hätte der fränkische Heldengeist in das hinsterbende Byzanz noch ein flüchtiges Leben gehaucht? Unerwartet rafft es mit seinen Komnenern sich auf, und, durch den kurzen Besuch der Deutschen gestärkt, geht es von jetzt an einen edleren Schritt zum Tode.

Hinter dem Kreuzfahrer schlägt der Kaufmann seine Brücke, und das wieder gefundene Band zwischen dem Abend und Morgen, durch einen kriegerischen Schwindel flüchtig geknüpft, befestigt und verewigt der überlegende Handel. Das levantische Schiff begrüßt seine wohlbekannten Gewässer wieder, und seine reiche Ladung ruft das lüsterne Europa zum Fleiße. Bald wird es das ungewisse Geleit des Arkturs entbehren, und eine feste Regel in sich selbst, zuversichtlich auf nie besuchte Meere sich wagen.

Asiens Begierden folgen dem Europäer in seine Heimat – aber hier kennen ihn seine Wälder nicht mehr, und andre Fahnen wehen auf seinen Burgen. In seinem Vaterlande verarmt, um an den Ufern des Euphrats zu glänzen, giebt er endlich das angebetete Idol seiner Unabhängigkeit und seine feindselige Herrengewalt auf, und vergönnt seinen Sklaven die Rechte der Natur mit Gold einzulösen. Freywillig bietet er den Arm jetzt der Fessel dar, die ihn schmückt, aber den Niegebändigten bändigt. Die Majestät der Könige richtet sich auf, indem die *Sklaven* des *Ackers zu Menschen* gedeihen; aus dem Meer der Verwüstung hebt sich, dem Elend abgewonnen, ein neues fruchtbares Land, *Bürgergemeinheit*.

Er allein, der die Seele der Unternehmung gewesen war, und die ganze Christenheit für *seine* Größe hatte arbeiten lassen, der *römische Hierarche* sieht seine Hoffnungen hintergangen.

Nach einem Wolkenbild im Orient haschend, gab er im Occident eine wirkliche Krone verloren. Seine Stärke war die Ohnmacht der Könige, die Anarchie und der Bürgerkrieg die unerschöpfliche Rüstkammer, woraus er seine Donner holte. Auch noch jetzt schleudert er sie aus – jetzt aber tritt ihm die befestigte Macht der Könige entgegen. Kein Bannfluch, kein himmelsperrendes Interdikt, keine Lossprechung von geheiligten Pflichten lös't die heilsamen Bande wieder auf, die den Unterthan an seinen rechtmäßigen Beherrscher knüpfen. Umsonst, daß sein ohnmächtiger Grimm gegen die Zeit streitet, die ihm seinen Thron erbaute und ihn jetzt davon herunter zieht! Aus dem Aberglauben war dieses Schreckbild des Mittelalters erzeugt und groß gezogen von der Zwietracht. So schwach seine Wurzeln waren, so schnell und schrecklich durfte es aufwachsen im eilften Jahrhundert – Seines Gleichen hatte kein Weltalter noch gesehen. Wer sah es dem Feinde der heiligsten Freyheit an, daß er der Freyheit zu Hülfe geschickt wurde? Als der Streit zwischen den Königen und den Edeln sich erhitzte, warf er sich zwischen die ungleichen Kämpfer, und hielt die gefährliche Entscheidung auf, bis *in dem dritten Stande* ein besserer Kämpfer heranwuchs, das Geschöpf des Augenblicks abzulösen. Ernährt von der Verwirrung zehrte er jetzt ab in der Ordnung; die Geburt der Nacht schwindet er weg in dem Lichte. Verschwand aber der Diktator auch, der dem unterliegenden Rom gegen den Pompejus zu Hülfe eilte? Oder Pisistratus, der die Faktionen Athens auseinander brachte? Rom und Athen gehen aus dem Bürgerkriege zur Knechtschaft über – das neue Europa zur Freyheit. Warum war Europa glücklicher? Weil hier durch ein vorübergehendes *Phantom* bewirkt wurde, was dort durch eine bleibende Macht geschah – weil hier allein sich ein Arm fand, der kräftig genug war, Unterdrückung zu hindern, aber zu hinfällig, sie selbst auszuüben.

Wie anders säet der Mensch und wie anders läßt das Schicksal ihn ernten! Asien an den Schemel seines Thrones zu ketten, liefert der heilige Vater dem Schwert der Sarazenen eine Million seiner Heldensöhne aus, aber mit ihnen hat er seinem Stuhl in Europa die kräftigsten Stützen entzogen. Von neuen Anmaßungen und neu zu erringenden Kronen träumt der Adel, und ein gehorsameres Herz bringt er zu den Füßen seiner Beherrscher zurücke. Vergebung der Sünden, und die Freuden des Paradieses sucht der fromme Pilger am heiligen Grab, und ihm allein wird mehr geleistet, als ihm verheißen ward. Seine Menschheit findet er in Asien wieder, und den Saamen der Freyheit bringt er seinen europäischen Brüdern aus diesem Welttheile mit – eine unendlich wichtigere Erwerbung, als die Schlüssel Jerusalems, oder die Nägel vom Kreuz des Erlösers.

Anhang

Das Inventar menschlicher Eigenschaften

Ein Gespräch zwischen Alexander Kluge und Lothar Müller

LOTHAR MÜLLER: Nun, was sagen Sie zu diesem Buch?

ALEXANDER KLUGE: Es hat mich berührt zu lesen, wie Schiller zur Ostermesse 1792 in Jena sich hinsetzt und die Vorrede schreibt zu dieser Sammlung. Es ist ja ein Remix, eine neue Abmischung von Texten, die er im Jahrzehnt zuvor geschrieben hat. Bestimmt hatte er auch ökonomische Gründe, musste Geld verdienen und auch wachsam sein mit dem, was er geschrieben hatte. Es gab kein Copyright, daher der wunderbare erste Satz: »Um dem Nachdruck zuvor zu kommen« – ehe die Nachdrucker mich in die Hand kriegen, mache ich es lieber selbst. Aber das ist nicht alles, es ist da auch noch der Wunsch, sich selbst bekannt zu machen, die Gravitation der eigenen intellektuellen Existenz zur Darstellung zu bringen, öffentlich, vor dem Publikum, das ihn in dieser Sammlung seiner Aufsätze kennenlernen soll: Gerade, weil sie verstreut entstanden sind, zeigen sie die Intensität, mit der ich an verschiedenen Stellen und zu verschiedensten Zeiten gearbeitet habe, also lernen meine Leser mich da am besten kennen. Er verteidigt seine Aufsätze wie einen Rohstoff, wie etwas ganz Robustes, und er findet, dass dieses Prinzip der Sammlung des Verstreuten dem Purismus des Gestaltens vorzuziehen sei. Und es ist ja eine eigentümliche Zeit, Ostermesse 1792. Vier Monate vorher ist Mozart gestorben, aber er hat in diesem Todesjahr noch *Titus* und die *Zauberflöte* hinterlassen, was in Mitteldeutschland aufgeführt wird, in Weimar, in Leipzig und so weiter. Man muss das einbeziehen, genauso wie man die Französische Revolution einbeziehen muss, die zu diesem Zeitpunkt den König noch nicht umgebracht hat. Noch ist die Invasion der Alliierten in Frankreich nicht vonstattengegangen.

MÜLLER: Aber als das Buch erscheint, ist Goethe schon unterwegs, als Begleiter des Herzogs Carl August bei der Campagne in Frankreich. Schillers Vorwort ist für die Ostermesse entstanden, aber auf den Markt kommt das Buch tatsächlich erst im September 1792, als die Koalitionstruppen von Österreich und Preußen ihren Feldzug begannen. Am 20. September beobachtete Goethe die Kanonade von Valmy.

KLUGE: Und völlig räumlich getrennt und ohne persönliche Berührung, sitzt in Königsberg jemand, der vieles von den Gedanken Schillers wie ein Subtext begleitet und zwei Jahre zuvor die *Kritik der Urteilskraft* publiziert hat: Kant. Obwohl er sich aus Königsberg nicht herausrührt, ist er wie über Internet vernetzt mit den Weimarern. Aber was meinen Sie, Goethe in Frankreich, ist das etwas, was Schiller wahrnimmt?

MÜLLER: Bestimmt. Schiller hat Goethe schon lange beobachtet, eher er ihm persönlich näherkam. Als er Goethe Anfang September 1788 in Rudolstadt zum ersten Mal begegnete, war es aber zu keinem Gespräch gekommen. Erst aus dem Zusammentreffen anlässlich der Tagung der Naturforschenden Gesellschaft in Jena Ende 1794 ging die Zusammenarbeit und Freundschaft hervor. Im Revolutionsjahr 1792 gehen Goethe und Schiller noch eigene Wege. Aber es hätte fast nicht nur Goethe in Frankreich, sondern auch Schiller in Frankreich gegeben. Am 26. August 1792 hatte ihm die französische Nationalversammlung in Paris den Titel eines »Citoyen français« verliehen. Davon erfahren hat er erst im Herbst, als die Nachrichten von den Septembermorden in Paris durch die europäische Presse gingen, wenig später die vom Beginn des Prozesses gegen den König, Ludwig XVI. Da wollte Schiller intervenieren mit einer Denkschrift, im Dezember 1792 machte er sich an eine Verteidigungsschrift für den König und spielte mit dem Gedanken, sie übersetzen zu lassen, nach Paris zu reisen und sie dort vorzutragen. Aber kommen wir auf das Buch zurück. Als er 1789 den Plan dazu fasst, ist er ein Mann von dreißig Jahren. Ein Mann von fünfzig Jahren wird er nicht werden, er wird im Alter von 46 Jahren sterben. Todkrank war er vorher oft, totgesagt auch schon. Als er Anfang 1791 in Jena darniederliegt, mit Husten, Magenkrämpfen, Fieber und Schüttelfrost, und die Studenten bei ihm Nachtwache halten, verbreitet sich das Gerücht, er sei gestorben, und seine Bewunderer in Kopenhagen richten ihm eine Totenfeier aus. Aber er überlebt, stürzt sich in die Kant-Lektüre, die er mit der *Kritik der Urteilskraft* beginnt, und mit diesem Buch, in dem er seine Prosaarbeiten sammelt, ist er auch als Autor wieder da. Und die Geste ist: Seht, was ich alles kann. Er ist in vielfältiger Weise in diesem Buch drin. Es ist alles Prosa, aber auch der Lyriker ist darin und vor allem der Dramatiker.

KLUGE: Ja! Es ist der Dramatiker drin, es ist der Erzähler drin, der Historiker ganz prominent, und es ist auch etwas Philosophisches darin enthalten. Ich hatte, als ich das las, das Empfinden: Hier ist ein Intellektueller, und man kann ihn daran erkennen, dass er Unterscheidungsvermögen häuft, dass er Lust hat am Unterscheiden, an der Differenz. Da ist er fast Goethe, dem Lebemann, überlegen. Ich will damit Goethe nicht kleinmachen, es kommt mir nur in den Sinn, weil sich Schiller gelegentlich abgrenzt gegen den Lebemann als denjenigen, der sich im Leben wohnlich einrichtet. Hier, bei Schiller, gibt es eine große Unruhe, und das würde ich nicht allein auf den Sturm und Drang zurückführen, sondern auf die Unruhe, die in den 1790er Jahren die Zeitströmung ist.

MÜLLER: Was Sie an diesem Buch Remix nennen ...

KLUGE: Das meine ich nicht negativ, nicht abfällig. Denken Sie beispielsweise an »Kraftwerk«, die machen nach zwanzig Jahren einen Remix, und das ist das Beste, was sie je gemacht haben. Und ein Remix ändert ja auch alles.

MÜLLER: Und es führt in diesem Buch Figuren zusammen, die in den großen Schiller-Ausgaben eher in getrennten Bänden auftauchen, z.B. Moses und den Marquis Posa ...

KLUGE: Der *Verbrecher aus verlorener Ehre* käme in die Erzählungen, die Antrittsvorlesung über Universalgeschichte in die kleinen historischen Schriften, aber hier nehmen sie wie sehr seltsame Lebewesen untereinander Beziehungen auf. Und dazu gehört auch die zwischen Moses und dem Marquis Posa. Die Schrift über Moses kannte ich gar nicht, und ich kannte zwar das Drama *Don Carlos*, aber nicht diese *Briefe über Don Carlos*, die ja eigentlich Briefe über den Marquis Posa sind. Ich glaube, es ist fingiert, dass er hier Fehler, die er nach Meinung seiner Kritiker als Dramatiker begangen haben soll, verteidigt. Ich glaube, dass er mit sich selbst räsoniert. Haben Sie das auch so empfunden?

MÜLLER: Ja, ich denke, dass vor allem eine Frage ihn umtreibt, die er zugleich an die Anthropologie und an die Geschichte stellt: Kann die Vernunft die Leidenschaften in ihren Dienst nehmen? Oder zerbrechen die Figuren daran, oder zerbricht daran eine Geschichte, oder zerbricht daran gar eine Welt? Moses, wie Schiller ihn hier zeichnet, bringt unter der Maske der Religion die Vernunft in die Welt, Moses, der Erfinder des Monotheismus, in dem sich die Vernunft verpuppt. Und das wirkt fast wie eine dramatische Intrige auf der Bühne der Weltgeschichte.

KLUGE: Lassen Sie uns bei dem Moses einen Moment verharren. Hier ist ein Grundriss gezeichnet, der psychologisch zunächst einmal daraus besteht, dass Moses zu einem Volk gehört, dessen Kinder vom Tode bedroht sind. Und deswegen gibt die Mutter das Kind in diesen Korb, dieses Schiffchen, das im Schilf landet. Und er wird dann adoptiert von der Pharaonentochter und lernt jetzt alles, die gesamte ägyptische Weisheit, als einer, der von außen kommt, der hineingeschmuggelt ist. Er lernt die esoterischen Geheimlehren der Priester, die Lehre vom Glauben an einen einzigen Gott, aus der später einmal die Vernunft hervorgehen wird. Und weil die Priester diese Lehre ihrem Volk nicht erklären können, werden sie zu einer Geheimgesellschaft. Und bei ihnen lernt Moses und macht sich die Lehre für sein eigenes unterdrücktes Volk nutzbar.

MÜLLER: Er ist beides, Jude und Ägypter, Jude von Geburt und Ägypter durch Aufzucht und Bildung.

KLUGE: Hier ist etwas, was ich so von Schiller noch nicht kannte: dieser Schwung, mit dem er jemanden von ganz unten, ein hilfloses Knäblein wie den Joseph der Josephslegende, ganz hochsteigen lässt, als Priester-Eleven, der sich dann wie ein Marquis Posa des Glaubens dem eigenen Volk zuwendet, sein Führer wird und nun in einen Zwiespalt gerät: dass er betrügen müsste, um die Illusionen des Volkes zu befriedigen, dass er sich spalten müsste und dies nicht will. Das finde ich hoch interessant. Vor allem finde ich es interessant, dass er sagt: Zuerst muss der Monotheismus das Heidentum abschaffen, auf dessen frei geschaufeltem Gelände sich dann als Gegenbewegung die Aufklärung niederlassen kann. Da ist von Beginn an schon ein Stück Natur unterdrückt. Das könnte fast so bei Horkheimer und

Adorno stehen: Vernunft und Natürlichkeit sind voneinander getrennt. Er schreibt hier ein Stück Historie, aber in dramatischer Absicht.

MÜLLER: Er will ja, so verspricht er es in seiner Jenaer Antrittsvorlesung über die Universalgeschichte, der Geschichte das Trockene, Unzusammenhängend-Faktische nehmen, sie in einen lebendigen Zusammenhang verwandeln, aus dem Aggregat des Nebeneinanders ein System hervorgehen lassen. Aber sagen Sie, ist in dieser umjubelten Antrittsvorlesung nicht auch etwas Reklamehaftes: Wenn Sie zu mir kommen, meine Herren Studenten, dann bekommen Sie nicht nur eine Geschichte, die sich weit über das erhebt, was Sie gewohnt sind, Sie lassen zugleich die Sphäre der Brotgelehrten hinter sich und werden philosophische Köpfe.

KLUGE: Das ist aber nicht nur Reklame. Er sagt: Alle früheren Jahrhunderte haben, ohne es zu wollen und zu wissen, unser Jahrhundert, unseren Reichtum und unsere Potentiale vorbereitet. Und jetzt müssen wir aus diesem Erbe etwas machen. Wir bauen eine Zukunft. Das hat das gleiche Pathos wie bei Immanuel Kant die Idee: Die Menschen brauchen Wohnungen für ihre Erfahrung. Sie haben einen Hochbau in Babylon errichtet und darüber die Sprachverwirrung erzeugt. Aber dennoch bleibt es dabei: Die Architektur der Vernunft ist das Einzige, was den Menschen ihre Würde, ihre Autonomie geben kann. Dieser Glaube, dass reiche Jahrhunderte etwas bewirken, was wir – nicht wie gute Hausväter, sondern wie Stürmende – in ein neues Jahrhundert führen müssen, das ist ein starkes Gefühl, das er wirklich hat. Es ist das, was er Enthusiasmus nennt. Und er grenzt es ab gegen die Schwärmerei. Und der Kern ist ähnlich wie bei Kant. Er propagiert jenes einfache, sehr robuste Verfahren, dass nur, wer selber denkt, autonom sein kann. Ich glaube nicht, dass er in seinem Enthusiasmus etwas anderes tut, als sein Radar, seine Sensibilität, seine Einfühlung so auszufahren, dass er spürt: Hier ist etwas möglich. Und in Frankreich geschieht es ja. Er hat die Presseberichte kritisch, skeptisch gelesen. Aber er beschäftigt sich damit: Wie gründet man Republiken? Wie gründet man Republiken des Geistes und des Gemütes? Und wenn er dieses Gefühl mitteilt – und dieses Gefühl ist ganz anders als das eines Fichte oder eines Hegel –, dann ist das mehr als Propaganda für seinen Lehrstuhl.

MÜLLER: Sie sprechen von Radar. Um im Bild zu bleiben, könnte man von diesem Buch sagen: Hier fährt er ein, was bei ihm auf dem Schirm war. Und da fallen sofort die verschiedenen Reichweiten auf. Da ist der Nahbereich, aus dem er kommt, das Württembergisch-Schwäbische, aus dem auch der Verbrecher aus verlorener Ehre stammt, und in dieser wunderbar heillosen, hochprozentig moralischen Erzählung *Spiel des Schicksals* jener mächtige Mann und Fürstenberater, der jahrelang in dem Verlies schmachten muss, das er selbst entworfen hat, auf dem Hohenasperg. Und dann ist da die räumliche und zeitliche Ferne. Er hat auch Moses auf dem Schirm, die Kreuzzüge, die Religionskämpfe im Europa des 16. und 17. Jahrhunderts. Das ist, was er Universalgeschichte nennt.

KLUGE: Er lebt und denkt in Spannungen. Wie einer, der im Zirkus, auf dem Trapez, eine große Fallhöhe hat, während er den Raum vom einen zum andern Ort überbrückt. Er hat dabei etwas ungemein Praktisches, Zielgerichtetes: Wir wollen jetzt den Fortschritt aufbauen. Und er hat seinen Enthusiasmus, auch den Enthusiasmus prophetischer Art. Und ich könnte mich nicht entscheiden, was stärker ist, das eine oder das andere.

MÜLLER: Aber ist denn dieser Enthusiasmus wirklich immer gebunden an das Projekt der voranschreitenden Aufklärung, von dem Sie sprechen? Ist nicht auffällig, dass er den Enthusiasmus auch dort lobt und verständlich machen will, wo er Zwecken dient, die ihm durchaus zuwider sind, etwa dem religiösen Fanatismus in den Kreuzzügen oder der Inquisition? Ist nicht für ihn die hochgespannte Leidenschaft ein Wert in sich selbst? Der Kreuzzug eine Schule des Enthusiasmus? Und gehört es nicht geradezu zu seinen Befürchtungen, dass im aufgeklärten Zeitalt der Enthusiasmus zu verkümmern droht?

KLUGE: Er gemeindet das ein. So wie der Marquis Posa in seinen *Briefen über Don Carlos* dargestellt wird als jemand, der alles nutzt, um seine allgemeine Idee der Befreiung der Niederlande und des Menschengeschlechtes durchzusetzen, als Abgeordneter der gesamten Menschheit. Dafür instrumentalisiert er nahezu alles. Und da kommt jetzt eine kritische Reflexion bei Schiller hinzu, die ich so noch gar nicht kannte. Ich habe Schiller in der Schule gelesen, wissen Sie, und auf den Bühnen gesehen, und im Halberstädter Stadttheater kam *Kabale und Liebe* ein wenig pampig herüber. Ich habe ihn von daher unterschätzt. Er geht hier an die Figur seines Marquis Posa mit einer subtilen Kritik heran. Er sagt in diesen *Briefen über Don Karlos* einmal, dass die Vernunft nur dann eine Chance hat, wenn sie auf Natürlichkeit gegründet ist, und dass eine einfache moralische Unterscheidung zwischen Recht und Unrecht, die jedermann auf dem Markt, auch der Packer, im Gespräch entwickeln kann, besser ist, als wenn die großen Ideen und der Enthusiasmus der Vernunft jemanden in die Abstraktion treiben. Abstraktion tötet – das ist bei Hegel aus demselben schwäbischen Geist beschrieben. Der Marquis Posa agiert in dieser Sphäre der Abstraktion. Wenn er zur Königin sagt, das Leben ist doch schön, so hat er selbst gar keine Ruhe dafür, dem zu folgen. Er kann deswegen glückliche

Auswege, auch wenn sie möglich wären, nicht finden, die die Tragödie abrüsten würden, weil er sich wie ein Besessener oberhalb des Psychologischen bewegt, oberhalb der einfachen Unterscheidungen – dabei den Freund verrät, ja eigentlich umbringt. So steht es da, bei Schiller, in diesen *Briefen über Don Karlos.*

MÜLLER: Nun kommen aber doch die realen Kritiker ins Spiel, an die er sich wendet. Sie hatten sich beschwert, dass im *Don Carlos* die Liebeshandlung der ersten Akte nur unvollkommen mit der großen, welthistorisch bedeutsamen Handlung verbunden sei, die daraus hervorgeht. Und da ist seine Rechtfertigung doch diese: Ihr habt die Figur des Marquis Posa missverstanden. Der hatte von Anfang an nicht nur die Freundschaft im Auge, er hatte immer schon das Menschengeschlecht im Rücken. Don Carlos, der Freund allein, ist ihm zu wenig, es muss die ganze Menschheit sein.

KLUGE: Es ist vielleicht so, dass er einen Schatz niedergelegt hat, gehortet im Herzen seines Freundes, des Kronprinzen Don Carlos. Und dieser Schatz soll gedeihen und sich vermehren und irgendwann einmal im Herzen des Königs Früchte tragen für die Freiheit, für die Republik, für die Niederlande, für die Ideale. Der Marquis Posa ist Politiker, er instrumentalisiert, was ihn umgibt, und er ist ein Unternehmer des Guten. Er tritt als globale Existenz auf, und er instrumentalisiert auch die Freundschaft, unterwirft auch sie seinen Zwecken, was man nach Kant niemals darf. Und das wird von Schiller in seinen Briefen beschrieben, kritisch beschrieben, im Sinne von Kant.

MÜLLER: Aber kommt da nicht noch etwas hinzu: die Faszination durch die Idee, Leidenschaften und Affekte durch dramatisches Handeln gewissermaßen dosieren zu können, sie in den Menschen wie eine Medizin oder ein Gift wirksam werden lassen zu können. Schon Franz Moor in den *Räubern* bringt ja seinen Vater durch diese Methode zur Strecke, ohne Gift aus der Apotheke zu benötigen, und er ist darauf sehr stolz. Setzt sich nicht der Marquis Posa den Zweck, die Leidenschaft des Don Carlos – und das ist eine durchaus unpolitische, aber gefährliche Leidenschaft, die Leidenschaft für die geliebte Frau, die Königin, seine nominelle Mutter –, dieses innerste Gefühl des Freundes gewissermaßen nach Flandern zu entführen? Denken Sie an jene Verse, deren Nähe zur unfreiwilligen Komik heutige Regisseure so gern ausstellen: »ein Abgeordneter der ganzen Menschheit umarm ich Sie – es sind die flandrischen Provinzen, die an Ihrem Halse weinen«. Und auch was den König betrifft, Philipp II., will der Marquis Posa mit dessen innerster Leidenschaft eine Bresche in die gegnerischen Bastionen schlagen. Seine Eifersucht soll ihn schwach machen, diesen König.

KLUGE: Ja, was Sie sagen, gilt für den Enthusiasmus des Marquis Posa. Aber hier, in den *Briefen über Don Karlos*, schreibt Schiller, sein Autor, »daß man sich in moralischen Dingen nicht ohne Gefahr von dem natürlichen praktischen Gefühl entfernt, um sich zu allgemeinen Abstraktionen zu erheben, daß sich der Mensch weit sicherer den Eingebungen seines Herzens oder dem schon gegenwärtigen und individuellen Gefühle von Recht und Unrecht vertraut, als der gefährlichen Leitung universeller Vernunftideen, die er sich künstlich erschaffen hat – denn nichts führt zum *Guten*, was nicht *natürlich* ist.« Da ist er jetzt fest im Boden verankert und würde schwäbisch sprechen, und gleichzeitig spricht er natürlich das Latein der Aufklärung. Und dazwischen ist er hin und her gerissen.

MÜLLER: Sie sagen, dass er ein Mensch der Spannung ist, der in seinem Denken und Schreiben überall die Spannungen aufdeckt, die der Macht wie die der Liebe. Ich würde hinzufügen, dass nicht nur seine Dramatik, sondern auch seine Prosa dieses Talent zur Spannung in sich aufnimmt. In seinen prosaischen Schriften treten dem Leser die Begriffe entgegen, als seien sie selbst dramatische Figuren. Manchmal hetzt er die Begriffe regelrecht aufeinander und gegeneinander, damit sie ihre Spannungen austragen. Die Geschichte, die Freiheit, die Anmut, die Würde, die Sinnlichkeit und die Vernunft, sie alle handeln oder leiden in Schillers Prosa, sie führen ein Drama der Begriffe auf und wirken nicht selten wie Schauspieler.

KLUGE: Da haben Sie völlig Recht, und das hat etwas Barockes. Mich erinnert das an die frühen Opern, an Monteverdi, da sehen Sie ja die Schönheit, die Begierde, den Wagemut. Die treten als Figuren auf und rahmen die Handlung, so wie es auch die Götter können. Aber diese Allegorien sind nicht leblos, sie sind die Emanationen wirklicher Seelenkräfte, die man auch entdecken und spüren könnte. Sie sind etwas, das zwischen Menschen besteht, ihre Wahrheit haben sie darin, dass sie sich nicht in einem Menschen allein rein entfalten können. Aber viele Menschen haben zwischen sich Potentiale, die man fast greifen könnte. Und so ist es im späten 18. Jahrhundert, in der Welt Schillers, auch mit den Begriffen. Die Brüderlichkeit in der Französischen Revolution hat ja auch etwas von einem Schauspieler.

MÜLLER: Wir sind es gewohnt, Schiller als Figur des Idealismus wahrzunehmen, und es hat in Deutschland eine lange Tradition, am Idealismus vor allem die Geste der Versöhnung von Gegensätzen hervorzuheben. Aber in den Begriffsdramen, die er aufführt, lebt der Dramatiker wie der Prosaautor Schiller von der Inszenierung der Gegensätze selbst, nicht von ihrer Aufhebung oder Versöhnung. In seinem bohrenden anthropologischen Interesse will er wissen, was es mit dem Spannungswesen Mensch auf sich hat. Er will den Verbrecher aus verlorener Ehre sezieren, den Untergrund seiner Taten erforschen wie ein Geognostiker die Tiefen des Vesuv, aus denen die Lava kommt. Das Aufdecken der geheimen Antriebe aber vernichtet nicht die Leidenschaften, macht sie nicht harmlos, weil sie ja nun erklärt sind. Sie bleiben Spannungsquelle.

KLUGE: Er will es wissen. Seine »wagende Kühnheit«, wie er das nennt, richtet sich zunächst einmal auf eine Durchdringung des Gegenstandes, auch auf seine Zerlegung, und diese Zerlegung ist anatomisch. Das ist das Medizinerhafte an ihm, da ist er ein Forscher, wie es nach ihm Büchner in konzentrierter Form ist. Dem steht aber etwas entgegen in ihm, das synthetisch und ahnend ist und gar nicht die Präzision sucht, sondern die wirksamen Geister. Goethe übrigens hätte viel weniger Hemmungen, von solchen Geistern zu sprechen. Schiller aber hat da eine Hemmung, er will ja rational sein. Aber es stecken animistische Tendenzen in ihm, die der analytischen wagenden Kühnheit entgegenstehen. Und so versucht er diese Geistersphäre in großen Bewegungen zu fassen, die durch die Menschen hindurchgehen. In der *Ode an die Freude* kann man das finden, wenn man nicht nur die Strophen liest, die bei Beethoven vertont sind. Da gibt es ganz merkwürdige Passagen, in denen die Leichen sich erheben und die Toten einander gewissermaßen zuprosten. Im Barock wären solche Bilder Allegorien, hier ist es aber etwas anderes, hier ist es schon mesmerisch, hier sind es Strömungen, Gravitationen, die leibhaftig die Menschen durchziehen.

MÜLLER: Und woher kommt die schlafwandlerische Sicherheit, mit der er in der Geschichte auf die ihm ebenbürtigen Spannungsmomente und Figuren trifft – auf Moses, den Gesetzgeber, auf die Kreuzzüge, auf den Marquis Posa?

Und dieser Marquis Posa kommt ja nicht nur aus Flandern, er kommt auch aus dem mediterranen Spannungsraum, in dem Orient und Okzident, Christen und Türken aufeinander treffen. Er ist Malteserritter, Held und Überlebender des Abwehrkampfes der Ordensritter von Fort St. Elmo 1565 gegen die türkische Übermacht. Ist Schiller ein Wünschelrutengänger seines Enthusiasmus?

KLUGE: In dieser Alchemistenwerkstatt der Seele dieses heldenhaften jungen Mannes Posa, der sehr dazu neigt, einer Gefahr direkt zu begegnen, entwickelt sich über der Anmut, die er hat, die spekulative Vernunft, der Idealismus zunächst in ruhiger Form – bis er an den Hof kommt. Bis er in Verwirrung gerät, bis er die Anmut, seine natürliche Mitgift, die ihm erlaubt, richtige Entscheidungen zu treffen, momentan verliert. Und so finden bei ihm die idealischen Eigenschaften eine andere Aufbewahrung als beim Prinzen Carlos. Bei dem ist unter dem Druck des Vaters, unter der Enge des Hofes, unter der Enttäuschung seiner Liebe eine Art athletische Verzweiflung entstanden, ist der Enthusiasmus verdorben. Und so geraten die Freunde Don Carlos und Marquis Posa bei ihrer Wiederbegegnung in eine Spannung hinein. Und da spielt hinein, dass die Freundschaft als Kultus im 18. Jahrhundert und für Schiller eine andere Bedeutung hatte, als wenn wir heute von Freundschaften reden. Die Freundschaft steht in Rivalität zu den Leidenschaften, die immer nur tragische Ausgänge kennen. Der Freundschaftskult der Aufklärung entsteht gegen die Petrarca-Tragik. Es geht um eine moderierte Art von Zuneigung.

MÜLLER: Aber ist es nicht bei Schiller so, dass das empfindsame Moment der Freundschaft, das die große Passion mildern kann, zugleich aber auch eine große Härte annehmen kann – dann jedenfalls, wenn es sich um philosophische

Freunde handelt? Der Julius und der Raphael in den *Philosophischen Briefen* dieses Bandes haben auch etwas von Don Carlos und Marquis Posa. Der eine ist der Überlegene, in der philosophischen Reflexion Fortgeschrittene, der die Gedankenwelt des anderen, der mit der Philosophie, die er sich zurechtgelegt hat, gut leben kann, zerstört. Der Freund wird irre an seinem Freund durch die Gedanken, die dieser ihm mit dem besten Argument injiziert: Willst du ein wahrer Mensch werden, darfst du auf deiner Stufe des Denkens nicht verharren. Es muss immer weitergehen bei Schiller, unabhängig davon, ob der Fortschritt im Geiste mit dem Wohlbefinden dessen erkauft ist, der ihn macht. Hauptsache, es geht leidenschaftlich voran.

KLUGE: Ja, das ist sein Temperament. Und wenn ich in diesem Band mit verstreuten Schriften lese, dann kommt es mir – anders, als wenn ich seine Gesammelten Werke vor mir habe – so vor, als ob sein Ideal ein Inventarverzeichnis wäre, ein Inventar menschlicher Eigenschaften in ihrer Dramatik. Als ob also alle Seelenkräfte, die in einem Menschen stecken, alles eigene Personen sind. Dann stehen da nicht ein Wallenstein, nicht ein Fiesco, nicht ein Don Carlos, sondern sieben. Und zwar sieben in jeder Brust. Und wie im Haupte der Medusa viele Schlangen sind, sind hier viele Eigenschaften und Obsessionen beisammen. Und in diesem psychologischen Wetter, diesem dramatischen Wetter leben Menschen bei ihm. Das möchte er beschreiben, davon möchte er eine Kartierung anlegen, mit dramatischem Relief.

MÜLLER: An einer Stelle, am Beginn des *Verbrechers aus verlorener Ehre*, sagt er, die Geschichte war bisher ein so trockener Stoff, weil sie den Menschen erlaubt hat, ihr lediglich als Leser gegenüberzustehen, in einer Art Sicherheitsabstand zu den heftigen Gemütsbewegungen der handelnden Personen. Und er will es so schreiben, dass der Stoff unmittelbar auf das Publikum wirkt, wie im Theater.

KLUGE: Und in Wahrheit ist, schreibt er, die Geschichte eine unsterbliche Bürgerin aller Nationen und Zeiten. Wo die Menschen sterblich sind und wieder entschwinden oder ihre Intensität, ihr Temperament oder Interesse verlieren, da ist die Geschichte immer noch da. Die Kausalketten marschieren getrennt und schlagen vereint, das ist das Wesen der Geschichte, und diese Geschichte durchrauscht auch die menschliche Psychologie. Er ist ja kein einheitlich vorgehender oder doktrinärer Schreiber. Es mag sein, dass das in diesem Band stärker zum Ausdruck kommt als in späteren, stärker aufs Systematische getrimmten Schriften.

MÜLLER: Während er diese Schriften herausgibt, und er spricht von ihnen als von Jugendwerken, ist er schon tief in Kants Philosophie verstrickt, er ist auf dem Weg zu den großen Abhandlungen über die ästhetische Erziehung des Menschen und über das Naive und das Sentimentalische, auf dem Weg zur eigenen Zeitschrift, zu den *Horen*, die ab 1795 erscheinen, auch zum Bündnis mit Goethe.

KLUGE: Aber hier stellt er dem Publikum den Rohstoff vor, der noch nicht endgültig verarbeitet ist, mit dem, was aus Schwaben kommt und was nie klassisch wurde, was aber den Gärprozess ausmachte. Und dazu kommt das viele Geschriebene, die Quellen und Materialien, die er aufsaugt wie kaum jemand in dieser Intensität. Das ist große Verwaltung, Großunternehmertum im Wissen, und da bewegt er große Massen von dramatischer Erfahrung, ob das Moses ist oder der Marquis Posa und ob daraus *Wallenstein* wird oder die *Geschichte des Dreißigjährigen Kriegs*. Und manchmal ist er wie ein Zirkusunternehmer, der sehr seltene gefährliche Tiere vorführt. Wenn ich mir vorstelle: Schiller als Sechsjähriger – da würde ich gerne wissen, was er in seinem Gemüt von der Welt sich denkt. Und wenn ich ihn, schon krank, in den Büchern wühlen sehe, geht es mir genauso. Dass er kein einheitlicher Schreiber ist, sondern seinen vielfältigen Interessen so vehement, mit Enthusiasmus folgt, das hat mich aus den Schriften in diesem Band besonders angesprungen.

Schillers *Kleinere prosaische Schriften* in der Herzogin Anna Amalia Bibliothek

Jan Volker Röhnert

Nüchtern fällt die Bestandsaufnahme des bibliophilen Nachlasses von Friedrich Schiller in der Herzogin Anna Amalia Bibliothek aus: Ganze 486 Bände aus seiner einmal über 700 Titel umfassenden Privatbibliothek sind vor Ort verblieben; die übrigen befinden sich heute teilweise im Schiller-Nationalmuseum in Marbach am Neckar, seiner Geburtsstadt; während eine in Hamburg aufbewahrte, vor dem verheerenden Bombenangriff 1943 ins Erzgebirge ausgelagerte Teilsammlung als Beutegut der Roten Armee in sowjetischen Magazinen verschollen blieb. Vieles ist in alle Winde verstreut, hin und wieder taucht einiges in den Auktionskatalogen exquisiter Versteigerungshäuser auf. Schon Schillers Witwe Charlotte und nach ihr vor allem die Söhne Ernst und Carl hatten damit begonnen, die Bücher meistbietend zu verkaufen oder an diejenigen, die ihre Gunst genossen, zu verschenken.

Ganz anders sieht es mit Schillers eigenen Schriften, ihrer kritischen Edition und der ihnen gewidmeten Sekundärliteratur aus: Das Werk fällt – ganz abgesehen von seinem zentralen Stellenwert für die Weimarer Klassik – in den Sammelschwerpunkt der Herzogin Anna Amalia Bibliothek, die sich als Forschungsbibliothek für die deutsche Literatur- und Kulturgeschichte zwischen 1750 und 1850 versteht.

Kann der Leser und Besucher sicher sein, alle maßgeblichen in- und ausländischen Schiller-Editionen hier zu finden – an erster Stelle die schon 1943 begonnene, zwischen 1949 und 1989 trotz des Kalten Krieges in Marbach und Weimar gemeinsam fortgeführte, noch immer nicht abgeschlossene *Schiller-Nationalausgabe*, flankiert von der Frankfurter (Deutscher Klassiker Verlag) und der Berliner Ausgabe (Aufbau-Verlag) –, so stellt das vorliegende Buch eine ganz eigene Kostbarkeit dar: Schiller ist hier als Editor seiner eigenen Schriften zu erleben; die Texte erscheinen in einer Zusammenstellung, die von ihm selbst angeordnet wurde, nach seinem Tod so jedoch nicht wieder erschienen ist.

Bereits 1789 trug sich Schiller mit dem Plan, seine in Zeitschriften verstreut publizierten Beiträge zu sammeln und sie als Buch zu veröffentlichen. In einem Brief an seinen Freund Christian Gottfried Körner vom 30. März 1789 ist der Plan einer solchen Wiederveröffentlichung seiner Werke erstmals erwähnt. Das Unternehmen versprach nicht zuletzt zusätzliche Einnahmen, mit denen Schulden getilgt werden sollten, die Schiller seit Aufnahme eines Kredits bei dem Leipziger Geldverleiher Beit am 27. Juli 1785 belasteten. (Ohne das Wissen des Freundes beglich Körner diese Außenstände 1789.) Zunächst waren drei Bände geplant: Die »kleinen prosaischen Aufsätze« sollten in einem Band, die »theatralischen Schriften« und die »Gedichte« in zwei weiteren Aufnahme finden. Erst zweieinhalb Jahre später nahm das Projekt konkrete, wenn auch von der ursprünglichen Konzeption abweichende Formen an. Am 8. Oktober 1791 schlug Schiller dem Leipziger Verleger Siegfried Lebrecht Cursius vor, dieser solle »zwei Bändchen meiner Vermischten Prosaischen Schriften auf die nächste Ostermesse herausgeben«. Sein Schreiben an den Verleger vom 21. Februar 1792 erwähnt die bevorstehende Drucklegung des ersten Bandes. Zwar ist der »Vorbericht«, einziger Erstdruck darin, auf die Ostermesse 1792 datiert, doch das Erscheinen verzögerte sich. Der im September 1792 schließlich bei Crusius in Leipzig verlegte erste Band *Kleinere prosaische Schriften* – von dem mindestens ein weiterer, in der Orthographie geringfügig abweichender Druck existiert, wie die Herausgeber der Schiller-Nationalausgabe feststellen – war der Auftakt zu einer Reihe von insgesamt vier Bänden gleichen Titels, die die bis 1802 verstreuten Publikationen zusammentrugen. Band 2 und 3 der *Kleineren prosaischen Schriften* (1800 und 1801) enthielten die wichtigsten philosophischen Abhandlungen (darunter *Über Anmuth und Würde*, *Vom Erhabenen* und *Über die ästhetische Erziehung des Menschen*), während der eklektisch zusammengestellte vierte Band neben den großen Rezensionen einzelne ästhetische Aufsätze wie *Über die tragische Kunst* und *Die Schaubühne als eine moralische Anstalt* sowie das Fragment *Der Menschenfeind* enthielt. Die im ersten Band versammelten universalhistorischen Aufsätze und Arbeiten waren zwischen 1786 und 1789 bereits in der von Schiller mitredigierten *Thalia* bzw. in Wielands *Teutschem Merkur* erschienen. Lediglich der letzte Aufsatz *Ueber Völkerwanderung, Kreuzzüge und Mittelalter* war in anderem Kontext entstanden, und zwar als Teil seiner *Universalhistorischen Übersicht der vornehmsten an den Kreuzzügen teilnehmenden Nationen, ihrer Staatsverfassungen, Meinungen und Gebräuche* im ersten Band der *Allgemeinen Sammlung historischer Memoires vom zwölften Jahrhundert bis auf die neuesten Zeiten*. Diese Sammlung war 1789 in Jena unter der Kuratel des soeben berufenen Universitätsprofessors Schiller erschienen und bildete den Auftakt zu einem Unternehmen, das auf 33 Bände anwachsen sollte, bis es 1806 eingestellt wurde.

Dass die *Briefe über Don Karlos* und die Jenaer Antrittsvorlesung *Was ist und zu welchem Ende studirt man Universalgeschichte* neben dem Erzählfragment *Spiel des Schicksals* ausgerechnet in Wielands *Teutschem Merkur* erschienen waren, hatte seinen guten Grund. War Wieland doch derjenige gewesen, der dank seiner *Briefe an einen jungen Dichter*

Schiller in dem Vorsatz bestärkt hatte, den ganzen *Don Karlos* in gebundener Sprache – jambisch – zu verfassen. Und Wieland muss es auch gewesen sein, der als Erster dem Herzog Carl August und Goethe die Berufung des Dramatikers an die damals größte deutsche Universität nahegelegt hatte, nachdem dieser dem Jenaer Geschichtsprofessor Karl Leonhard Reinhard, Wielands Schwiegersohn, bereits im Sommer 1787 begegnet war. Die Zeit war günstig, frühere Verbindungen wieder aufzunehmen – schon 1784 hatte Carl August in Mannheim Schiller den Titel eines Weimarischen Rates verliehen –, zumal sich Schiller im Sommer 1788 in Thüringen aufhielt, und zwar in der Residenzstadt Rudolstadt bei seiner späteren Frau Charlotte von Lengefeld und deren Schwester Caroline von Beulwitz. Selbst der im Dezember 1788 nach der Rückkehr aus Italien in Weimar weilende Karl Philipp Moritz brachte Schiller am Hof ins Gespräch. In Rom hatte er in einem Heft der *Thalia* dessen Erzählung *Verbrecher aus Infamie* gelesen – aus der im ersten Band der *Kleineren prosaischen Schriften* der *Verbrecher aus verlorener Ehre* werden sollte –, und in der Hauptfigur des Sonnenwirts Ähnlichkeiten mit seinem Anton Reiser aufgespürt.

Wie alle Weimar-Neuankömmlinge vor und nach ihm hatte es auch Schiller alles andere als leicht, in diesem klatschsüchtigen thüringischen 6000-Seelen-Nest anzukommen. Was half, war die ihm vorauseilende Reputation als Dramatiker, der Ruf des Sturm-und-Drang-Genies. So musste er nicht mehr um öffentliche Anerkennung buhlen, denn diese besaß er bereits – nicht nur auf der Bühne, sondern auch am Katheder der Aula der Jenaer Universität –, als er sich 1799 für den Rest seines kurzen Lebens an der Ilm niederließ. Seine Antrittsvorlesung von 1789 *Was heißt und zu welchem Ende studirt man Universalgeschichte* stellte einen kaum zu überbietenden Glanzpunkt im deutschen Akademieleben dar.

Für den Sohn des württembergischen Regimentsarztes Johann Caspar Schiller war es durchaus kein geradliniger Weg zum gefeierten Dichter der Freiheit. Anders, als die beschönigend-stilisierende Schiller-Philologie des 19. Jahrhunderts glauben machen wollte, hatte seine einzigartige Erfolgsgeschichte nichts mit dem natürlichen Lauf der Dinge zu tun; sie war vielmehr einer stets labilen Gesundheit und prekären wirtschaftlichen Verhältnissen abgetrotzt. Das Geheimnis seines Sukzess, um es mit Rüdiger Safranski zu sagen, liegt in dem einmaligen Vertrauen in die Willensstärke des Subjekts, allen inneren und äußeren Schwierigkeiten zum Trotz.

Schon auf der Ludwigsburger »Pflanzschule« des württembergischen Regenten Karl Eugen imaginierte der 1759 geborene, anfangs zum Juristen bestimmte schwächliche Zögling selbstbestimmte Helden und entwarf wilde Fluchtpläne aus der militärisch geführten Anstalt, deren erklärtes Ziel es war, den Willen der Schüler zu brechen, um diese für die Unternehmungen des Herzogs in Dienst zu nehmen. Wenn er später in seiner medizinischen Dissertation über den *Zusammenhang der thierischen Natur des Menschen mit der geistigen* nachdachte, so spielte auch hier die Willensdialektik hinein: War der Wille nach gängiger Vorstellung eine unabhängig vom Leib existierende Kraft, so konnte doch das damals noch unzureichend erforschte Nervensystem aufgrund seiner Beziehung zu Geist und Sensorium als Bindeglied zwischen materieller und immaterieller Sphäre aufgefasst werden.

Die *Räuber* schließlich, das erste Drama des Zweiundzwanzigjährigen, ein Geniestreich im Geist des Sturm und Drangs, ist von einer Apologie des freien Willens durchdrungen. Die Aufführung wurde zum öffentlichen Triumph und war zugleich der Grund, bei Nacht und Nebel aus dem württembergischen Herzogtum zu fliehen und sich damit der Willkür einer »Polizey«-Obrigkeit zu entziehen. Mannheim,

Darmstadt, Bauerbach, Rudolstadt, wo er 1788 zum ersten Mal Goethe begegnete, allerdings noch ohne die wechselseitige Sympathie, die sich erst bei der zweiten Begegnung 1794 in Jena einstellte – wo immer er sich hinwandte, eilte ihm der Ruf des umstürzlerischen, mit den Göttern konkurrierenden Genius voraus. Seit den *Räubern* suchte er durch neue willensstarke Charaktere aus Geschichte und Gegenwart die Erwartungen seines Publikums einzulösen: Auf *Die Verschwörung des Fiesko zu Genua* (1783) folgten *Luise Millerin* bzw. *Kabale und Liebe* (1784) und *Don Carlos* (1787).

In Leipzig entfaltete er vor allem als Prosaautor, Essayist und *Thalia* -Redakteur eine vielseitige Tätigkeit. Auch die hier vorliegenden Prosastücke verdanken sich dieser sächsischen Epoche. In dieser Zeit entwickelte er seinen Begriff vom Helden als aktiv in den Geschichtsverlauf eingreifender bzw. moralische Werte exemplarisch setzender Kraft (etwa *Die Sendung Moses* und die *Briefe über Don Karlos*); seine Auffassung vom ästhetisch autonomen Akt als Voraussetzung von Freiheit und Fortschritt bildete sich aus (*Philosophische Briefe*; *Was heißt und zu welchem Ende studirt man Universalgeschichte*) und vollendete sich systematisch in den großen, nach der Begegnung mit Kants Philosophie entstehenden Abhandlungen *Über Anmuth und Würde*, *Über die ästhetische Erziehung des Menschen*, *Über das Erhabene*.

Die merkwürdigen Rechtsfälle wiederum, die er in *Spiel des Schicksals* und dem *Verbrecher aus verlorener Ehre* mit kühler Hand vergegenwärtigt, sind Zeugnisse seiner kriminalistischen Neugier. Die Psychologie des Antihelden wird – anders als in Karl Philipp Moritz' *Erfahrungsseelenkunde* – nicht der seelischen Durchdringung wegen ins Feld geführt, sondern zur Motivation des Handlungsfortgangs. Hier manifestierte sich das Interesse des Dramatikers, den als wahr verbürgten Geschehnissen die Signatur der Katastrophe einzuschreiben. Am

Ende steht der Schock, der auf Läuterung, Nachdenken und Einsicht des Publikums abzielt: Buch und Bühne ergänzen sich in ihrer Funktion als »moralische Bildungsanstalten«. Doch dem konsequenten, auf den finalen Zusammenbruch zulaufenden Drama fügt Schiller in seiner Kriminalprosa die Skepsis des nüchternen, sich selbst, die eigenen und überlieferten moralischen Wertungen zurücksetzenden Berichterstatters hinzu. Im *Verbrecher aus verlorener Ehre* steht die Frage, ob man dem Mörder nicht »Gnade für Recht« hätte gewähren müssen, unbeantwortet im Raum; und der durch Tücke und Willkür in Ungnade gefallene fürstliche Schützling, der am Ende seines Lebens offenbar mit Schicksal und Herrscher wieder versöhnt ist, erscheint in einem zweifelhaften Licht, weil er als Befehlshaber der Festung, in die er selbst einmal eingekerkert war, zuletzt weder Gnade noch Mitleid walten lässt.

Dieser skeptische, vor den Schattenseiten und Abgründen der menschlichen Natur nicht zurückschreckende Erzählerblick macht sich in den Erwägungen des Dramatikers geltend, wie die *Briefe über Don Karlos* zeigen, mit denen Schiller uns die Tür zu seiner Werkstatt öffnet; er bestimmt aber auch die großen, auf eine positive Finalität der Kultur gerichteten Geschichtsdarstellungen des *Abfalls des Vereinigten Niederlande* und des *Dreißigjährigen Kriegs* (1788–1793). Die Jenaer Antrittsvorlesung will diese Abhandlungen methodisch legitimieren: als grundsätzliche Verständigung darüber, welchen Sinn es überhaupt hat, in der Geschichte einen »Sinn« zu erblicken.

Schillers Figuren muten in ihrer Ambivalenz und Gebrochenheit, in dem Wechsel von Euphorie und Angst modern an. Alle besitzen sie das Erbteil des skeptischen Realisten, der Schiller trotz seines Idealismus eben auch gewesen ist. Doch mit seinem Heldentypus, der trotzig und autonom in die Geschichte eingreift, ist zweifellos sein Erfolg als Dramatiker verbunden. Bis heute werden die Dramen seiner Jenaer und Weimarer Zeit – mit dem *Wallenstein*, dem *Wilhelm Tell*, der *Maria Stuart*, der *Braut von Messina* – auf den großen Bühnen gespielt. Vielleicht weil es ihnen gelingt, noch den grausamsten Geschehnissen eine Spur von Erhabenheit abzugewinnen.

Und vielleicht suchte der Dramatiker und Erzähler Carl Sternheim (1878–1942), der zu den witzigsten Köpfen der expressionistischen Generation gehörte, genau danach bei dem scheinbar schon entrückten Klassiker. Aus dem Besitz von Carl und Thea Sternheim und mit ihrem Exlibris versehen, gelangten Schillers *Kleinere prosaische Schriften, Erster Theil*, in Jena 1792 in lateinischen Lettern gesetzt, zusammen mit der sogenannten Sophien-Ausgabe von Goethes Werken nach dem Zweiten Weltkrieg in den antiquarischen Buchhandel – auf welchen Pfaden und Umwegen lässt sich heute nicht mehr rekonstruieren. Fest steht, dass sie 1960 von den »Nationalen Forschungs- und Gedenkstätten« in Weimar für die »Zentralbibliothek der deutschen Klassik« bei der Rostocker Universitätsbuchhandlung erworben wurden und die Signatur N 5060 (a) erhielten. 1991 wurde aus der »Zentralbibliothek«, die 1969 mit der größeren »Thüringischen Landesbibliothek« zusammengelegt worden war, die heutige Herzogin Anna Amalia Bibliothek.

Schillers Prosabändchen aus der Sammlung der mondänen, auf einem Schloss bei Brüssel residierenden Sternheims ist mehr als ein Indiz dafür, dass die Ideen der Klassik auf vielfache Weise die Wege der Moderne kreuzten – und sie selbst noch auf ihren von der Barbarei aufgezwungenen Fluchtwegen begleiteten. In den erst vor wenigen Jahren veröffentlichten Tagebüchern Thea Sternheims ist von Schiller-Inszenierungen Max Reinhardts gleich nach Ende des Ersten Weltkriegs, in den Geburtsstunden der Weimarer Republik, die Rede – es handelte sich um *Die Räuber* und den *Don Karlos*. Der mit den Sternheims eng befreundete Gottfried Benn zählte Schillers Elegie *Das Glück* zu den »drei Gedichten, die ich während meines Lebens immer wieder bewundert habe, zu denen meine Gedanken und Studien in den verschiedensten Situationen zurückkehrten [...] es gäbe nur eine sehr persönliche Begründung, nämlich den vermessenen Wunsch, sie selber verfasst zu haben«.

Zu dieser Ausgabe

Die *Bibliotheca Anna Amalia* der *Süddeutschen Zeitung* gibt in insgesamt zwölf Bänden unter dem Motto »Weltliteratur« Einblick in die wertvollen Bestände der Herzogin Anna Amalia Bibliothek in Weimar.

Die Edition folgt buchstaben- und zeichengetreu dem jeweiligen in Weimar vorliegenden Exemplar. Dabei sind Inkonsequenzen in Orthographie und Interpunktion, die sich aus dem Fehlen verbindlicher Normen erklären, beibehalten. Offensichtliche und eindeutig zu korrigierende Druckfehler sind im Text berichtigt. Nicht übernommen werden typographische und drucktechnische Verfahren wie andere bzw. kleinere Schrift für fremdsprachige Textstellen, Doppelstrich für Wortkoppelung und Silbentrennung, Einzug bei Kapitelanfängen. Schillers Seitenverweise in den *Briefen über Don Karlos*, die sich auf die erste Buchausgabe (1787) von *Dom Karlos. Infant von Spanien* beziehen, wurden weggelassen; ebenso der Schlussvermerk des Bandes »Ende des ersten Theils. Jena, gedruckt mit Göpferdtschen Schriften«.

Dieser Ausgabe liegt der 1792 von Schiller herausgegebene erste Band der *Kleineren prosaischen Schriften* zugrunde: *Kleinere prosaische Schriften von Schiller. Aus mehrern Zeitschriften vom Verfasser selbst gesammelt und verbessert. Erster Theil. Leipzig 1792. bey Siegfried Lebrecht Crusius.*

Das Exemplar der Herzogin Anna Amalia Bibliothek trägt die Signatur N 5060 (a).

Inhalt

Kleinere prosaische Schriften

Anhang

Johann Wolfgang von Goethe
AUCH ICH IN
DER CHAMPAGNE!

Mit einem Nachwort
von Gustav Seibt
ISBN: 978-3-86615-405-6
288 Seiten, Ladenpreis: 24,90 Euro
(D), 25,60 Euro (A), 43,90 sFr

William Shakespeare
VENUS UND ADONIS.
TARQUIN
UND LUKREZIA.
Zwei Gedichte in zwei Sprachen

Zweisprachige Ausgabe.
Mit einem Nachwort von
Burkhard Müller
ISBN: 978-3-86615-406-3
336 Seiten, Ladenpreis: 29,90 Euro
(D), 30,80 Euro (A), 51,90 sFr

Voltaire
DIE PRINZESSIN
VON BABYLON

Mit einem Nachwort von
Hans Pleschinski
ISBN: 978-3-86615-407-0
160 Seiten, Ladenpreis: 19,90 Euro
(D), 20,50 Euro (A), 34,90 sFr

Ludwig Tieck
DAS ALTE BUCH
UND DIE REISE INS
BLAUE HINEIN
Novellen

Mit einem Nachwort von
Lothar Müller
ISBN: 978-3-86615-408-7
512 Seiten, Ladenpreis: 29,90 Euro
(D), 30,80 Euro (A), 51,90 sFr

François-René de Chateaubriand
ERINNERUNGEN
AUS ITALIEN, ENGLAND
UND AMERIKA

Mit einem Nachwort von
Johannes Willms
ISBN: 978-3-86615-409-4
176 Seiten, Ladenpreis: 19,90 Euro
(D), 20,50 Euro (A), 34,90 sFr

Christoph Martin Wieland
DSCHINNISTAN
ODER AUSERLESENE
FEEN- UND GEISTER-
MÄRCHEN

Mit einem Nachwort von
Hannelore Schlaffer
ISBN: 978-3-86615-410-0
256 Seiten, Ladenpreis: 24,90 Euro
(D), 25,60 Euro (A), 43,90 sFr

Karl Philipp Moritz
REISEN
EINES DEUTSCHEN
IN ENGLAND

Mit einem Nachwort von
Willi Winkler
ISBN: 978-3-86615-411-7
192 Seiten, Ladenpreis: 24,90 Euro
(D), 25,60 Euro (A), 43,90 sFr

Jean Paul
FREIHEITS-BÜCHLEIN

Mit einem Nachwort von
Sibylle Lewitscharoff
ISBN: 978-3-86615-412-4
144 Seiten, Ladenpreis: 19,90 Euro
(D), 20,50 Euro (A), 34,90 sFr